U0516624

本書出版得到國家古籍整理出版專項經費資助

南明史

錢海岳撰

第一册
義例
自識
跋
目録

中華書局

圖書在版編目(CIP)數據

南明史/錢海岳撰. —北京:中華書局,2016.4
(2023.10 重印)
ISBN 978-7-101-11665-6

Ⅰ.南… Ⅱ.錢… Ⅲ.中國歷史-南明 Ⅳ.K248.4

中國版本圖書館 CIP 數據核字(2016)第 060664 號

責任編輯: 俞國林 郭惠靈
責任印製: 陳麗娜

南 明 史

(全十四册)

錢海岳 撰

*

中 華 書 局 出 版 發 行

(北京市豐臺區太平橋西里 38 號 100073)

http://www.zhbc.com.cn

E-mail:zhbc@zhbc.com.cn

河北新華第一印刷有限責任公司印刷

*

850×1168 毫米 1/32 · 198¼印張 · 32 插頁 · 3500 千字

2016 年 4 月第 1 版 2023 年 10 月第 6 次印刷

印數:3501-3900 册 定價:980.00 元

ISBN 978-7-101-11665-6

錢海岳與夫人潘家龢

南明史稿卷一　本紀第一

無錫錢海岳撰

安宗

安宗奉天遵道寬和靜穆修文布武溫恭仁孝簡皇帝諱由崧小
字福八、神宗孫、福恭王常洵長子、生母姚氏、萬曆三十五年秋七
月乙巳誕於京邸、四十二年隨常洵就藩河南、四十六年秋七月
甲辰封德昌王、進福王世子、崇禎十四年春正月、李自成破河南、
常洵薨、王縋城走懷慶、屢疏請簡重臣專任河防、以固京東、十六
年夏五月、襲封福王、威宗手擇宮中寶玉帶付內使賜之、十七年
春正月庚寅朔、聞警、依潞王常淓衛輝、與太妃鄒相失、三月己丑

書影一　謄清稿卷一（一百二十卷本）

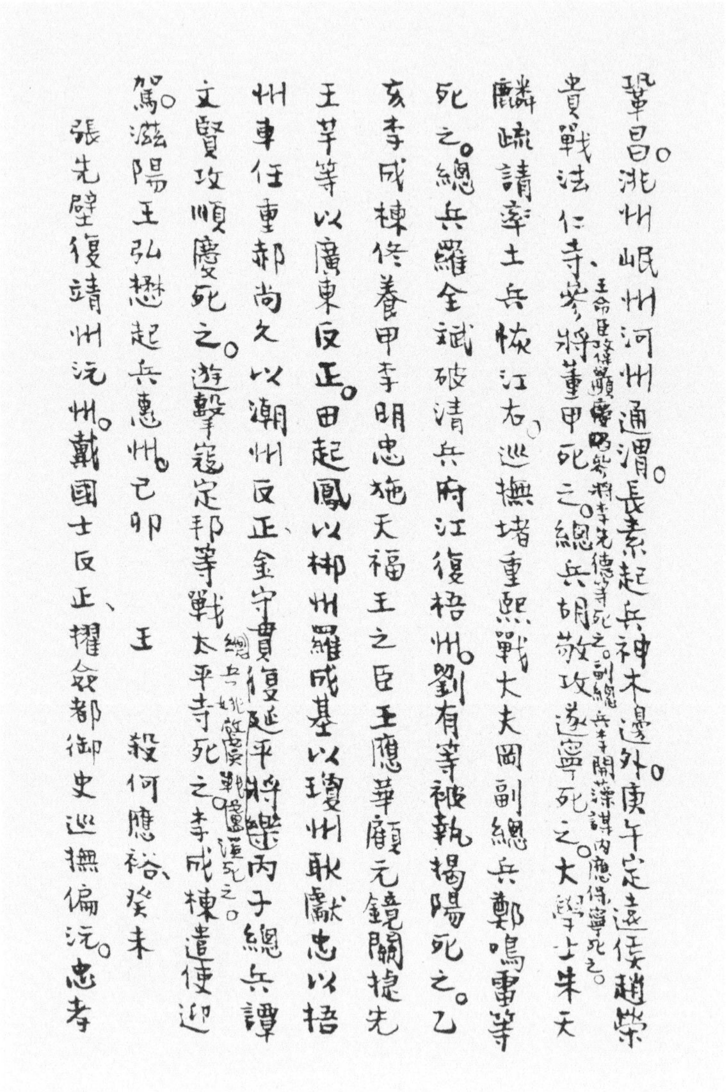

鞏昌。洮州岷州河州通渭。長素起兵神木邊外。庚午定遠侯趙榮
貴戰法仁寺、（王命臣孫保嚴顧慶昭參將李先德等死之。副總兵李開藻謀內應保寧死之。）參將董甲死之。總兵胡敬攻遂寧死之。大學士朱天
麟疏請率土兵恢江右。巡撫堵重熙戰大夫岡副總兵鄭鳴雷等
死之。總兵羅全斌破清兵府江復梧州。劉有等被執揭陽死之。乙
亥李成棟侄養甲李明忠施天福王之臣王應華顧元鏡關捷先
王芋等以廣東反正。田起鳳以郴州羅成基以瓊州耿獻忠以梧
州車任重郝尚久以潮州反正、金守貴復延平將樂丙子總兵譚
文賢攻順慶死之。遊擊寇定邦等戰太平寺死之（總兵姚啟虞戰漫溪死之。）李成棟遣使迎
駕。滋陽王弘樾起兵惠州。己卯　王　殺何應裕、癸未
張先壁復靖州沅州。戴國士反正、擢僉都御史巡撫偏沅。忠孝

書影二　謄清稿卷三（一百二十卷本）

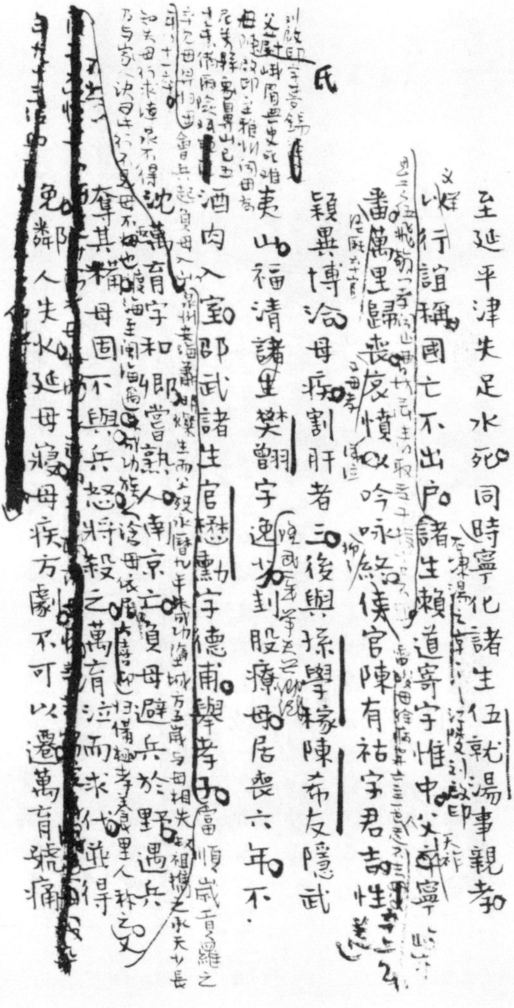

書影三　草稿卷一百八（一百二十卷本）

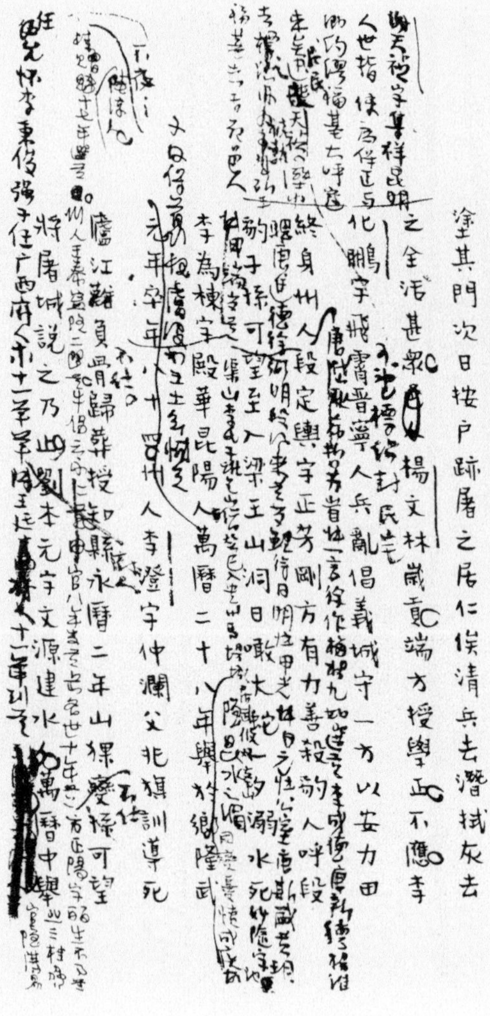

書影四　草稿卷一百十二（一百二十卷本）

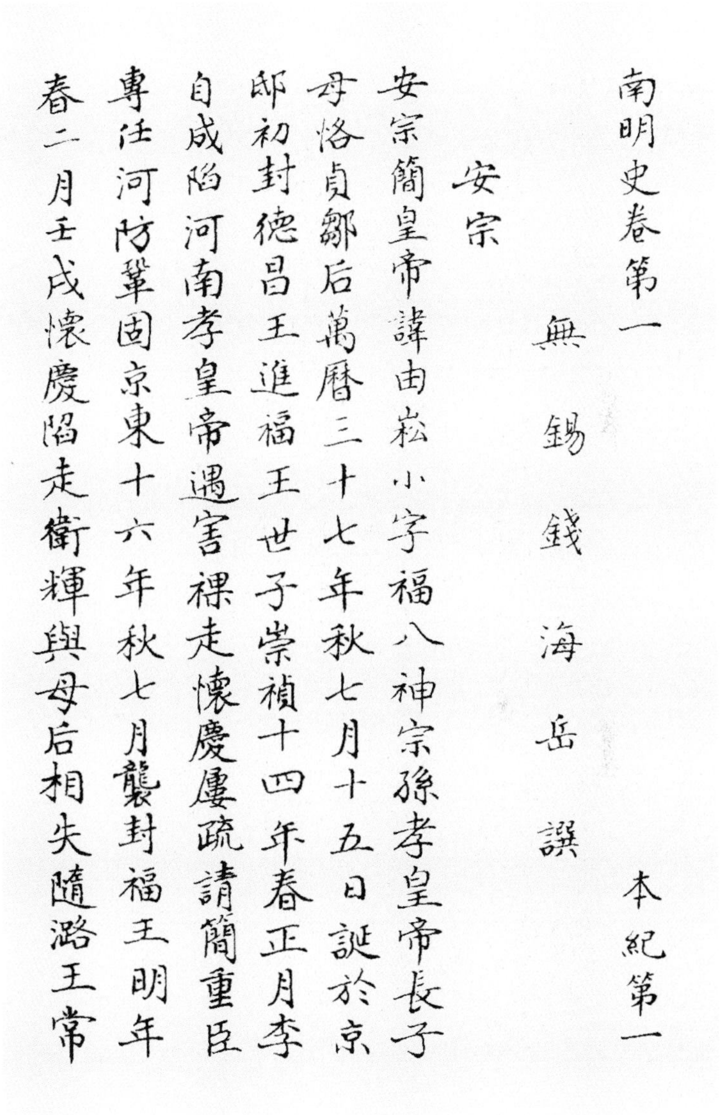
南明史卷第一　本紀第一

無錫錢海岳譔

安宗

安宗簡皇帝諱由崧小字福八神宗孫孝皇帝長子母恪貞鄒后萬曆三十七年秋七月十五日誕於京邸初封德昌王進福王世子崇禎十四年春正月李自成陷河南孝皇帝遇害裸走懷慶屢疏請簡重臣專任河防鞏固京東十六年秋七月襲封福王明年春二月壬戌懷慶陷走衛輝與母后相失隨潞王常

書影五　柳亞子舊藏百卷過録本（今藏中華書局圖書館）

出版説明

一

南明史一百二十卷，錢海岳撰。錢海岳（一九〇一——一九六八），字騰英，江蘇無錫人。父麟書，字史才，清光緒十五年（一八八九）舉人，任潁州府通判，宣統三年（一九一一）調績溪知縣，後受聘協修清史。

錢海岳幼秉家學，十餘歲即以駢文名鄉里，被當時名宿譽爲「奇才」。其自述求學經歷時說：「予少有大志，束脩以來，欲盡讀天下奇書，交天下奇士，窮天下奇山水，建天下奇功業。四歲識字，七歲爲詩文，九歲卒九經，十六極諸史，泛濫百家，兼及鞮譯象寄。俛仰公卿士大夫間，歷知於馮蒿庵、樊樊山、王晉卿、秦宥横、林畏廬、趙次山、張季直、梁任公諸先生。」（海岳遊記自叙）一九二五年，畢業於北京朝陽大學政經科。翌年南下廣州，參加北伐，經邵力子介紹，任國民革命軍總司令部參謀處秘書，後在國民政府多個部門任職，所從事者多爲案牘文書工作。一九三七年抗戰爆發，隨國民政府西遷，任開國文獻館專門委員。一九四三年赴新疆，任新疆女子學院院長兼中文系教授。一九四八年返南京，仍在開國文獻館任職。一九四九年回無錫，任無錫國學專修學校教授；同年七月，學校改名爲無錫中國文學院，任教務長。一九五〇年七月，參加華東革大政治研究院學習，結業後當選爲民革蘇州市委員、政協江蘇省委員。一九五六年，調江蘇省博物館。一九六〇年，調南京圖書館，主持江蘇通志稿整理工作；同時應郭影秋之聘，在南京大學歷史系兼授南明史。一九六八年一月，被迫害致死。「文革」後，平反昭雪。

錢海岳著作豐贍，除南明史外，尚有哀蟬落葉集、海岳文編、海岳遊記、能史閣文集、涣花樓詩集、明清故宮詞、重修清史商榷、吴越國故跡攷、禹跡攷、訂補歷代州域形勢等刊行。

二

十九世紀中葉後，清廷積弱，列强入侵，社會動蕩，民不聊生。迨至季清，知識分子特別是國粹派提出，欲救中國，必先排滿，「唯有保國保種排異族而已，不能脱滿清之羈絆，即無以免歐族之侵陵，居今日而籌保種之方，必自漢族獨立始」（劉師培中國民族志）。他們因而爲明末死節之士立傳，刊佈紀録南明史事的著作，以表彰民族氣節，「蓋讀此等書者，皆有故國河山之感，故能不數年間，光復舊物，弘我新猷。回顧順、康、雍、乾諸朝，出其暴戾雄鷙之力以從事於摧殘禁毀者，方知其非無故也。民國既建，海上有痛史之刻，有明遺民之作，方期此等鉅製，日出不匱，俾得彙輯叢殘，完成信史。詎料十餘年來，此風日就衰歇，蓋群衆心期，往往隨一時之風氣，而非思千秋之絶業也」（朱希祖晚明史籍考序）。朱氏此序作於一九三一年六月十八日。三個月後，日本入侵，東三省淪喪，民族危亡，情狀恰與南明政局類似。當時史學界又重新掀起研究南明的熱潮，將滿腔孤憤寄託於此段歷史之研究，希望能從中探索和總結經驗教訓，找到民族救亡之路。

民國初年，錢麟書應清史館之聘協修清史，海岳隨侍在京，得與史館中馮煦、柯紹忞、繆荃蓀、吴士鑒、陳伯陶諸老遊。衆人語之曰：「明自南渡後，安宗、紹宗、昭宗、監國魯王，下既臺灣賜姓之亡，疆土萬餘里，首尾四十年，其間興亡治亂、戰守攻取、得失乘除之跡，禮樂征伐、刑賞黜陟之政，忠臣義士杖節死綏、殊功韙德非常之行，庸人僨國、驕將悍卒、檮杌嵬瑣兇慝之狀，斟鄩斟灌之遺，板蕩黍離之際，宜有專史綴述其事。而前史仍忌諱之私，不爲紀傳；稗乘沿耳食之譌，多所舛午。口譚浸失，文獻無徵，倘能綱羅放失，整齊舊聞，勒爲一書，以附季漢、西魏、續唐、南唐、南漢、南宋之列，此名山業也。子其念哉！」（義例）錢海岳受此啟發，開始廣爲收集南明史料，先盡家中所藏，繼之或購諸書攤，或鈔諸内府黄案及故家書庫，歷時廿年，積之十餘簏，始排比經緯，從事撰述南明四十年之通史，時爲一九三一年。錢海岳曾説：「明南渡三帝……傳略而不詳……蓋清史主清，例難詳明，若必欲一一詳備，則别爲後明史可也。」（重修清史商榷）「後明史」者，南明史也。

在撰寫過程中，曾與朱希祖探討體例，並承借閲秘籍。錢海岳説：「嘗晤朱君希祖……相與往復，上下其議論，並承假史材，頗窺羽陵酉陽之祕。……發凡起例，以次筆削，犄有規模。」（義例）而當時有意撰南明史者，朱希祖、柳亞子等著名學者甚負時望。朱希祖秉其師章太炎之命，研究南明歷史，曾寫編纂南明史計劃書，其致力於南明史之工夫，可謂精深（參見晚明史籍考序），然亦有「自清乾隆禁毁明季史籍以來，學者欲撰輯南明史者，輒嘆史料之難得」之語（稿本魯之春秋跋）。及至一九三七年六月，朱希祖始「擬閲南明史，先融其全局史事，以備撰南明史，亦作筆記以記心得。時搜集南明史料，已至七百餘種，方有意於南明史之撰著，而盧溝橋事變亦將作矣」（朱偰朱君逖先先生年譜）。可惜亂後九徙流離，未竟所志。卒後，吴稚暉挽聯中有「人間遽失先生，從此南明無史」之嘆。柳亞子對南明史之研究亦可謂矢志不渝，早年搜羅南明史籍，迨及撰寫之際，卻遭戰亂。其致朱蔭龍書曰：「南明史宿願，一阻於太平洋戰役，再阻於湘桂撤退，然此身一日不死，此心亦一日耿耿不忘。」田漢贈詩有「避地香港島，將寫南明史」之語（歌柳亞子），可惜晚年病廢，南明史之修纂終成遺憾。

一九三七年七月，日本侵華戰爭全面爆發。錢海岳隨國民政府西遷至重慶，供職於開國文獻館，南明史草稿「以在行笈，幸未散佚」（義例），得以日就搜集材料，整理叢殘，編摩體例，考訂史實，最終於崇禎甲申三百年後的一九四四年完成南明史一百卷。書成之後，頗爲學者所關注。一九五〇年十月，柳亞子專程到無錫拜訪錢海岳，向其借閱南明史稿本，回京後抄録一份（此抄本今藏中華書局圖書館）。有齊燕銘題記：「此係柳亞子先生從原稿抄録。亞子先生逝世後，柳夫人舉以爲贈，茲以貽中華書局收藏。」參見書影五）。是年冬，謝國楨在柳亞子處見到此書，即著録於增訂晚明史籍考中，並摘録義例數條。一九五二年十一月，顧頡剛至蘇州拙政園，「看錢海岳南明史」（顧頡剛日記）。

錢海岳在義例中說，清初文網森嚴，屢興文字大獄，且又禁毁數十次，致使「三朝史料及詩文有涉者，蕩然無存，即有故家鈔本，子孫亦多懼禍，智井魚腹，隱匿不出，以致淹没者夥矣」，由是作者希望「海内大雅君子聞聲肸蠁，有以此三朝之政跡文章以及家乘軼事可以證明、可以糾繆、可以增益而歸於邃密者見餉，庶幾隨時修訂」，所以書雖初成，而修訂工作卻一日不曾停歇。錢海岳整日埋頭於南明史體例的完善、資料的增補以及史實的考證，特别是調入江蘇省博物館和南京圖書館工作後，得以接觸更多珍貴史料，「館中藏書豐富，隨手補充，更爲完備」（顧頡剛題跋）。一九六三年，謝國楨往南京訪書，曾至錢海岳家拜訪，稱其「治學之勤，老而彌篤；修訂史稿，用力不輟」（增訂晚明史籍考）。據朱偰一九六五年三月十一日日記載，當日下午往南京圖書館山西路分館校對地方志卡片目録，遇錢海岳，謂「渠猶在孜孜不倦整理南明史」。直到「文革」開始，錢海岳被定爲資産階級反動學術權威，家被抄，稿遭查，修訂工作乃終止。

三

所謂南明，通常指明亡後南京福王弘光、福州唐王隆武、肇慶桂王永曆及紹興監國魯王諸政權。昭宗於永曆十六年即爲清廷所殺，之後臺灣鄭氏猶奉永曆年號，直至永曆三十七年（暨康熙二十二年）。是年八月，清兵攻取臺灣，明故延平王鄭成功之孫克塽以明宗室諸王降清，「明朔始亡」（徐鼒小腆紀年卷二十）。如此算來，南明就有四十年歷史。錢海岳在義例裏說到：「明自威宗殉國，安宗、紹宗、昭宗相繼踐祚，大統未墜。……及永曆十六年黄屋蒙塵，已無寸土而猶書者，援春秋『公在乾侯』之例也。臺灣沿其正朔而猶書者，援春秋終『獲麟』、左傳附『悼之四年』例也。」其他老輩學者如朱希祖、柳亞子、謝國楨等，也均持南明四十年之説，與錢海岳之見解相同。

錢海岳按照傳統的紀傳體通史之例撰著南明史，爲本紀、志、表、列傳四部分。一九四四年百卷本初成之時，即撰義例一文——義指義法，例指體例——說明作史原則。而在整理南明史之初，錢海岳亦曾爲清史稿重修事撰重修清史商榷一書，認爲「作史之要，首重體例」，並對重修清史稿提出六條建議。而這六條建議，也正是錢海岳撰著南明史的依據，茲將重修清史商榷與義例分述如左：

一曰網羅放失。重修清史商榷曰：「既求史料於檔案，更當廣及各省案卷，官修之省府廳州縣志……採取名人私家著作碑傳，尤重僻遠。」義例曰：「本史立傳，一以黃、王、顧、錢諸書爲指歸，里居班品，則以方志、家集、碑傳爲依據。」其「引用書目」所列圖書達三千四百餘種，有專記、稗乘、檔案、別集、年譜、家傳、方志等，可謂宏富。

一曰先成表志。重修清史商榷曰：「作史最重表志，古人作史，先表志而後紀傳，後世則否，先後倒置，難易懸殊……必先成表志，後列傳，終以本紀。……志爲一代成憲，當世借鑑孔急，而法令昭中外，典籍陳源委，縋幽索隱。」義例曰：「志以鋪政體，表以譜年爵，史公創之，蓋所以救紀傳之窮，史之極則也。……今就曆、禮、選舉、食貨、兵、藝文、諸王、功臣、外戚恩澤侯、宰輔、七卿分立志表，藉存一時掌故。」謝國楨評曰：「明室南遷，戎馬倉皇，民族鬭爭，史有足徵；而典章制度、經濟基礎則難以搜檢，著者能於紀傳之外，撰爲志表，用意可謂至善。」（增訂晚明史籍考卷九）

一曰辨别是非。重修清史商榷曰：「善言春秋者，據事直書，善惡自見，固不必斤斤於此褒彼貶……作史者，必使前代不白之冤予以昭雪，使前代未著之姦加以鑕鈇，不得視史爲酬應舞文之具，首在辨别是非，一秉大公，誅姦諛於已死，發潛德之幽光。」義例曰：「（南明史事）有考而知其梗概者，有考而正其謬誤者，有考而悉一人始末者，然其中鄖書燕説，不一而足，繫影捕風，所在皆是。」故曰：「平心以察之，言之發或有所因，事之端或有所起，而其流不能無激，則非他書不能具，故凡黄、王、顧、錢諸書之難詳者，則以他書校之，他書之誣且濫者，則以所得於黄、王、顧、錢諸書者裁之。參互推勘，正其舛錯，删其煩蕪，補其闕失，必歸至當至信而後敢存。」又曰：「惟所聞異詞，所傳又異詞，務必鑿鑿有據，方始摭拾。至於諛言單詞，或過爲抑揚者，則概不録。」又曰：「作史不嫌謹嚴，蓋存是非之公，褫姦邪之魄，大勸懲之義也。姦叛諸臣，故不可不著，而前史痛惡其人，每將其狀散入各傳，而削其名。……今援春秋書齊豹盜、三畔人名之例，悉爲大書特書，庶幾存千秋之鐵案，不使逃斧鉞之誅焉。」

一曰破除忌諱。重修清史商榷曰：「作史用春秋之直筆，有時雖亦兼詩人之微婉……而爲指實計，則不如直筆之爲顯。」義例曰：「自古以本朝而修前朝之史，偏袒阿私所在不免。本史於三朝文武、志士、遺民苟有所見者，無不立傳。……在清以爲寇盜，而不能言不敢言者，今則褒貶予奪，一秉大公。凡當日翟義之心，陳琳之檄，無不源源本本，殫見洽聞。俾孤忠大節，不使含恨泉壤；黄鹹青燐，不隨劫灰同盡。」又曰：「忌諱之處，經清代點竄者，今悉照原本改正，庶存其真。」又曰：「史家之法，毋以己意棄取，第直書其事而是非自見。」

一曰講求義法。重修清史商榷曰：「義，易之所謂言有物也；法，易之所謂言有序也。作史，義以爲經，法以爲緯，蓋必文省而義明，例簡而法精，熟於詳略虚實體要，乃爲成體之文。……古之良史於千百事不書，而所書一二事，必具首尾，旁見者悉著，俾千百世後案而如睹其人，其妙處即在於因此見彼。」義例曰：「紀舉一時政令大綱，傳止一人一事。春秋依經立傳，故傳不嫌其詳；褒貶袞鉞，故紀必求詞簡。然起兵者則書，大倡義也；殉難者則書，貴死事也；來歸者則書，獎反正也；叛降者則書，誅逆亂也；封拜者則書，重爵命也。然其人不可勝紀，則擇其人冠之；時日不可備考，則連類及之；封拜太煩，則擇五等宰輔七卿有關時運者及總督繫方面之重者爲斷，省文也。」

一曰潤色詞筆。重修清史商榷曰：「史者固在顯微闡幽，若但知折衷至當，筆削謹嚴，是堯舜而非桀紂，而不潤色以詞，則等於市儈之記簿，明則明矣，何以使觀者興起，故史載事，事必藉文以傳。」義例曰：「作史固貴筆削，而尤尚文字。……晚近以來，文字不講，海内即有纂述，大抵詞煩意殺，汗漫無紀，此僅爲甲乙之紀簿，未克當大雅之著作。本史深矯其失，行文一歸典正。」

除此六點之外，錢海岳在南明史中還體現出「春秋大義」的民族思想。義例曰：「本史一本天王正統，三朝悉爲本紀，凡即位必書，崩必書，天文災異必書。」另將監國魯王納入本紀，則曰：「或謂監國魯王時，閩、粵有君如贅疣，然則本紀何在？昔北魏之亡，分爲東西；梁室未亡，蕭詧自立，史不得略並帝者且然；矧魯王守監國之虛懷，無自主之驕志，諸臣奉之滇京，命之海上，旌旗東南響應，其事尤多，皆不得附見三朝者，故進諸。惟正朔仍繫隆、永，蓋所以存二朝之正統，辨名正位，扶統立極之義也。」又曰：「本史於嚴華夷，辨正閏，别名分，植綱常，則尤兢兢，蓋欲使人人曉然於亡國之痛，懍然於名節之防，庶幾正人心而維世道。」又曰：「尊王攘夷之旨，天理人心之正也。」這一點，明顯地帶有那個時代的痕跡，同時也體現了作者撰作此書的目的。

四

經過二十餘年的修訂，南明史已由原來的一百卷增加至一百二十卷，錢海岳復謄清一份。然而，「書方成而『文化大革命』運動起，以其曾表章鄭成功，被誣爲宣傳蔣介石反攻大陸，拉之至明孝陵，從上推之下，遂跌死」（顧頡剛一九七九年四月一日日記），時爲一九六八年一月十四日。一百二十卷南明史的草稿與謄清稿亦同時被查抄，下落不明。

一九七一年四月，顧頡剛承周總理命主持「二十四史」整理工作，十三日作整理國史計劃書，曰：「清代滿族統治者爲要湮没漢族人民的民族意識，對於入關後十八年的南方漢人政權竭力抹煞，致明史中記載寥寥，無從見到民族鬭爭的事實，但漢族的零星記載尚多流傳。清亡以後，如柳亞子等甚思作系統的整理，終未如願。錢海岳獨竭數十年的精力，編成紀傳體的南明史百數十卷，足備一代文獻。只因他不喜社會活動，所以知道這部新史的人極少。他已於前數年去世，稿本在寧在錫不可知，須派員前往查詢。」當時即提議：「如能覓得，應置明史之後。」兩個月後，錢海岳的外孫堵炳元拜訪顧頡剛，顧頡剛才知道「文革」中「江蘇文管會中分兩派，六九年（按，當爲六七年之誤）兩派鬭爭，錢海岳竟成犧牲品，被掖至明孝陵推下跌死。其南明史鈔有複本，兩派各取其一，其下落遂不可問」（顧頡剛一九七一年六月七日日記）。

十年浩劫後，錢海岳家人多方努力，終於找回了這部錢海岳付諸一生心血的南明史。可惜謄清稿僅存前九十六卷，所幸後二十四卷的草稿也保存下來，兩者相配，適爲一百二十卷。今藏錢海岳女婿堵仲偉處。

一九七九年四月一日，堵仲偉拜訪顧頡剛，出示南明史稿「目録」及「引用書目」，顧頡剛當天作題跋云：「余當一九七一年四月，承周總理命，主點校『二十四史』，參加出版會議，即曾提出尋求此書，次於明史之後、清史稿之前。時同人以爲應俟『二十四史』點校完成後再議。今全書已完成矣，此稿適出，其當與國家出版局及中華書局主事者等商之。」三日，堵仲偉把南明史稿全部送到顧頡剛家。四日，顧頡剛囑王煦華清點，計三十三册，三千三百多頁，「加以整理，真一大工程」（當天日記）。十三日，顧頡剛在日記中寫道：「予之心事有三部書當表章：一、吴燕紹清代蒙回藏典彙，二、孟森明元清系通紀，三、錢海岳南明史稿。因與煦華談之。他日有便，當更與胡喬木院長言也。」這三部書，正是顧頡剛在整理國史計劃書中提出需要尋找的三部遺稿。五月九日，顧頡剛與中華書局商談出版事宜。中華書局即請人將南明史後二十四卷的草稿進行了謄抄，謄抄件今存中華書局。

五

南明史資料詳贍，體例完整，所列傳主近兩萬人，可稱宏富，這爲紛繁蕪雜的南明歷史提供了一份系統的基本資料，可供「治晚明史者參考」（錢海岳自識）；同時，爲「不没錢氏以四十餘年之精力完成此稿之苦心」（顧頡剛題跋），二〇〇三年十月，中華書局聯繫堵仲偉先生，決定整理出版南明史，即得到堵仲偉及錢海岳家屬的大力支持。兹將整理情况分述如左：

底本。南明史今存一百卷本和一百二十卷本兩種版本。一百卷本之錢氏稿本未見，僅存柳亞子藏過録本，現藏中華書局圖書館。一百二十卷本則是在一百卷本基礎上增補而成，然其謄清稿僅存前九十六卷，其後二十四卷則爲草稿，合之適成全帙。此次整理，即以此「成全帙」的一百二十卷本爲底本。

整理。此次整理，做了以下工作：一標點，採用現代規範全式標點符號，標注專名線；二分段，原稿内容基本接排，爲方便讀者使用，按文意做了分段處理；三改正錯字，此書爲作者遺稿，就其前九十六卷的謄清稿而言，也非最終定稿（參見書影二），而後二十四卷草稿，更是字跡潦草，多有塗改增删處（參見書影三、四）。故此次整理，我們僅對極少數明顯的因形近而致誤之字作了改正，其餘都按原文，不作更改。

書名。錢海岳撰著此書前，擬名爲後明史（重修清史商榷）；一百卷本成，名曰南明史；及增至一百二十卷，又改名南明史稿，蓋錢海岳擬再作修訂，故有此名。然數十年來，柳亞子、謝國楨、顧頡剛等皆稱此書爲南明史。今整理出版，亦逕稱南明史。

目録。底本卷首有總目録，各卷卷首亦有分卷目録，總目録爲分卷目録之總合，分卷目録是根據正文内容依次編製的。其中偶有有目無文或有文無目者，是皆作者在對正文内容作增删後未及重新寫定目録所致。此次整理，我們按照正文，重新編製了分卷目録及總目録。

避諱。作者所參考之文獻，除方志外，絶大多數屬於晚明人或者明遺民的著作，其間多有避明神宗翊鈞、光宗常洛、熹宗由校、思宗由檢、安宗由崧之諱，故「鈞」、「常」、「校」、「檢」、「松」諸字改作了「均」、「嘗」、「較」、「簡」、「嵩」（淞改作滀）。而作者在撰著此書時多從之，未作統一，爲保留原書狀貌，我們一律保留原字。

整理工作由劉德麟、張忱石分别擔任，劉德麟承擔卷一至十四、卷二十五至二十八、卷五十六至一百二十，張忱石承擔卷二十九至五十五，編輯部對卷十五至二十四表部分補畫了表格，並對全稿體例進行了統一。由於是對遺稿進行簡單整理，所以錯誤在所難免，敬乞專家學者批評指正。

中華書局編輯部

二〇〇六年三月

義例

余少治春秋，於歷朝乙部諸書，靡不紬繹。洎侍先子京師，獲接定陵來瑰瑋博達方聞諸老履絇，於時馮蒿庵中丞、柯蓼園閣學、繆藝風學政、吴式溪侍讀、陳伯陶編修，皆以史學名家。先子及諸老於榷史之暇，嘗詔海岳曰：「明自南渡後，安宗、紹宗、昭宗、監國魯王，下暨臺灣賜姓之亡，疆土萬餘里，首尾四十年，其間興亡治亂、戰守攻取、得失乘除之跡，禮樂征伐、刑賞黜陟之政，忠臣義士杖節死綏、殊功踔德非常之行，庸人僨國、驕將悍卒、檮杌嵬瑣兇慝之狀，斟鄩斟灌之遺，板蕩黍離之際，宜有專史綴述其事。而前史仍忌諱之私，不爲紀傳；稗乘沿耳食之譌，多所舛午。口譚浸失，文獻無徵，倘能網羅放失，整齊舊聞，勒爲一書，以附季漢、西魏、續唐、南唐、南漢、南宋之列，此名山業也。子其念哉。」海岳謹受命，退而盡發家藏，不足則博搜内府黄案及故家書庫，二十年來，露纂雪鈔，緘固積十餘簏，排比經緯，馳騁往復，磊落乎耳目，旁薄於心胸，時覺有數百卷史事，怪怪奇奇，薄喉衝脣而出。戊辰以後，蟄居南曹，嘗晤朱君希祖，希祖固治南明史而未遑成書者，相與往復，上下其議論，並承假史材，頗窺羽陵酉陽之祕。坐曹無事，發凡起例，以次筆削，犓有規模。不意東海揚塵，避地巴蜀，是書以在行笈，幸未散逸。曝直史館，日事編摩，乃出舊藁，重加刊正，約以義法，訖今秋而全書成，名曰南明史，定爲百卷。爰付削氏，以示方來。

嘗聞古之良史，明足以周萬事之理，道足以適天下之用，智足以通難知之意，文足以發難顯之情，又遭際休明，故能獻之當宁，副在名山。余才謭澆微，固不足仰窺萬一，然是非美刺，一本春秋，而竊取之義，時出獨裁。鄭樵曰：「此出臣胸臆，不關漢、唐諸儒。」議論不敏，而於是書亦不無一得之見焉。顧身丁陽九，遯水逃山，獨抱圖書，復不知所獻何人，所藏何山。諸老既相繼殂謝，先子見背揮忽一紀。史記成書，流連太史顧命；思廉作史，慷慨史部遺言。撫卷增悲，摧心欲絕。

南明時際，百六皇宬烈燄，太史遁荒，宫中動靜，殿上謀謨，以及一時文武臣工事跡，藉野史、方志、家集、碑傳，存什一於千百。今就見聞所及，有考而知其梗概者，有考而正其謬誤者，有考而悉一人始末者，然其中郢書燕説，不一而足，係影捕風，所在皆是。黄宗羲、王夫之、顧炎武、錢秉鐙、楊在、鄧凱、張岱、談遷、查繼佐、楊英、屈大鈞、温睿臨、李瑶、邵廷寀、徐鼒諸書，較爲完備，惟記載有詳略，年月有先後，是非有同異，毀譽有彼此，作史之難如此。

本史立傳，一以黄、王、顧、錢諸書爲指歸；里居班品，則以方志、家集、碑傳爲依據。

因其世，考其事，而覈其言，平心以察之。言之發或有所因，事之端或有所起，而其流不能無激，則非他書不能具，故凡黄、王、顧、錢諸書之難詳者，則以他書校之，他書之誣且濫者，則以所得於黄、王、顧、錢諸書者裁之，參互推勘，正其舛錯，删其煩蕪，補其闕失，必歸至當至信而後敢存。顧考索日深，異聞日見，往往人文事物之介於諸朝者，愈求愈多，有不能已於重訂、三訂者，昔人謂權史之難，須握管在手，方知此中苦處，豈其然！

紀，統紀也，以一統而紀天下事也。周室東遷，浸以微弱，至春秋時，王室不絶如綫，於是吴、楚强大，綿地數千里，皆稱王，而聖人斷然以夷狄予之。春秋書王書正仍繫於周，蓋尊王攘夷之旨，天理人心之正也。明自威宗殉國，安宗、紹宗、昭宗相繼踐祚，大統未墜，土地、甲兵、人才皆非周比，天時、人事决非偶然，顧前史視同熸火，削而不書。通鑑、輯覽、綱目三編，稱爲平允，亦僅如景炎、祥興，附注名號。本史則一本天王正統，三朝悉爲本紀，凡即位必書，崩必書，天文、災異必書；及永曆十六年黄屋蒙塵，已無寸土而猶書者，援春秋公在乾侯之例也。臺灣沿其正朔而猶書者，援春秋終獲麟，左傳附悼之四年例也。或謂監國魯王，時閩、粤有君，如贅疣，然列本紀何在？昔北魏之亡，分爲東西，梁室未亡，蕭詧自立，史不得畧並帝者且然，矧魯王守監國之虚懷，無自主之驕志，諸臣奉之滇京，命之海上，旌旗東南響應，其事尤多，皆不得附見二朝者，故進諸；惟正朔仍繫隆、永，蓋所以存二朝之正統，辨名正位，扶統立極之義也。

紀舉一時政令、大綱，傳止一人一事。春秋依經立傳，故傳不嫌其詳；褒貶袞鉞，故紀必求詞簡。然起兵者則書，大倡義也；殉難者則書，貴死事也；來歸者則書，獎反正也；畔降者則書，誅逆亂也；封拜者則書，重爵命也。然其人不可勝紀，則擇其人冠之；時日不可備考，則連類及之；封拜太煩，則擇五等宰輔七卿有關時運者及總督繫方面之重者爲斷，省文也。

志以鋪政體，表以譜年爵，史公創之，蓋所以救紀、傳之窮，史之極則也。明史故有天文、五行、曆、地理、禮、樂、儀衛、輿服、選舉、職官、食貨、河渠、兵、刑法、藝文十五志，諸王、功臣、外戚恩澤侯、宰輔、七卿五表。惟天象昭垂，古今如一，日食星變，既附注本紀，五行、災異，近於術數機祥。又自南渡後，干戈遷徙，經制無暇修明，憲章類仍往昔，今就曆、禮、選舉、食貨、兵、藝文、諸王、功臣、外戚恩澤侯、宰輔、七卿分立志、表，藉存一時掌故。

古人作史，有專傳，有合傳，有附傳，非以人有優劣也。事有煩簡，專傳必行跡之多者也；合傳則學同、行同、官同、時同、名同，或其一事之偶同者也；附傳者，以其人事少不成傳，故附之，非薄其人也。本史一仍其例，凡大臣皆有專傳，惟弘光時之祁逢吉、徐有範、朱之臣、盧世㴶，隆武時之鍾炌、黄錦、李長倩、郭必昌、徐應秋、黄日昌、劉安行、鄭賡唐、王虞石、吴時亮、吴震交、劉柱國、周汝璣、張夬、王期昇、顧元鏡、關捷先、葉廷裕、伍瑞隆，永曆時之扶綱、虞胤、何三省、黄日晟、井濟、劉斯琜、周光夏、余煥、毛毓祥、張調鼎、孫順、張尚、陳圭、龔銘、楊在、潘琪、楊鶚、黄人龍、吴尊周、黄天雷、萬年策、毛壽登、吴李芳、李士淳、李企晟、傅夢弼、傅謙之、桂蟾、義堂、羅南生，魯王時之李白春、張文郁、蘇壯、柯夏卿、曾慶、黄中瑞、曹從龍等，以行跡不詳，不得已列之附傳。

本史存三朝之故實，維華夏之正氣，凡事不繫治亂、不關名教者勿書，故如昭宗入寺而木偶起立，見羈而神告真符，事涉機祥；金聲桓之德宗，瞿式耜之松仙，跡過離奇；黄宗羲、錢秉鐙謂安宗爲卜者王郎之徒，詞近怨懟，今悉削之。蓋此正史也，不敢悖史體。若瑣屑紀述，疵累筆端，則鄰於稗乘矣。至南京太子，時馬、阮方以翊帝爲功，諸臣又全朋比，馬、阮擁潞之案，方避齮齕之不暇，而孰以直言沽殺身之禍？永、定諸王，又在玉步遷移之後，謝陞、馮銓等名列貳臣，背故從新，是所本懷，其言尤不足信，事在當日已爲疑案。童妃之事，天下至頑劣婦人，未聞有冒爲人妻者，况以天子之尊，宫禁之嚴乎？無已，則或其風顛也。而陳潛夫等非有心疾，奈何以風婦奏之，儀衛伏謁乎？且即僞也，亦必入宫面見而知，豈有未見，逆其爲僞，乍聞而怒其人者，故於妃事則無疑。夫人情於夫婦間，往往有曖昧不可告人事，帝之斥謂妖婦，殆深怒積怨於妃，故聞而遽怒，怒而遽殺之乎？然史家之法，毋以己意棄取，第直書其事，而是非自見。

明史於萬曆後諸臣紀載不詳，後世考國是者病諸。本史固以三朝爲斷，然天、崇遺臣之及身三朝者，大抵心戀亳社，爲國純臣，不有列傳，來者何徵。今悉加甄采，内自宰輔、七卿，外自督撫、司道以下，彙爲二卷。

諸臣有及事神、光、熹、威四朝者，凡章奏行事不備書，以所重在南且大半見之前史也。然其大節有不得簡略，或以有關政教，確於本史異同，實有所據者，則撮叙數語，以志之。又宋史列傳多載章奏，世有斷爛朝報之譏，本史於一時詔令及諸臣絶大關係文字外，概不采取，至於忌諱之處，經清代點竄者，今悉照原本改正，庶存其真。

晋書主晋不有魏，忠於魏者爲畔。齊書黨齊不有宋，忠於宋者爲逆。永叔，宋人，不爲韓通立傳；脱脱，元相，寧辨炎、興正統。自古以本朝而修前朝之史，偏袒阿私在所不免，本史於三朝文武、志士、遺民苟有所見者，無不立傳，一時如兩京、河南、江西、廣東、湖廣、福建、浙江、廣西、四川、雲南、貴州、山東、山西、陝西以及海上義師，抗顔逆行，伏屍都市，在清以爲寇盜而不能言不敢言者，今則褒貶予奪，一秉大公。凡當日翟義之心，陳琳之檄，無不源源本本，殫見洽聞。俾孤忠大節，不使含恨泉壤；黄馘青燐，不隨劫灰同盡。惟所聞異詞，所傳聞則又異詞，務必鑿鑿有據，方始摭拾。至於諛言單詞，或過爲抑揚者，則概不取。

或謂金聲桓、李成棟、姜瓖、李建泰、吴勝兆反側兩朝，昔人列之逆臣，子何進諸？余曰：「孔子作春秋，中國而夷狄，則夷狄之；夷狄而中國，則中國之。」孟子曰：「雖有惡人，齋戒沐浴，則可以祀上帝。」諸人先迷後復，歸朝後忠誠不渝，卒以一死，無始則有之，至其有終，不可不獎，是亦春秋善善從長及與人爲善之義也。

明史有循吏、方伎、外戚、閹黨、佞倖、土司、外國、西域諸傳。南渡後，戎馬蒼黄，循吏之不絿不競、布政優遊者，或死或隱，大抵散見忠義傳。方伎當遷徙流離之餘，湮没不彰，如崔子忠、陳洪綬等，皎然不欺，亦附見文苑之末。外戚以年祚短促，事實寂寥，則殿之后妃。閹黨、佞倖，本爲崔、魏諸人而作，三朝閹倖，其燄遠不如前，則合之宦官、姦臣。土司、外國、西域在當時聲教不暨，且事詳前史，傳之似贅。至於秦良玉、那嵩等著功跡義烈者，則别爲傳。

列史有隱逸傳，孔子稱逸民夷、齊，固非寄蠱上九山澤之臞、遺世絶俗之流也。向感向長、禽慶不仕新莽，而范史不知其旨，與逢萌同歸逸民，後世陶潛、周續之依之，於是忠義、隱逸判爲二途，唐書入甄濟、司空圖卓行，以宋祁之有學，尚泥古如此，惟宋史忠義傳序「世變淪胥，晦跡冥遁，能貞厲保厥初心，抑又其次，以類從之」，直發前人所未發。而列傳仍祇及死綏杖節，未載褚承亮、謝翺隻字，洎萬斯同宋季忠義傳遂附逸民，論者韙之。今取其例，凡明季草野入清不仕者，別爲一卷，殿忠義傳。

本史以南渡爲斷，凡人事在崇禎十七年四月以前及三朝畔降諸臣清史有其傳者，皆不列，惟白文選之盡瘁勤王，錢謙益之響應義旅，鄭芝龍、孫可望、劉進忠關繫隆、永、臺灣存亡，貳臣、逆臣傳於明事不詳，茲不得不爲補傳。

孫樵曰：「宰相升沈人於十數年之間，史官出沒人於千百歲之後。」史官與宰相，分執死生之權，史事之重如此。夫死難死忠，大節之臣，桀、跖不能汙，狐貉不敢噉，即無紀述，亦當不朽。然自古史局之開，頑頓無恥者，展轉夤緣，彌縫粉飾，久且闤汁爲醴泉。南渡野史，如夏允彝於馬士英多恕詞，楊陸榮謂朱成功沈魯王，鄒漪以李明睿、張縉彥爲藎臣，吳偉業以吳繼善爲就義，顛倒是非者，數見不尠。至如張捷、楊維垣死南京，丁魁楚死藤江，李清、戴名世、王夫之列之。夫張、楊惟馬、阮意指是奉，丁貪黷好貨，亂政亟行，以速於敗，死不償責。齊莊公之殺，賈舉、州綽十人者死之，春秋削而不書，以逢君之惡，從於昏亂，不得以死節名。然則張、楊、丁之死，猶十人類耳，矧不得已而爲人所殺哉！傳曰：「君子表微闡幽。」此豈反諸，惟其徵之而信，考之而核，而後敢書而傳之，傳之不妄，而後可告天下萬世。

作史不嫌謹嚴，蓋存是非之公，褫姦邪之魄，大勸懲之義也。姦畔諸臣，故不可不著，而前史痛惡其人，每將其狀散入各傳，而削其名。夫此究有未盡，削其名，不反掩其惡也？今援春秋書齊豹盜、三畔人名之例，悉爲大書特書，庶幾存千秋之鐵案，不使逃斧鉞之誅焉。

孔子曰：「言之無文，行而不遠。」太史公曰：「文不雅馴，縉紳先生難言之。」作史固貴筆削，而尤尚文字。今讀遷、固、曄、壽之書，凡奇才傑士之謀略，武夫猛士之勞勩，老成正直之議論，讒諂欺罔之詭辨。及忠義奮發者，有陵霜犯雪之操；畔逆殘賊者，有狐媚虎噬之狀。人在千百年後，讀其書，追想其人，軀幹短長，鬚眉蠕動，靡不躍然紙上，而呼之欲出，豈非以其文哉！晚近以來，文字不講，海内即有纂述，大抵詞煩意殺，汗漫無紀，此僅爲甲乙之紀簿，未克當大雅之著作。本史深矯其失，行文一歸典正，惟章甫適越，知終不免流俗之詆呵耳。

清人入關，攻城畧地，屠戮之慘，人理滅絶。余握管至此，幾於一字一淚，有不忍書而不忍不書者。明室渡江，廟堂上下，前仆後繼，甘死如飴，其義烈忠忱，直足耀日星而動河嶽，雖南風不競，版圖日蹙，猶如上九之碩果，中國禮樂文物繫焉。祇以遼瀋事起，和戰決策，不視國力時勢，宫鄰金虎，門户角張，朝士習大言以欺人，將帥狃囂張以脅上，無事則責難而快恩讐，有事則畏葸而競束手。報復因仍，是非顛倒，卒至舟中敵國，授人以隙，易衣冠而爲僕鑒，化射馭而爲帶比，實人謀之不臧，詎氣運之可委。本史於嚴華夷，辨正閏，別名分，植綱常，則尤兢兢，蓋欲使人人曉然於亡國之痛，懍然於名節之防，庶幾正人心而維世道，非敢踵事春秋，亦竊比儀鑒於殷之義云。

在晉史氏世官，馬、班、姚、李諸書，皆積父子之力，司馬遷取金匱石室之書，班固積思二十餘年卒業；官修之書，亦必廣延名宿，合數十人之精魄。明史至六十年而告竣，本史僅就一人之力所見之書而成之。惟恨桑海之際，劫火頻仍，如三朝魯王起居注、安宗紹宗實録、鄭之玧明書、錢綺南明書、徐樹丕中興綱目、戴笠聖安書法、夏完淳南都大畧義師大畧死節考、金俊明闡幽録、顧紳中興紀録、莊濳石函録、某氏聖安日記、函可弘光北狩記、惲日初野乘、林尊賓芝園樵史、許旭閩中紀畧、謝宮錦蘆中春秋、蔡在新薪膽紀略、涂伯案授命録、張自烈成仁録、章曠楚事紀略、陳邦彦留丹録、劉聯聲滇都紀事、劉九嶷髮聲存年、吴鍾巒文史、張岱鵑舌啼血録、楊文瓚島史、彭孫貽海濱外史、李文靖南疆遺事、周齊曾戴笠魯春秋、于穎今魯史、任廷貴魯王紀略、張煌言四明紀事、温睿臨海疆紀略、沈自埏江東閏位記，今皆放絶。

清初文網森嚴，屢興大獄，死者萬人，一時莫敢有議三朝史事者。自乾隆三十九年至五十三年，銷毁禁書二十四次，五百三十八種，萬三千八百六十二卷，而以前所燒者不與焉。凡三朝史料及詩文之有涉者，蕩然無存，即有故家鈔本，子孫亦多懼禍，智井魚腹，隱匿不出，以致湮没者夥矣。體關榷史，事繫千古，倘海内大雅君子，聞聲肸蠁，有於此三朝之政跡文章以及家乘軼事，可以證明、可以糾繆、可以增益而歸於邃密者見餉，庶幾隨時修訂，則幸甚。

崇禎甲申後三百年日長至，無錫錢海岳自識。

自識

史稿始於辛未，至今冬方告成，屈指已十四易寒暑矣。才愧三長，未足躋著作之林，祇能存諸篋衍，用備治晚明史者參考云爾。甲申日長至，句吳錢海岳自識於烏垣學舍。

顧頡剛題跋

按此書爲錢氏始作於一九三一年，完成於一九四四年。及一九六八年一月十四日，不幸爲林彪、「四人幫」誣害致死，又歷二十四年。時工作於南京圖書館，館中藏書豐富，隨手補充，更爲完備。人雖死而著作猶存，稿藏其女婿堵仲偉家。越十年，堵君乃以之見余。余當一九七一年四月，承周總理命，主點校「二十四史」，參加出版會議，即曾提出尋求此書，次於明史之後、清史稿之前。時同人以爲應俟「二十四史」點校完成後再議。今全書已完成矣，此稿適出，其當與國家出版局及中華書局主事者等商之，俾不没錢氏以四十餘年之精力完成此稿之苦心也。一九七九年四月一日，顧頡剛記於北京西郊三里河寓舍。

目録

出版説明……一
義例……一
自識……三
顧頡剛題跋……三
卷一　本紀第一
安宗……一
卷二　本紀第二
紹宗……五七
卷三　本紀第三
昭宗一……一二九
卷四　本紀第四
昭宗二……一八九
卷五　本紀第五
監國魯王……二八五
卷六　志第一
曆……三二七
卷七　志第二
禮……三五一
卷八　志第三
選舉……三九三
卷九　志第四
食貨……四二三
卷十　志第五

兵……四五七
卷十一　志第六
藝文一……四八三
卷十二　志第七
藝文二……五三七
卷十三　志第八
藝文三……六〇七
卷十四　志第九
藝文四……六六九
卷十五　表第一
諸王世表一……八一三
卷十六　表第二
諸王世表二……八七七
卷十七　表第三
諸王世表三……九三三
卷十八　表第四
諸王世表四……一〇〇三
卷十九　表第五
諸臣封爵世表一……一〇六五
卷二十　表第六
諸臣封爵世表二……一一一五
卷二十一　表第七
諸臣封爵世表三……一一八三
卷二十二　表第八
諸臣封爵世表四……一二三一
卷二十三　表第九
宰輔年表……一三五七
卷二十四　表第十
七卿年表……一三七九
卷二十五　列傳第一

后妃

安宗孝哲黄皇后……一三九三
黄奇瑞……一三九四
子調鼎等……一三九四
安宗孝義李皇后……一三九四
童妃……一三九四
金妃……一三九五
陳妃等……一三九五
宫嬪某……一三九六
張宫人等……一三九六
紹宗孝毅曾皇后……一三九六
宫嬪某……一三九七
曾文彦……一三九七
昭宗孝剛王皇后……一三九七
竇妃……一三九九
宫嬪某……一三九九
劉楊二貴人……一三九九
王畧……一三九九
王維恭等……一三九九
監國魯王烈妃……一三九九
監國魯王周義妃……一四〇〇
監國魯王張妃……一四〇〇
張國俊……一四〇〇
毛有倫……一四〇〇
監國魯王陳貞妃……一四〇〇
郡主某等……一四〇一

卷二十六　列傳第二

孝皇帝……一四〇三
恪貞鄒皇后……一四〇五
孝誠姚皇后……一四〇五

鄒存義……一四〇五
裕皇帝……一四〇六
張皇后等……一四〇六
光華陳妃等……一四〇六
陳純……一四〇六
端皇帝……一四〇六
孝欽呂皇后……一四〇七
孝正王皇后……一四〇七
昭聖馬皇后……一四〇八
安化公主……一四〇八
廣德公主……一四〇九
王國璽……一四〇九
馬九爵等……一四〇九
姜佐周……一四〇九
悼皇帝……一四〇九
定哀王慈炯……一四〇九
永悼王慈炤……一四〇九
長平公主……一四一二
光宗李康妃……一四一三
溫定傅懿妃……一四一三
曹靜炤……一四一三
熹宗任宛妃……一四一三
威宗袁淑妃等……一四一三
妙音等……一四一三
榮昌大長公主……一四一三
寧德長公主……一四一三

卷二十七　列傳第三

諸王

昭宗莊敬太子琳源……一四一八
昭宗哀愍太子慈烜……一四一八

監國魯王世子弘桝……一四二八
從兄弘枟……一四二九
潁王由榘……一四二九
鄧王器㙐……一四二九
陳王聿錆……一四三〇
沅王慈炆……一四三〇
涪王慈煒……一四三〇
汚王慈熠……一四三〇
澧王慈煇……一四三〇
秦王存樞……一四三一
永壽王存桑……一四三一
宜川王敬鑼……一四三二
崇信王誼漇……一四三二
敬鐐等……一四三二
渲瀎等……一四三二
誼浰……一四三三
性休……一四三三
林森……一四三三
祝仙翁……一四三三
石哈興……一四三三
晉王求桂……一四三三
陽曲王敏渡……一四三三
西河王敏淦……一四三三
新堉……一四三三
慎鏷……一四三四
敏浮……一四三四
敏敉……一四三四
敏濺……一四三四
敏湞……一四三四
祖復……一四三四

敏溏等……一四三四
周王恭枵……一四三四
遂平王紹焜……一四三五
内鄉王在鋆……一四三五
原武王肅⿰氵⿱山乃……一四三六
鄢陵王肅汭……一四三六
潁川王在鏶……一四三六
義陽王朝墠……一四三六
臨汝王朝⿰土會……一四三六
堵陽王在⿰金篆……一四三六
義寧王在鏓……一四三六
曲江王朝⿱艹鼓……一四三七
邵陵王在鉞……一四三七
東會王肅⿰氵罧……一四三七
應城王肅菬……一四三七
奉新王某……一四三七
修武王恭梱……一四三七
汝寧王肅⿰氵業……一四三七
保寧王紹炬……一四三七
安昌王恭樢……一四三八
寧陽王紹炆……一四三九
仁和王某……一四三九
朝壴……一四三九
朝垌……一四三九
朝霍……一四三九
在鉉……一四三九
在錤……一四三九
恭⿰木玄……一四四〇
宗正某……一四四〇
章枝……一四四〇

復業……一四四〇
楚王華壁……一四四〇
弟華堞……一四四一
永安王華堧……一四四一
滎陽王蘊鈐……一四四二
通山王蘊鉞……一四四二
通城王英熔……一四四二
江夏王蘊鋏……一四四三
東安王盛蒗……一四四三
武岡王華增……一四四三
英燦……一四四三
華圯……一四四三
華均……一四四三
華坰……一四四三
華埼……一四四三
華圉等……一四四三
蘊鈈……一四四四
蘊鐓……一四四四
蘊鏷……一四四四
蘊鉋……一四四四
蘊羅……一四四四
蘊钃……一四四四
蘊鑲……一四四四
蘊鑠……一四四四
蘊金……一四四四
蘊鑑……一四四四
盛澂……一四四四
盛濂……一四四五
盛漨……一四四五
盛濃……一四四六

盛㵎……一四四七
盛[氵疑]……一四四七
盛泳……一四四七
盛汒……一四四七
盛湲……一四四七
盛浗……一四四七
容藩……一四四七
寂燈……一四四九
翠濤……一四四九
齊王裔睿昝……一四四九
睿熉……一四四九
睿燧……一四四九
睿[火侖]……一四四九
智[土監]……一四四九
滋陽王弘懋……一四五〇

鉅野王壽錋……一四五〇
鄒平王壽硂……一四五〇
樂陵王以泛……一四五〇
翼城王弘橺……一四五一
陽信王弘楅……一四五一
高密王弘椅……一四五一
東原王子弘[木悳]……一四五一
壽[金林]……一四五一
壽鋆……一四五一
蜀王至澍……一四五一
華陽王至[氵悳]……一四五二
内江王至沂……一四五二
德陽王至濬……一四五二
石泉王奉鋡……一四五二
慶符王宣[巠土]……一四五二

富順王平𣛮……一四五三
太平王至淥……一四五三
讓栜……一四五三
宣鏓……一四五三
奉鑈……一四五三
奉鉀……一四五三
奉鐳……一四五三
奉鑲……一四五三
奉錁……一四五三
至滫……一四五三
至溢……一四五四
山陰王鼎濟……一四五四
定安王四子……一四五四
棗强王鼎𣴓……一四五四
俊淅……一四五四
充鰥等……一四五四
廷壻……一四五四
廷理……一四五四
廷鄗……一四五五
鼐鑢……一四五五
鼐鍺……一四五五
鼎婆等……一四五五
彝槐等……一四五五
李廷等……一四五五
延長王識鋍……一四五五
紳漄……一四五五
遼王術雅……一四五六
遠安王儼鍗……一四五六
巴東王儼鋌……一四五六
嵩滋王儼鋅……一四五六

益陽王某……一四五七
光澤王儼鐵……一四五八
寧靖王術桂……一四五八
憲燮……一四五九
術珣……一四五九
儼鉚……一四五九
儼鋾……一四五九
儼鑲……一四五九
儼鑵等……一四五九
尊倲……一四五九
鄒王相……一四六〇
慶王倬漼……一四六〇
伸壟……一四六〇
帥欽……一四六〇
帥錞……一四六〇
帥[金亡]……一四六〇
翼王議汸……一四六一
瑞昌王議瀝……一四六一
宜春王議衎……一四六二
樂安王議淜……一四六二
石城王議滲……一四六二
弋陽王議澳……一四六二
建安王統鐶……一四六三
謀垔……一四六三
謀夫……一四六三
謀雉……一四六三
謀堡……一四六四
謀墀……一四六四
謀理……一四六四
謀埕……一四六四

謀鐐……一四六四
謀晉……一四六四
統鑭……一四六四
統鈒……一四六五
統鐯……一四六五
統錡……一四六五
統銓……一四六六
統錩……一四六六
統釩……一四六七
統鐩……一四六七
統銍……一四六七
統錪……一四六七
統鉟……一四六七
統鑛……一四六七
統鎾……一四六七
統錜……一四六七
統鑋……一四六七
統鉁……一四六七
統鈘……一四六七
統鈶……一四六七
統釧……一四六八
統錭……一四六八
統鏳……一四六八
統鐏……一四六八
統鉡……一四六八
統鋋……一四六八
統鏑……一四六八
統鎮……一四六八
統錀……一四六八
統鋑……一四六八

統罂……一四六八
統錝……一四六九
統銮……一四六九
統鈾……一四六九
統鈂……一四六九
統鉷……一四六九
統晗……一四六九
議潍……一四六九
議洿……一四七〇
議澮……一四七〇
議濜……一四七〇
議澳……一四七〇
議漎……一四七〇
議汴……一四七〇
議鋈……一四七〇
議霂……一四七〇
議泐……一四七〇
議洭……一四七〇
議泏……一四七〇
議洋等……一四七一
議汞……一四七一
議霔……一四七一
議漆……一四七一
議黍……一四七一
議滃……一四七一
議彬……一四七一
議潤……一四七一
議流……一四七一
議洞……一四七一
議瀪……一四七一

議霶等……一四七二
議洘……一四七二
議汶……一四七二
議淞……一四七二
議潔……一四七二
貞吉……一四七二
奇……一四七二
熺……一四七二
奄……一四七二
弘恩……一四七三
岷王禋漇……一四七三
南渭王某……一四七四
黎山王禋洿……一四七四
南玄王企鈺……一四七四
善化王禋潬……一四七四
祁陽王禋濘……一四七四
禋潔……一四七四
禋澤……一四七四
企鋘……一四七五
企錠……一四七五
企鏻……一四七五
企鈚……一四七五
企鈺……一四七五
企⿰金頻……一四七五
企鈂……一四七五
韓王亶埥……一四七五
襄陵王逵棿……一四七六
樂平王子璟滲……一四七六
長沙王璟湲……一四七六
謨炵……一四七六

卷二十八　列傳第四

諸王

孟桐等……一四八五
鄭王常澂……一四八五
東垣王常潔……一四八五
常淵等……一四八五
襄王常澄……一四八六
荆王慈某……一四八六
樊山王常滄……一四八六
常巢……一四八六
常𡿺……一四八六
常潬……一四八六
慈鍜……一四八六
淮王常清……一四八七
永豐王由桐……一四八七
德興王由枍……一四八七
高安王常淇……一四八八
上饒王常沅……一四八八
嘉興王某……一四八八
金華王由榿等……一四八八
德王由櫟……一四八八
泰安王由檷……一四八九
由棆……一四八九
由柁……一四八九
慈蒟……一四八九
慈莛……一四八九
由衎……一四八九
常菂……一四八九
由樠……一四八九
慈菥……一四八九
崇王慈爚……一四八九
懷安王由札……一四八九

吉王慈某……一四八九
長沙王常淠……一四九〇
穀城王由㮫……一四九〇
德王常汶……一四九〇
由杞等……一四九〇
徽王常済……一四九〇
太和王翊舒……一四九〇
新昌王載璋……一四九〇
隆平王某……一四九一
懷慶王常濯……一四九一
延津王常滄……一四九一
孟津王翊鈹……一四九一
翊鎕……一四九一
益王慈炲……一四九一
金谿王由檑……一四九三
文昌王某……一四九三
舒城王慈煮……一四九三
阜平王由樽……一四九三
銅陵王由榳……一四九三
淳河王由栻……一四九三
筠溪王某……一四九三
羅川王由㭹……一四九三
德化王慈燁……一四九四
鄖西王常潮……一四九四
豐城王常溡……一四九五
瀘溪王某……一四九五
峽江王某……一四九五
安義王由枻……一四九五
新建王由模……一四九五
奉新王常漣……一四九六

仁化王慈⿰火内……一四九六
興安王由橦……一四九六
和順王慈燉……一四九六
嘉祥王慈焅……一四九六
建城王慈燦……一四九六
常澴……一四九六
常⿰氵左等……一四九七
常沖……一四九七
常默……一四九七
由⿰木藝……一四九七
由⿰木兩……一四九七
由榼……一四九七
由栟……一四九七
由欙……一四九七
由槢……一四九七
由柳……一四九八
由林……一四九八
由林……一四九八
由枝……一四九八
由栧……一四九八
由枋……一四九八
由梃……一四九八
由榛……一四九八
由萩……一四九八
慈爛……一四九八
慈⿰火俞……一四九八
慈煌……一四九九
慈睿……一四九九
慈⿰火齊……一四九九
元長……一四九九

素庵等……一四九九
俞昌等……一四九九
昌王由槵……一四九九
慈炎……一五〇〇
衡王由椒……一五〇一
玉田王常洦……一五〇一
高唐王常澤……一五〇一
齊東王常湚……一五〇一
平度王常湍……一五〇一
寧陽王翊鏉……一五〇一
翊辯……一五〇二
常湮……一五〇二
常潮……一五〇二
慈燃……一五〇二
慈憸……一五〇二
榮王由楨……一五〇二
貴溪王常淲……一五〇三
仁和王由棓……一五〇三
常涹……一五〇三
由棣……一五〇三
潞王常淓……一五〇三
寶豐王常浧……一五〇六
瑞王常浩……一五〇六
惠王常潤……一五〇六
桂王由櫻……一五〇七
宗室某鏌等……一五〇九
曉庵……一五〇九
翊鐮……一五〇九
常渶等……一五〇九
由楥……一五〇九

由棖……一五〇九
由極……一五〇九
由相……一五一〇
時寰……一五一〇
蘭皋……一五一〇
善詞……一五一〇
逸吾……一五一〇
王杞人……一五一〇
介衲……一五一〇
淨空……一五一〇
逍遥山僧……一五一〇
卓望……一五一〇
李傲機……一五一〇
臥雲道人……一五一〇
野鶴道人……一五一〇
纘之……一五一一
纘……一五一一
朱齾鼻等……一五一一

卷二十九　列傳第五

史可法……一五一三
子德威……一五二九
從子醇等……一五二九
弟可程等……一五二九
陳方策……一五二九
卓煥……一五三〇
龔士傑……一五三〇
高弘圖……一五三〇
弟弘商……一五三三
孫璪……一五三三

卷三十　列傳第六

張慎言……一五三五
子履旋……一五三八
梁羽明……一五三八
徐石麒……一五三八
子爾穀等……一五四〇
顏渾……一五四一
何應奎……一五四一
葛含馨……一五四一
王寢大……一五四一
姜應龍……一五四二
武備……一五四二
沈烇晃……一五四二
王夢鼎……一五四二
張有譽……一五四二
練國事……一五四三
子彥吉等……一五四四
解學龍……一五四四
弟學尹……一五四七
高倬……一五四七
程註……一五四八
子良符等……一五四九
何應瑞……一五五〇
劉宗周……一五五〇
子汋……一五六一

卷三十一　列傳第七

徐汧……一五六四
王心一……一五六八
易應昌……一五六八
徐䓢初……一五六八
朱日燦等……一五六八

賈必選……一五六九
陳文顯……一五六九
蔡宸恩等……一五六九
文伯達……一五六九
吴憲湯……一五六九
姜紹書……一五六九
包壯行……一五六九
顔俊彦等……一五七〇
胡其枝……一五七〇
汪挺……一五七〇
余長弘……一五七〇
沈璇卿……一五七〇
周必强……一五七〇
鄭俠如……一五七〇
徐弘道……一五七〇
申紹芳……一五七〇
父用嘉……一五七〇
兄繼揆……一五七二
弟繽芳等……一五七二
郭忠寧……一五七二
朱邦楨……一五七二
葛遇朝……一五七三
張弘弼……一五七三
吴國斗……一五七三
雍鳴鸞……一五七三
趙明遠……一五七三
許承欽……一五七三
任弘震等……一五七三
區志遠等……一五七四
秦棡……一五七四

夏時泰……一五七四
曹玑等……一五七四
陸禹思……一五七四
張大章……一五七四
何應璜……一五七四
方岳朝……一五七四
周憲申……一五七五
蔡元宸……一五七五
陳宗大……一五七五
趙翼心……一五七五
盛黄……一五七五
周伯瑞……一五七五
張永禧等……一五七五
劉世斗……一五七五
侯鼎鉉……一五七五
傅如湯……一五七五
張鼎隅……一五七五
趙悦心……一五七六
王際泰……一五七六
章甫……一五七六
徐懋賢……一五七六
倪元善……一五七六
畢懋康……一五七六
子熙載……一五七六
族兄懋良……一五七七
吴光義……一五七七
子開胤……一五七七
弟光宇……一五七八
祁逢吉……一五七八
黄配玄……一五七八

葉有聲……一五七九
李希沆……一五八〇
宋祖法……一五八〇
朱芾煌……一五八一
吴國琦……一五八一
劉若宜……一五八一
徐天麟……一五八一
姜一學……一五八一
周祚新……一五八一
張印中……一五八一
吴亮明……一五八二
潘自得……一五八二
王健……一五八二
賀燕徵……一五八二
黄衷赤……一五八二
張大賡……一五八二
張延祚……一五八二
姚孫棐……一五八二
金邦柱……一五八三
黄泰來……一五八三
黄鍾斗……一五八三
李長似……一五八三
張拱端……一五八三
徐肇森……一五八三
荆廷實……一五八三
許士健……一五八三
劉星耀……一五八三
陳璧……一五八三
董念陛……一五八三
羅汝元……一五八三

卜象乾……一五八四
王儆通等……一五八四
鄭洪猷……一五八五
潘湛……一五八五
袁定等……一五八五
劉延禟……一五八五
朱輅……一五八五
孔尚則……一五八五
傅箕孺……一五八五
宋祖乙……一五八六
費景烷……一五八六
張萬選……一五八六
張景韶……一五八六
夏供佑……一五八六
王質……一五八六
董祖嘗等……一五八六
曾守意……一五八六
王政敏……一五八六
陸慶衍……一五八六
汪鉉……一五八七
陳儒朴……一五八七
吳伯尚……一五八七
陳謙……一五八七
汪姬生……一五八七
賈應寵……一五八七
管紹寧……一五八七
子鉉等……一五八九
從弟紹恂等……一五八九
吳本泰等……一五八九
賀儒修……一五八九

楊兆升……一五八九
張元始……一五九〇
張星……一五九一
王泰徵……一五九一
汪邦柱……一五九一
龍起弘……一五九一
吴洪昌……一五九一
陳豐頊……一五九二
周之璵……一五九二
周吉……一五九二
朱長世……一五九二
沈譔……一五九二
方名榮……一五九二
孫聖蘭……一五九二
楊一葵……一五九二
黄永祈……一五九二

卷三十二　列傳第八

陳于鼎……一五九四
父一教……一五九四
兄于泰……一五九四
楊鼎……一五九六
周鐸……一五九六
周慓……一五九六
鄔昕等……一五九六
王明興……一五九八
王觀海……一五九八
傅甲……一五九八
車輅等……一五九八
楊祥……一五九八
王重……一五九八

段冠……一五九九
江潢等……一五九九
楊士聰……一五九九
黄文焕……一六〇〇
吴國華……一六〇〇
張居……一六〇一
趙熉……一六〇一
宫偉鏐……一六〇一
陳煌圖……一六〇一
馮鼎位等……一六〇一
吴夢極……一六〇一
戴燦……一六〇一
宋存標……一六〇二
錢世貴……一六〇二
馬瑞等……一六〇二
何兆清……一六〇三
侯峒曾……一六〇三
子玄演等……一六〇四
弟岐曾等……一六〇四
諸父鼎暘等……一六〇五
張肇林等……一六〇五
王霖汝……一六〇五
支益……一六〇五
李陟等……一六〇五
許龍等……一六〇五
李春燁等……一六〇六
萬達……一六〇六
俞尚德等……一六〇六
張鴻磐等……一六〇六
宗敦一……一六〇六

張鼎延……一六〇七
姚思孝……一六〇七
子景明……一六〇八
顧光祖……一六〇八
沈胤培……一六〇八
蔡屏周……一六一〇
尹伸……一六一〇
子長庚……一六一一
陸康稷……一六一一
子志選……一六一一
王國賓……一六一一
葉重華……一六一二
張希夏……一六一二
鍾斗……一六一三
馮可賓……一六一三
王應賓……一六一三
張時暘……一六一三
葛徵奇……一六一三
子定遠……一六一四
莊應會……一六一四
胡爾慥等……一六一四
黃申……一六一五
劉澤深……一六一五
高夢箕……一六一五
董令矩……一六一五
葛樞……一六一五
方征思……一六一五
顧台碩等……一六一五
陳夢兆……一六一六
王元標……一六一六

陸安吉……一六一六
賀懋光……一六一六
劉之鵬……一六一六
丘道登等……一六一六
龔偉烈……一六一六
魏胤……一六一六
殷啟祚……一六一六
朱揚先……一六一六
郭登明……一六一六
唐彥敭……一六一六
張作楫……一六一六
弟作相……一六一七
范鳳翼……一六一七
周宗文……一六一七
徐二采……一六一八
章華國……一六一八
惲厥初……一六一八
從弟本初……一六一八
會初……一六一九
沈時升……一六一九
盧懋夔……一六一九
譚貞和……一六一九
宋曹……一六一九
陳光述……一六一九
耿震國……一六一九
王永年……一六一九
唐允甲……一六一九
胡明勳……一六一九
胡虞裔……一六一九
李允新……一六二〇

許儀……一六二〇
許正蒙……一六二〇
李中梓……一六二〇
葉胤祖……一六二〇
王度……一六二〇
劉坊……一六二〇
李文煌……一六二〇
嵇廷用……一六二〇
顧家熿……一六二〇
沈議……一六二〇
吴耿思等……一六二〇
徐爾默……一六二一
吴日杲……一六二一
翁逢春……一六二一
李士亨等……一六二一
黄彝如……一六二二
汪瑶光等……一六二二
張立善……一六二二
卞世忠……一六二二
李幹……一六二二
嵇宗孟……一六二二
夏寶忠等……一六二三
梅士生……一六二三
仙作勵……一六二三
陳廷諫……一六二三
胡正言……一六二三
葛素……一六二三
萬球……一六二三
沈之琰……一六二三
胡文柱……一六二三

劉逢盛……一六二三
王再興……一六二三
聶宗鼎……一六二三
葉紹顒……一六二三
陸獻明等……一六二三
楊公翰……一六二四
李長春……一六二四
席本楨……一六二四
黃道立……一六二四
張弘道……一六二五
陳昺虞……一六二五
張如蕙……一六二五
卞繼有……一六二五
李士朗……一六二五
錢元慤……一六二六

張淳……一六二七
陳濟生……一六二七
夏允彝……一六二七
子完淳……一六二九
兄之旭……一六三〇
謝堯文等……一六三〇
李令晳……一六三〇
吴炎……一六三一
潘檉章……一六三一
張儁……一六三一
董二酉……一六三一
吴楚……一六三二
葉繼武……一六三二
吴珂……一六三二
吴寀……一六三二

吴在瑜……一六三二
吴南杓……一六三二
沈嘉枏……一六三二
周爾馨……一六三二
周撫辰……一六三二
鈕明儒……一六三三
王礽……一六三三
沈永馨……一六三三
沈泌……一六三三
李受恒……一六三三
顔祁……一六三三
鍾巘立……一六三三
范風仁……一六三三
沈祖孝……一六三三
朱臨……一六三三
鍾俞……一六三三
程棅……一六三三
施諲……一六三三

卷三十三　列傳第九

吴希哲……一六三六
林沖霄……一六三六
王士鑅……一六三七
錢增……一六三七
葉國華等……一六三九
陳獻策……一六四〇
倪仁楨……一六四〇
李之茂……一六四〇
錢源等……一六四〇
韓接祖……一六四一
李如璧……一六四一

趙東曦……一六四一
　朱邦祈……一六四一
　吳允謙……一六四二
　丁聖時……一六四二
　王運熙……一六四二
　宣國柱……一六四二
　胡周鼒……一六四二
李如璨……一六四二
倪嘉慶……一六四三
　曹景參……一六四四
　沈應旦……一六四四
　郭充……一六四四
　蔣鳴玉……一六四四
　劉天斗……一六四四
　左光明……一六四四
陳鳴珂……一六四四
　胡承善……一六四四
莊葵……一六四五
　周壽明……一六四五
　陰潤……一六四五
袁愷……一六四五
馬嘉植……一六四六
　弟嘉楨等……一六四七
　郭紹儀等……一六四七
李毓新……一六四七
　子禎先……一六四八
　陳素等……一六四八
董養河……一六四九
　子謙吉……一六四九
成勇……一六四九

子其謙等……一六五〇
李日輔……一六五〇
李右讜……一六五一
喬可聘……一六五一
子邁……一六五二
成友謙……一六五二
盛王贊……一六五二
李模……一六五二
父吴滋……一六五二
子炳等……一六五三
劉呈瑞……一六五四
畢十臣……一六五四
郝錦……一六五四
馮明价……一六五四
姚士恒……一六五五
汪承詔……一六五五
楊一儁等……一六五五
牛若麟……一六五六
曹代之……一六五六
徐可汲……一六五六
朱鼎延……一六五六
李永昌……一六五六
馮志京……一六五六
劉渤……一六五六
蘧伯崑……一六五六
宋文瑞……一六五七
秦鏞……一六五七
弟鉠等……一六五八
陳震生……一六五八
張兆熊……一六五九

蔣拱宸……一六六〇
曾倜……一六六一
張茂梧……一六六一
劉憲章……一六六一
何肇元……一六六一
王大捷……一六六一
吴鑄……一六六二
李日池……一六六二
王亮教……一六六二
劉世法……一六六二
王國楠……一六六二
王耀時……一六六二
錢敬忠……一六六三
子光繡等……一六六五
何光顯……一六六六
方翼明……一六六七
林三傑……一六六八
王之梁……一六六八
葉仲垣……一六六八

卷三十四　列傳第十

丁啟睿……一六七二
弟啟光……一六七三
劉承印……一六七四
郭從寬……一六七四
劉鉉等……一六七四
桑開第……一六七五
白維屏……一六七五
張一方……一六七五
蔡元吉……一六七五
秦衍祉……一六七五

解居易……一六七六
郁英……一六七六
魯宗孔……一六七六
郭載騋……一六七六
鞏皇圖……一六七六
胡演……一六七六
錢千秋……一六七六
張永祺等……一六七六
許四……一六七七
左懋第……一六七七
從弟懋賞等……一六八三
虞光祚……一六八三
陳用極等……一六八三
王一斌……一六八四
張良佐……一六八四
王廷翰……一六八四
劉統……一六八四
牛論……一六八四
劉義……一六八四
藍銖……一六八四
咸默……一六八四
傅濬……一六八四
衛胤文……一六八四
施鳳儀……一六八五
黄國琦……一六八五
淩駉……一六八六
從子潤生等……一六九一
楊櫝……一六九一
于連躍……一六九一
何敦季……一六九一

王國棟……一六九一
秦汧……一六九一
陳宸銘……一六九一
胡士棟……一六九一
楊萬里……一六九一
范廷瑞……一六九一
董庭……一六九一
陸鳴鼉……一六九一
李三綱……一六九一
蔡鳳……一六九二
馬元騄……一六九二
賈飛……一六九二
謝陛等……一六九二
李嗣晟……一六九二
何兑吉……一六九二
許來春……一六九二
高桂……一六九三
朱萬欽……一六九三
蕭協中等……一六九三
李允和等……一六九三
朱光……一六九三
成其懋……一六九四
蘇成宗……一六九四
梁以樟……一六九四
兄以枬……一六九五
喬出塵……一六九五
王真卿……一六九五
應廷吉……一六九六
陸遜之……一六九七
張鑻……一六九七

秦士奇……一六九八
盧涇材……一六九八
歸昭……一六九八
孫元凱……一六九八
吴胤侯……一六九八
張垣……一六九八
吴如珵等……一六九八
何臨等……一六九八
古之棟等……一六九八
蔣臣……一六九九
族日赤……一六九九
饒臺……一六九九
王道明……一六九九
韓詩……一六九九
吴璇……一六九九
張奕穎……一六九九
范魯公……一七〇〇
唐華鄂……一七〇〇
陳功……一七〇〇
楊姸……一七〇〇
沈啟聰……一七〇〇
王世楨……一七〇〇
任如江……一七〇〇
朱胤祥……一七〇〇
顧章甫……一七〇〇
王以翰……一七〇〇
姚康……一七〇一
路中貞……一七〇一
李狄門……一七〇一
王翔……一七〇一

王之楨等……一七〇一
唐節……一七〇一
喬宏杞……一七〇一
陳世美……一七〇二
周泰謙……一七〇二
季友賢……一七〇二
陳琅……一七〇二
張璵若……一七〇二
於之亮……一七〇二
周自新……一七〇二
殷埕……一七〇二
陸湑……一七〇二
褚道濳……一七〇二
李玉柱……一七〇二
辛廣恩等……一七〇二

卷三十五　列傳第十一

袁繼咸……一七一〇
父業汾等……一七一〇
鄧林奇……一七一六
李士元……一七一六
沈士望……一七一六
孫毓秀……一七一六
劉再珙……一七一六
郭有聲……一七一六
方震孺……一七一六
子育馨等……一七一七
弟震仲等……一七一七
林一柱……一七一八
曾化龍……一七一八
張熙……一七一九

朱國翰……一七一九
錢光泰……一七一九
任有鑑……一七二〇
吴元伯……一七二〇
任中麟……一七二〇
弟中鳳……一七二〇
楊毓楫……一七二〇
董允茂……一七二〇
于重慶……一七二〇
張國士……一七二〇
魏士前……一七二〇
胡來陞……一七二一
許成章……一七二一
楊汝經……一七二一
郜獻珂……一七二一
李猶龍等……一七二二
王夢桂……一七二三
袁楷……一七二三
王珵……一七二三
李芳聯……一七二三
衛之琯……一七二三
李長康……一七二三
李岩……一七二三
胡有英……一七二三
劉漢式……一七二三
劉涓……一七二三
李芳蘊……一七二三
張翰沖……一七二三
林廷獻……一七二三
孟紹伊……一七二三

李槤生……一七三三
周士奇……一七三三
張懋鼎……一七三三
盧元卿……一七三四
高斗樞……一七三四
子宇泰等……一七二七
弟斗權等……一七二七
吴之崑等……一七二七
王驥……一七二七
張亮……一七二七
湯之京……一七二八
野從先等……一七二八
祁彪佳……一七二八
子理孫等……一七三三
兄駿佳……一七三四
殷宜中……一七三四
林有麟……一七三四
胡公胄等……一七三四
趙均衡等……一七三四
項允師等……一七三四
華乾亨等……一七三四
李大開……一七三四
王燮……一七三五
父宗德……一七三五
弟庭等……一七三六
孟觀……一七三六
石可璽……一七三六
吕弼周……一七三六
王潾……一七三六
子遵坦等……一七三六

李自重……一七三七
錢銓……一七三七
朱廷翰……一七三七
張可選……一七三七
王作賓……一七三七
史能仁……一七三七
張廷玉……一七三七
孔繼魁……一七三七
祝金聲……一七三七
多承華……一七三七
李鵬沖……一七三七
李日華……一七三七
徐應堂……一七三七
崔正岳……一七三八
辛綿宗……一七三八
姜孔殷……一七三八
盧六藝……一七三八
朱咸慶等……一七三八
傅永淑……一七三八
吴民化……一七三八
王弘基……一七三八
黎春曦……一七三八
趙申寵……一七三八
郭宜直……一七三八
周璜……一七三八
董應昌……一七三九
王道隆……一七三九
王廷掄……一七三九
王國昌……一七三九
宋一貞……一七三九

程鵬雲……一七四一
雷永祚……一七四一
李鳳舞……一七四一
鎖青繙……一七四二
張濆等……一七四二
曲星……一七四二
高其讓……一七四二
張紹文……一七四二
趙應昌……一七四二
楊可經……一七四二
王開期……一七四二
丁履泰……一七四二
張直講……一七四二
辛炳翰……一七四二
王調元……一七四三
劉以宲……一七四三
劉令尹等……一七四三
景淑範……一七四三
崔似駰……一七四三
閻禧……一七四三
晋承露……一七四三
孟佳士……一七四三
王爾翼……一七四三
馮兆麟……一七四三
楊作棟……一七四三
況鍔……一七四四
彭汝亨……一七四四
藺完煌……一七四四
馬日驥……一七四四
朱璣……一七四四

于連躍……一七四四
丁白雲……一七四四
高尚志……一七四四
劉夢麟……一七四四
郭文祥……一七四四
戴憲明……一七四四
張龍光……一七四四
朱昱……一七四五
白瑜……一七四五
邢琦……一七四五
趙廷對……一七四五
宋國柱……一七四五
趙廷忠……一七四五
鄭中選……一七四五
王錫極……一七四五
吴麟瑞……一七四五
李啟熊……一七四六
詹時雨……一七四六
王燮元……一七四六
丁繼登……一七四六
曹景辰……一七四六
田有年……一七四六
張冕……一七四六
吴康侯……一七四六
陳瑾……一七四七
陳紹英……一七四七
洪正色……一七四七
朱葵……一七四七
陳有慶……一七四七
程世昌……一七四七

弟世會……一七四七
李之晟……一七四八
李可埴……一七四八
李掞林……一七四八
楊蘅……一七四八
楊之賦……一七四八
馬延慶……一七四八
潘登貴……一七四八
趙伯里……一七四八
尹志煋……一七四八
任宗尹……一七四九
張漢翀……一七四九
張爾翮……一七四九
袁翎……一七四九
茅望之……一七四九
胡永善……一七四九
鄧徽……一七四九
韓鑛……一七四九
楊子奇……一七四九
李選……一七四九
黃景……一七四九
汪文燦……一七四九
張鑑衡……一七四九
翁九鼎……一七四九
梁萬里……一七五〇
林以寧……一七五〇
王鳳振……一七五〇
杜崇賢……一七五〇
王家相……一七五〇
胡士定……一七五〇

孫翼聖……一七五〇
趙玥……一七五〇
李沂……一七五〇
朱之勳……一七五〇
王佐才……一七五〇
王隆斗……一七五〇
郭翼星……一七五〇
徐中台……一七五〇
梁居正……一七五一
黃鍾鳴……一七五一
鄒淑聖……一七五一
吳光龍……一七五一
董國均……一七五一
聶應登……一七五一
張孔傳……一七五一
江上楫……一七五一
楊士傑……一七五一
丁時躍……一七五一
李聯芳……一七五一
杜茂林……一七五一
劉雲龍……一七五二
鄭有舉……一七五二
張相……一七五二
戚德……一七五二
程繼善等……一七五二
曾士懋……一七五二
袁秉華……一七五二
張斗星……一七五二
馮天禄……一七五二
胡章……一七五二

蘇潤民等……一七五二
杜時髦……一七五三
袁聲……一七五三
鄭允升……一七五三
胡爾愷……一七五三
劉覽玄……一七五三
伊應泰……一七五三
張淑和……一七五三
蔣舒……一七五三
賈一奇……一七五三
謝禧昌……一七五三
林逢春……一七五四
曾光祖……一七五四
胡寅生……一七五四
尹啟殷……一七五四
曾繼序……一七五四
林鑄禹……一七五四
官撫烝……一七五四
陶甲……一七五四
李聯……一七五四
吴璠……一七五四
林士驊等……一七五五
吴伯倫……一七五五
汪國安……一七五五
張爾翬……一七五五
劉三達……一七五五
陳周政……一七五五
朱錫元……一七五五
曹鼎……一七五五
徐登禧……一七五五

鍾鼎……………………一七五五
劉廷獻……………………一七五五
俞璧……………………一七五五
馬象乾……………………一七五五
徐必遠……………………一七五六
畢繼芳……………………一七五六
葉承光……………………一七五六
劉思元……………………一七五六
楊名遠……………………一七五六
陳天錫……………………一七五六
陳模……………………一七五六
藍之鼎……………………一七五六
沈應禎……………………一七五六
郝明徽……………………一七五六
劉炎……………………一七五六
胡拱極……………………一七五六
楊名遠……………………一七五六
陸起元……………………一七五七
吴希孟……………………一七五七
劉日燿……………………一七五七
朱之垣……………………一七五七
吴江鯨……………………一七五七
廖吉人……………………一七五七
張昌亮……………………一七五七
劉大佑……………………一七五七
蕭琯……………………一七五七
李繩勳……………………一七五七
許啟心等……………………一七五七
劉惟謙……………………一七五八
何九達……………………一七五八

庚嗣衮……一七五八
戴文鋒……一七五八
吴元臣……一七五八
夏時……一七五八
盧承芳……一七五八
劉峙……一七五八
陳自儀……一七五八
何光斗……一七五八
梁穀……一七五八
潘文儁……一七五八
徐章積……一七五八
馬光國……一七五八
沈壽旭……一七五九
潘顯道……一七五九
程端德……一七五九
桂天斗……一七五九
濮陽長……一七五九
張秉貞……一七五九
馬化龍……一七五九
詹應鵬……一七五九
譚元方……一七五九
紀騰蛟……一七五九
王調鼎……一七六〇
周繼昌……一七六〇
李于堅……一七六〇
吴簡思……一七六〇
劉士璉……一七六〇
林徽初……一七六〇
郭士豪……一七六〇
唐士嶫……一七六〇

謝鼎新……一七六〇
何永清……一七六一
錢志騶……一七六一
沈在宥……一七六一
夏尚絅……一七六一
越其杰……一七六一
李彬……一七六二
牛光斗等……一七六二
朱若星……一七六三
呂翕如……一七六三
李經……一七六三
魏文烜……一七六三
劉嘉禎……一七六三
方重朗……一七六三
杜植之等……一七六三
張聘雲……一七六三
麻光宇……一七六三
嚴廷選……一七六三
高淩雲……一七六三
張九鼎……一七六三
田而秀……一七六三
王揆疇……一七六四
王仁宇……一七六四
胡廷佐……一七六四
吳汝璣……一七六四
趙應宏……一七六四
翁聲業……一七六四
曹毓芳……一七六四
武傑……一七六四
王夢鼒等……一七六四

白鍾靈……一七六四
邵承宗……一七六四
蕭時望……一七六四
成其志……一七六五
王恒言……一七六五
劉明彦……一七六五
朱民仰……一七六五
王堯憲……一七六五
馮一俊……一七六五
修廷獻……一七六五
鄭濂……一七六五
唐之材……一七六五
張正學……一七六五
李時華等……一七六五
楊可建……一七六五
田可久……一七六五
楊懋官……一七六六
伍燮元……一七六六
張璞……一七六六
朱國佐……一七六六
馬藩錫……一七六六
吴迪等……一七六六
張國華……一七六六
姚士恪……一七六六
馬汗朱……一七六六
卞進……一七六六
伍可教……一七六六
吴應乾……一七六六
盧士恒……一七六六
黄鉉……一七六六

李鑄實……一七六七
祕業捷……一七六七
程紹儒……一七六七
胡靳忠……一七六七
楊啟元……一七六七
劉附鳳……一七六七
姜士傑……一七六七
胡進孝……一七六七
江衍汶……一七六七
張國珍……一七六七
許登龍……一七六七
蔡國禎……一七六七
魏心……一七六七
倪文純……一七六七
談從吉……一七六八
于拱極……一七六八
寧胤昌……一七六八
謝傳顯……一七六八
韓騰芳……一七六八
温啟知……一七六八
仇寧……一七六八
程士賢……一七六八
江海宴……一七六八
尚用光……一七六八
龔新……一七六八
張之珍……一七六八
唐光先……一七六八
胡育英……一七六九
徐珩……一七六九
劉拯……一七六九

王家慶……一七六九
楊于階……一七六九
馬驄……一七六九
唐文燿……一七六九
宋希賢……一七六九
文運衡……一七六九
崔爾屹……一七六九
朱國寶……一七六九
何天寵……一七六九
崔庚……一七六九
紀國相……一七六九
張允恭……一七六九
王四維等……一七七〇
沈奕琛……一七七〇
周廷祚……一七七〇
周來鳳……一七七〇
周元泰……一七七〇
陳壽……一七七一
周一敬……一七七一
潘爾彪……一七七一
宋劼等……一七七一
李原立……一七七二
嚴君教……一七七二
張萬鍾……一七七二
朱以寧等……一七七二
馮良弼……一七七二
張駿業……一七七三
關鍵……一七七三
李沖……一七七三
許宸……一七七三

張瑞徵……一七三
吴兆壆……一七三
傅天錫……一七三
閔自寅等……一七三
郭佳胤……一七三
蔡如葵……一七三
程于古……一七四
張士璠……一七四
沈捷等……一七四
林飭……一七四
陳師泰……一七四
何泗……一七四
張堯年……一七四
劉兆東……一七四
萬適……一七四
徐繕之等……一七四
華祖芳等……一七四
李實等……一七五
趙汝璽……一七五
陸上炎……一七五
陳嘉謨……一七五
文祖堯等……一七五
陸一鵬……一七五
徐鼎……一七五
葉爾喬……一七六
姚序之……一七六
趙元會……一七六
陳淳夫……一七六
曹家駒……一七六
張大年……一七六

沈儆佺……一七六
徐鵬翰……一七六
彭長宜等……一七六
程章……一七七
王辰……一七七
任文石……一七七
王道行……一七七
連璧……一七七
錢佳……一七七
孫鍾皋……一七七
孫光啟……一七七
周鼎祚……一七七
張宏弼……一七七
李丹衷……一七七
李公孝……一七八
唐煜……一七八
李鄴……一七八
馬之光……一七八
劉士林等……一七八
程之渾等……一七八
葉幹……一七八
康良獻……一七八
樊維師……一七八
申其學……一七八
連壇場……一七八
林之平……一七八
魯孜……一七八
侯方岳……一七九
白汝純……一七九
石煒然……一七九

臧敏中……一七七九
劉天奇……一七七九
楊芝玉……一七七九
黄光煒……一七七九
袁伯獻……一七七九
蔡廷簡等……一七七九
宋一坤……一七七九
陳君錫……一七七九
唐元皋……一七七九
譙拱極……一七七九
劉繼遠……一七八〇
沈文仲……一七八〇
陳彝序……一七八〇
馬如融……一七八〇
黄鍾……一七八〇
鄧橋……一七八〇
茹鳴盛……一七八〇
胡永寧……一七八〇
袁國祥……一七八〇
高應魁……一七八〇
易世璧……一七八一
趙承鼎……一七八一
劉承傑等……一七八一
陸奮翼……一七八一
楊良弼……一七八一
孫永祚……一七八一
惲于邁……一七八一
黄應蛟等……一七八一
周叔璜……一七八一
潘紹顯等……一七八一

程如嬰……一七八二
蔡德濟……一七八二
成明義……一七八二
黄珙……一七八二
戴祐……一七八二
陳尚仁……一七八二
周燦……一七八二
李嗣京……一七八三
陳丹衷……一七八三
沈向……一七八三
張懋禧……一七八三
王庭梅……一七八三
弟庭柏……一七八四
譚宗元……一七八四
趙其昌……一七八四
王修文……一七八四
沈循……一七八四
董梅鼎……一七八四
陳慎……一七八四
李正茂……一七八四
劉汝忠……一七八四
王學鏡……一七八四
李思謨……一七八四
游應龍……一七八五
徐進可……一七八五
李素等……一七八五
田安國……一七八五
沈之瀾……一七八五
沈起蛟……一七八五
林登儁……一七八五

荆廷儼……一七八五
王象坤……一七八五
張欽鄰……一七八五
吴之仁……一七八六
馮祖望……一七八六
柴紹勳……一七八六
郭守邦……一七八六
趙振業……一七八六
簡命世……一七八七
李仲熊……一七八七
黄士藻……一七八七
郭時亮……一七八七
黄近朱等……一七八七
許國翰……一七八七
黄堯彩……一七八七
陶珽……一七八八
孔貞會……一七八八
張國運……一七八八
劉之沂……一七八八
向鼎……一七八八
馮雲起……一七八八
汪士英……一七八八
周乃浹……一七八八
趙元卿……一七八九
夏萬亨……一七八九
王相説……一七九〇
錢喜起……一七九〇
謝宗澤……一七九一
金肇元……一七九一
張拱璣……一七九一

巢崑源……一七九一
陳肇英……一七九一
陸奮飛……一七九一
冉世維……一七九一
謝雲虬……一七九一
胡崇德……一七九一
郭維藩……一七九二
史弘謨……一七九二
何陛……一七九二
錢良翰……一七九二
洪恩炤……一七九二
顧燕詒……一七九三
孫時偉……一七九三
莫儼皋……一七九三
王敬錫……一七九三
孫朝讓……一七九三
彭份……一七九三
龐承寵等……一七九四
涂紹煃……一七九四
秦一鵬……一七九四
楊時隆……一七九四
路進……一七九四
胡之彬……一七九四
岳虞巒……一七九五
王源昌……一七九五
劉伸……一七九五
徐維藩……一七九五
黎慶永……一七九五
蕭譽……一七九五
沈冷之……一七九五

彭敦曆……一七九五
梁招孟等……一七九五
闞守箴……一七九六
黃承昊……一七九六
子子錫……一七九七
解學夔……一七九七
宮繼蘭……一七九七
劉正衡……一七九七
王佐……一七九七
蔡秋卿……一七九八
淩必正……一七九八
梁衍泗……一七九八
黃世忠……一七九八
鍾自得……一七九八
黃中色……一七九八
范廷弼……一七九八
吴克孝……一七九八
梁亭表……一八〇〇
楊啟鳳……一八〇〇
王羔……一八〇〇
夏羽王……一八〇一
李遇夏……一八〇一
柳遇春……一八〇一
王應虹……一八〇一
楊騰桂……一八〇一
陳夢説……一八〇一
牛氾……一八〇一
吴之泰等……一八〇一
周汝誼……一八〇一
何鳴鑾……一八〇一

王嘉猷……一八〇一
唐厚……一八〇一
鍾鳴時……一八〇一
趙善增……一八〇二
梁仁傑……一八〇二
王風仁……一八〇二
裴如宰……一八〇二
葉沛……一八〇二
譚如絲……一八〇二
杜之璧……一八〇二
徐家修……一八〇二
王萬金等……一八〇二
杜時彦……一八〇二
陸晋錫……一八〇二
葉長青……一八〇三
孔維時……一八〇三
蔡嗣襄……一八〇三
歐陽煌……一八〇三
張登衡……一八〇三
吴多瑜……一八〇三
許大華……一八〇三
周士燦……一八〇三
張聯芳……一八〇三
葉成章……一八〇三
經應台……一八〇三
黄輔卿……一八〇三
盧景心……一八〇三
倪瑞應……一八〇四
高長治……一八〇四
吴第……一八〇四

任道統……一八〇四
諶朝臣……一八〇四
王巩……一八〇四
許暢……一八〇四
唐騰鳳……一八〇四
施一鼇……一八〇四
莫元教……一八〇四
盛世才……一八〇四
章日暉……一八〇四
李元陽……一八〇四
陳執中……一八〇四
蘇鳴瑜……一八〇五
何志孟……一八〇五
楊佐明……一八〇五
趙珥……一八〇五
林元茂等……一八〇五
錢養民……一八〇五
戴居敬……一八〇五
吴之遊……一八〇五
胡鳴岡……一八〇五
朱方乾……一八〇五
高梁楷……一八〇五
曹師契……一八〇五
熊震……一八〇六
何濬……一八〇六
曹元功等……一八〇六
謝上官……一八〇六
卞文明……一八〇六
周貞應……一八〇六
李夢台……一八〇六

劉方聲……一八〇六
陳萬家……一八〇六
劉璇……一八〇六
蔣明徵……一八〇六
萬菁華……一八〇六
蒲日章……一八〇七
趙丕承……一八〇七
劉天民……一八〇七
楊國紳……一八〇七
羅大瑾……一八〇七
吴日省……一八〇七
陳繼韶……一八〇七
賀承烈……一八〇七
郭承光……一八〇七
魯近迪……一八〇七
童聚奎……一八〇七
萬夫望……一八〇七
尹珩……一八〇七
羅萬象……一八〇七
吴正夫……一八〇七
姚貞吾……一八〇八
盧嘉銘……一八〇八
傅廷獻……一八〇八
譚振舉……一八〇九
莊祖誼……一八〇九
施永國……一八〇九
馬鳴騄……一八一〇
石啟明……一八一〇
鄭之俊……一八一〇
張若獬……一八一〇

張燦垣……一八一〇
石磐……一八一〇
周有翼……一八一〇
徐潘……一八一〇
杜繩甲……一八一二
劉開文等……一八一二
馬鳴霆……一八一二
何九説……一八一二
葉應震……一八一三
陳從教……一八一三
葛奇祚……一八一三
車樸……一八一三
熊相……一八一三
趙嗣芳……一八一三
萬鵬……一八一三
胡獻來……一八一三
陳堯言……一八一三
楊鼎樞……一八一三
鄭時章……一八一三
趙明鐸……一八一三

卷三十六　列傳第十二

陳士奇……一八一七
陳纁……一八一八
王行儉……一八一八
王錫……一八一八
覃文應……一八一八
歐陽東旦……一八一八
何國瑾……一八一八
李默……一八一八
漆堅……一八一九

顧景……一八一九
卞顯爵……一八一九
劉璲……一八一九
王四……一八一九
龍文光……一八一九
劉佳胤……一八二〇
劉之勃……一八二〇
楊鏘……一八二二
齊瓊芳……一八二二
宋文翼……一八二二
張繼孟……一八二二
陳其赤……一八二三
張孔教……一八二三
施之炳等……一八二三
鄭安民……一八二三
方堯相……一八二三
劉一麟……一八二三
馬雲程……一八二三
沈受蒲等……一八二三
金玉諧……一八二三
陳懋暨等……一八二三
項維德……一八二三
朱旭……一八二三
楊嗣溥……一八二三
張洪儲……一八二三
李爲龍……一八二三
馮傑……一八二四
程文煌……一八二四
劉士斗……一八二四
子然……一八二四

沈雲祚……一八二四
趙嘉煒……一八二四
何大成……一八二四
季曾貫等……一八二五
張奏功……一八二五
羅大爵……一八二五
劉鎮藩……一八二五
李文蔭……一八二五
徐明蛟……一八二五
閔洪得……一八二五
夏文緒……一八二五
吴宇英……一八二六
楊師旦……一八二六
蔡如蕙……一八二六
莊祖詔……一八二六
莊祖誥……一八二六
王秉乾……一八二六
王履亨……一八二六
乾曰貞……一八二六
張于廉……一八二六
趙鴻偉……一八二六
丘大坊等……一八二七
張鳳翮……一八二七
何繼皋等……一八二七
嚴錫命……一八二七
江鼎鎮……一八二七
龔完敬……一八二七
王國麟等……一八二八
王勵精……一八二八
李甲等……一八二八

張繼祖……一八二八
江騰龍等……一八二八
陳星聚……一八二九
包洪策……一八二九
魯城隍等……一八二九
蔡和通等……一八二九
高人龍等……一八三〇
張立朝等……一八三〇
章鳴謙……一八三〇
顔繩詒……一八三〇
賈鍾斗等……一八三〇
方忠奕等……一八三〇
胡順哲等……一八三〇
沈希聖……一八三一
姚思孝……一八三一
陳鼎祚……一八三二
劉邦彦等……一八三二
章奇……一八三二
李資生等……一八三二
李永喬等……一八三二
賀允選……一八三二
李蔚等……一八三二
王源長等……一八三二
周鳴鸞……一八三二
陳雲鵬……一八三二
雷應奇……一八三二
李國祥……一八三二
漆學印等……一八三二
卜大經……一八三二
刁化神等……一八三二

楊國柱等……………………………………一八三三
苟克孝……………………………………一八三三
羅銘鼎等……………………………………一八三三
高仲選等……………………………………一八三三
董克治……………………………………一八三三
李開元……………………………………一八三四
顧旦……………………………………一八三四
劉偉……………………………………一八三四
梅運昌……………………………………一八三四
方應時等……………………………………一八三四
蔣世鉉等……………………………………一八三四
敖仲美……………………………………一八三四
趙嘉龍……………………………………一八三四
雍締……………………………………一八三四
李衡儔等……………………………………一八三四
岳農壇……………………………………一八三五
史掌文等……………………………………一八三五
孫開先……………………………………一八三五
黄翔龍……………………………………一八三五
趙德璘等……………………………………一八三五
冉璘等……………………………………一八三五
王明德……………………………………一八三五
鄧天禄……………………………………一八三五
覃樸……………………………………一八三五
覃天明等……………………………………一八三五
胡恒……………………………………一八三六
鄢之駱……………………………………一八三六
汪光翰……………………………………一八三六
徐孔徒……………………………………一八三六
陳聯登等……………………………………一八三七

朱儀……一八三七
李長庚……一八三七
黎應大等……一八三七
秦民湯……一八三七
李國柄等……一八三七
李正紳等……一八三七
宿士純……一八三八
王仲儀……一八三八
陳天祐……一八三八
李杠……一八三八
周正等……一八三八
周憲國等……一八三八
陳爰詢……一八三八
洪正昌……一八三八
曾胤昌……一八三八
梁應奎……一八三八
熊兆柱……一八三九
魚嘉鵬等……一八三九
周元孝……一八三九
王道昌……一八三九
劉苞等……一八三九
余智等……一八三九
何寶等……一八三九
胡其廉等……一八三九
楊愈盛……一八四〇
郭肇域等……一八四〇
郭時亨……一八四〇
王之賓等……一八四〇
艾吾鼎……一八四〇
高元修等……一八四〇

徐慶餘等……一八四〇
袁樑等……一八四一
張士昌……一八四一
王維容……一八四一
黃九鼎等……一八四一
劉國紀等……一八四一
楊興旺等……一八四一
黃諫卿……一八四一
王萬春……一八四二
韓洪鼎……一八四二
韓大賓……一八四二
方旭等……一八四二
吳長齡……一八四二
晞容……一八四二
趙繼麟……一八四二
林之龍……一八四二
劉道貞……一八四二
子睽度……一八四三
葉大賓……一八四三
盧安世……一八四三
何大衢等……一八四三
蔡馨明……一八四三
馬國駿等……一八四四
盧懋鼎……一八四四
徐應鼇……一八四四
曾唯一等……一八四四
金鼎祚……一八四四
王猷……一八四四
李光春……一八四四
王祚興……一八四四

賴華國……一八四四
陳策……一八四四
李存性……一八四四
項國瓚……一八四五
李崇彦……一八四五
劉承業等……一八四五
詹嘉顔……一八四五
任彦等……一八四五
鄭夢眉……一八四五
李用台……一八四五
李俊英等……一八四五
宋守仁……一八四五
劉世俊……一八四六
魯豫等……一八四六
林茂輔……一八四六
謝雲步等……一八四六
錢柏珂……一八四六
姜兆熊等……一八四六
羅應選……一八四六
梁道濟……一八四六
王國寧……一八四七
張繼祖……一八四七
王茂烈……一八四七
李完……一八四七
高儀坤等……一八四七
張養奇……一八四七
袁一曾……一八四七
史覲宸……一八四七
業可纘……一八四七
殷承祚……一八四八

謝翰臣……一八四八
羅爲愷……一八四八
樊明善……一八四八
王景啟等……一八四八
陳懷西……一八四八
馬孫鸞……一八四八
于自密……一八四八
王爾讀等……一八四八
李含乙……一八四八
弟儲乙……一八四九
王樹極……一八四九
鄭澥……一八四九
王蘋……一八四九
陳君寵……一八四九
從兄調元……一八五〇
朱甲……一八五〇
王干城……一八五〇
李永蓁等……一八五〇
張瑞宿……一八五〇
單之賓……一八五〇
牟景等……一八五〇
楊正機……一八五一
馬紹曾等……一八五一
楊淩雲……一八五一
譚文化……一八五一
竇可進……一八五一
王起峨……一八五一
周燕……一八五一
戈愷……一八五一
王喬棟……一八五一

子炘……一八五二
吴貞……一八五二
王日新等……一八五二
舒柏等……一八五二
吴國宇等……一八五二
操承勳……一八五二
吴士昌……一八五二
兄如陵等……一八五二
吕大奇……一八五三
邵邦琳……一八五三
張堯臣……一八五三
黄惟言……一八五三
陳瑞……一八五三
駱文節……一八五三
陳效源……一八五三
程之藩……一八五三
趙鳴時……一八五四
熊祚延……一八五四
蔣正元等……一八五四
周正應……一八五四
弟昌應等……一八五四
李嘗先……一八五四
王祚昌……一八五四
施廷賢……一八五四
張楚璠……一八五四
張大經……一八五五
王業鞏……一八五五
趙宏化……一八五五
鄭以現等……一八五五
徐開元等……一八五五

卷三十七　列傳第十三

湯南金……一八六一
胡長庚等……一八六一
趙茂之……一八六一
吴漢……一八六一
薛棨……一八六二
劉永錫……一八六二
劉文炤……一八六二
王業泰……一八六三
沐天波……一八六三
弟天澤等……一八六三
子忠亮等……一八六五
李大贇……一八六六
周宗德……一八六六

卷三十八　列傳第十四

左良玉……一八六七
毛顯文……一八七六
賈一選……一八七六
韓友……一八七六
沈現龍……一八七六
柳啟銘……一八七六
戴九曜……一八七六
陳廷璽……一八七六
曲同徹……一八七七
朱斗耀……一八七七
郭之楝……一八七七
孫勛……一八七七
陶唐臣……一八七七
申從周……一八七七
孔尚節……一八七七
張應祥……一八七七

杜應金……一八七七
吴學禮……一八七七
郎啟貴……一八七七
徐育賢……一八七七
康時昇……一八七七
王可太等……一八七七
張挺……一八七七
韓文……一八七八
項謙等……一八七八
王世忠……一八七八
黄得功……一八七八
義子飛……一八八五
翁之琪……一八八五
鄧林祖……一八八五
楊彪……一八八五
諸葛晋明……一八八五
王東日……一八八五
吴煌……一八八五
曹臺望……一八八五
錢二若……一八八五
吕道泰……一八八五
汪有勳……一八八五
周朝瑞……一八八六
湯之翰……一八八六
高熙生……一八八六
董玉蓮……一八八六
徐準……一八八六
于永綬……一八八六
莊朝樑……一八八六
高傑……一八八六

左勷……一八九四
王定……一八九四
高汝礪……一八九四
鄭元勳……一八九四
李朝雲……一八九四
許鴻儀……一八九四
郭虎……一八九四
單長庚……一八九四
潘一鳳……一八九四
王之光……一八九四
王天樞……一八九五
朱運隆……一八九五
常啟胤……一八九五
幻闇黎……一八九五
楊承祖……一八九五
張惟一……一八九五
折鳴鳳等……一八九五
杜文焕……一八九六
子弘域等……一八九七
劉復生等……一八九八
章世明……一八九八
桂應菁……一八九八
徐同貞……一八九八
李敷榮等……一八九九
朱之卿……一八九九
卜從善等……一八九九

卷三十九　列傳第十五

劉肇基……一九〇三
劉永昌……一九〇四
李世春……一九〇四

黃學虎……一九〇五
吴羽侯……一九〇五
朱賢政……一九〇五
李一龍……一九〇五
徐允芳……一九〇五
芮珂……一九〇五
侯方巖……一九〇五
阮應兆……一九〇五
陳熠卿……一九〇五
賀應昌……一九〇五
張文昌……一九〇六
劉世昌……一九〇六
丘磊……一九〇六
丘石嘗……一九〇六
沈通明……一九〇七
熊文昌……一九〇七
章國武……一九〇七
翁萬裕……一九〇七
蔡崇國等……一九〇八
孫秉法……一九〇八
夏有光等……一九〇八
張應龍……一九〇八
汪之斌……一九〇八
孫弘……一九〇八
史惟華……一九〇八
翟天葵……一九〇八
方端章……一九〇八
詹大刀……一九〇九
徐大寰……一九〇九
乙邦才……一九〇九

莊子固……一九〇九
馬應魁……一九〇九
劉應國……一九一〇
徐尚廉……一九一〇
唐良贊……一九一〇
汪思誠等……一九一〇
張宗堯……一九一一
樓挺……一九一一
江雲龍等……一九一一
張涵……一九一一
李大忠……一九一一
孫開忠等……一九一一
周廷柱……一九一一
冷懋炎……一九一一
解學曾等……一九一三
王之謨……一九一三
樊大綱……一九一三
孫光先……一九一三
保薦等……一九一三
江行芳……一九一三
張應元……一九一三
彭清典……一九一四
楊御蕃……一九一四
弟御莊……一九一五
韓璽……一九一五
張道濬……一九一五
張思濬……一九一七
惠登相……一九一七
張成福……一九一八
弟成禄等……一九一九

趙光遠……一九一九
楊振宗……一九二〇
曹友義……一九二〇
趙民懷……一九二〇
徐大受……一九二二
吴先攀……一九二二
趙光大……一九二二
齊陞等……一九二二
何以培……一九二三
吴以幻……一九二三
張以備……一九二三
魯之璵……一九二三
弟之域……一九二四
張仲玉……一九二四
李伯含……一九二四
張韜……一九二四
趙汝璧……一九二四
許箕山……一九二四
韋志斌……一九二五
葛瑞甫……一九二五
俞綸煒等……一九二五
智介……一九二五
項釭……一九二五
蔡佩甫……一九二五
劉應璵……一九二五
顧時興……一九二五
徐雲龍等……一九二五
蔡象坤……一九二五
袁碩……一九二五
朱旦……一九二五

眭明黻……一九三〇
沈率祖等……一九三〇
陳文章……一九三〇
何爲霖……一九三〇
梅春……一九三〇
洪一新……一九三一
宋印晟……一九三一
程周祜……一九三一
施英……一九三一
陳有遴……一九三一
劉安……一九三一
尹君舜……一九三一
徐遂東……一九三一
程大倫……一九三一
楊守志……一九三一
陳文運……一九三二
焦續後……一九三二
倪鸞等……一九三二
周明……一九三二
劉德……一九三二
宋光庭……一九三二
方懋昌……一九三二
徐宗麟……一九三二
樊明琅……一九三二
喬焯……一九三二
吳洪……一九三三
馬騰……一九三三
何汝賓……一九三三
項起漢等……一九三三
張應錫……一九三三

黄大賓……一九三三
吴爾愿……一九三三
蔣溶……一九三三
金鼎臣……一九三三
杜瑞芝……一九三三
祝鷗侶……一九三三
褚士寶……一九三三
王元初……一九三四
施曆欽……一九三四
張映室……一九三四
盛世……一九三四
郎大徵……一九三四
方應曜……一九三四
陳學泰……一九三四
黄養絃……一九三四
高學元……一九三四
何定遠……一九三四
馮亮工……一九三四
張尚武……一九三四
楊志榮……一九三五
朱士鼎……一九三五
曹禹芳……一九三五
樊明英……一九三五
萬邦憲……一九三五
胡明臣……一九三五
毛欽明……一九三五
陸韜……一九三五
唐時明……一九三六
任桂芳……一九三六
吴星燦……一九三六

戚仁師……一九三六
阮可教……一九三六
陳心……一九三六
李謙……一九三六
鄧林……一九三六
汝爲善……一九三六
張汝棟……一九三六
蕭時榮……一九三六
何大……一九三六
章其元……一九三七
杜維城……一九三七
黃位中……一九三七
徐觀光……一九三七
馬偲……一九三七
黃萬爵……一九三七
汪懷廉……一九三七
郭天育……一九三七
吴伯默……一九三七
史讜等……一九三七
劉洪起……一九三八
沈萬登……一九三八
李際遇……一九三八
金高……一九四一
楊四……一九四一
李好……一九四二
韓甲第……一九四二
韓煋……一九四二
伍三秀……一九四二
李爾育……一九四二
蕭應訓……一九四二

秦大鵬……一九四二
于登俊……一九四二
范世增……一九四三
袁耀宗……一九四三
李奮文等……一九四三
劉馨……一九四四
趙仕賢……一九四四
金闕望……一九四四
王玉璣……一九四四
楊鳳起……一九四四
王心升……一九四四
黄啟明……一九四四
王之屏等……一九四四
劉定國……一九四四
馬沖霓……一九四四
劉格……一九四五
楊可前……一九四五
張問明……一九四五
胡養蒙……一九四五
涂可登……一九四五
申宗耿……一九四五
曹鳳鳥……一九四五
兄鳳禎等……一九四五
楊士珂……一九四五
李琳……一九四五
吴汝謙……一九四五
楊大功……一九四五
鄭時舉……一九四五
樊瑞……一九四六
劉魯地……一九四六

謝皇恩……一九四六
李攀桂……一九四六
王心熙……一九四六
韓蔚……一九四六
王世維……一九四六
劉孔和……一九四六
兄孔中……一九四七
范永昌……一九四七
潘起鱗……一九四七
虞紹勳……一九四七
馬壯基……一九四七
滕紹宗等……一九四七
李宗儀……一九四七
黄扉佶……一九四八
周篤昌……一九四八
蘇成宇……一九四八
韓忠一……一九四八
歐陽春元……一九四八
陳王信……一九四八
劉扁子等……一九四八
莊鼒……一九五〇
從兄鏊等……一九五一
蘇芳……一九五一
李景隆……一九五二
王奇謀……一九五二
宋璜等……一九五二
徐春龍……一九五二
張茂才……一九五二
康玉環……一九五二
趙慎寬等……一九五二

徐偉……一九五三
楊威等……一九五三
王禎……一九五三
劉珙……一九五三
高珍等……一九五三
張輿……一九五三
張廣……一九五三
武恩等……一九五三
楊三元等……一九五三
丁耀亢等……一九五四
宮文彩等……一九五四
郭爾標……一九五五
徐小野……一九五五
董其成……一九五五
韓敬止……一九五五
韋祚興……一九五五
王運晟……一九五五
李顯華……一九五五
齊廷輔……一九五五
王兆哲……一九五五
畢維地……一九五五
王光恩……一九五六
苗時化……一九五八
楊友賢……一九五八
楊光甫……一九五八
胡廷聘……一九五八
楊明起……一九五八
馬之服……一九五八
楊文富……一九五八

卷四十　列傳第十六

黄道周……一九六一
子中等……一九七八
從子淵等……一九七八
趙士超……一九七九
賴繼謹……一九七九
蔡春溶……一九七九
毛至潔……一九七九
陳雄飛……一九七九
應士鍈等……一九八〇
王加封等……一九八〇
張天維……一九八〇
魏渠斌等……一九八〇
俞墨華……一九八〇
鄭大倫……一九八一
鄭祚遠……一九八一
王家望……一九八一
鄭守書……一九八一
吕繼望等……一九八一
張瑞鐘等……一九八一
董壽庚……一九八一
龔瑞……一九八一
林伯麟……一九八一
徐經世……一九八一
黄名世……一九八一
胡朝臣……一九八一
鄭塤……一九八一
吴杰……一九八二
吴士琇等……一九八二
武彪……一九八二
陸自巖等……一九八二

莊起儔……一九八二
倪會鼎等……一九八二
陸鳴熚……一九八三
洪京榜……一九八三
何瑞圖……一九八三
吕叔倫……一九八四
余泒……一九八四
路振飛……一九八四
子澤溥……一九八九
澤淳……一九八九
太平……一九八九
萬濯……一九八九
張壽祺……一九八九
王化藹……一九八九
駱舉……一九八九

王定國……一九八九
王政純……一九九〇
韓雄都……一九九〇
孫可久……一九九〇

卷四十一　列傳第十七

蔣德璟……一九九一
弟德瑗……一九九三
張廷榜……一九九四
黄景昉……一九九四
子知白……一九九五
兄景明……一九九五
陳翔……一九九五
弟畜等……一九九五
姚明恭……一九九五
林欲楫……一九九五

從子文昌……一九九六
徐人龍……一九九七
何楷……一九九九
陳洪謐……二〇〇一
子俞倈……二〇〇二
黄元驥……二〇〇二
林增志……二〇〇二
董應科……二〇〇三
李光春……二〇〇三
熊開元……二〇〇四
子維翰……二〇〇七
趙士完……二〇〇七
兄士元……二〇〇七
士亮……二〇〇七
子玉藻等……二〇〇七
吴甡……二〇〇七
子元宬……二〇〇九
鄭三俊……二〇〇九
陳奇瑜……二〇一一
子永祚……二〇一二
葉廷桂……二〇一三
子元滋……二〇一四
弟廷植……二〇一四

卷四十二　列傳第十八

傅冠……二〇一五
子練……二〇一八
謝德溥……二〇一八
顧錫疇……二〇一八
父天叙……二〇一八
子鑾……二〇一九

從弟錫璇……二〇二〇
倪思輝……二〇二〇
楊廷麟……二〇二〇
族弟廷鴻……二〇二五
廷珅……二〇二五
張定遠……二〇二五
鄒瑄……二〇二五
黄介中……二〇二五
傅鵬……二〇二五
郭國震……二〇二五
王濟……二〇二五
酆岳壽……二〇二五
金士升等……二〇二五
梁愈榮……二〇二六
徐必達……二〇二六
蕭行禮……二〇二六
胡長蔭……二〇二六
王化遠……二〇二六
上官龍……二〇二六
郭維經……二〇二六
子應銓……二〇二八
應衡……二〇二八
西炤……二〇二八
從子應煜……二〇二八
姚奇胤……二〇二九
郭承乾……二〇二九
王喦……二〇二九
郭維翰等……二〇三〇
彭之玠……二〇三〇
彭吉修……二〇三〇

李之梁……二〇三〇
張世廣……二〇三〇
鍾靈……二〇三〇
郭介原……二〇三〇
胡從龍等……二〇三〇
吳樸……二〇三〇
蘇觀生……二〇三〇
子國祐……二〇三四
簡知遇等……二〇三四
楊明經等……二〇三四
余述之……二〇三四
謝尚政……二〇三四
蘇觀光……二〇三四

卷四十三 列傳第十九

曹學佺……二〇三九
子白……二〇四二
徐英……二〇四二
齊巽等……二〇四二
黃錦……二〇四二
吳太沖……二〇四四
熊明遇……二〇四四
子人霖等……二〇四五
李長倩……二〇四五
同族若練……二〇四六
徐應秋……二〇四六
姜一洪……二〇四七
子天植等……二〇四八
周應期……二〇四八
趙維岳……二〇四八
劉若金……二〇四九

從子泌如……二〇四九
鍾炌……二〇四九
劉安行……二〇五〇
……二〇五〇
葛寅亮……二〇五一
余珹……二〇五三
董羽宸……二〇五三
李淩雲……二〇五三
張鏡心……二〇五四
邵輔忠……二〇五四
子似續……二〇五五
似歐等……二〇五五
賀世壽……二〇五五
熊化……二〇五七
子兆行等……二〇五八
王志道……二〇五八
李瑞和……二〇五九
羅萬傑……二〇六〇
徐丙晋……二〇六〇
張聖聽……二〇六〇
盧化鼇……二〇六〇
徐穉佳……二〇六一
鄭一岳……二〇六一
張鼎渭……二〇六一
何通武……二〇六一
林期昌……二〇六一
鄢廷誨……二〇六一
陳文瑞……二〇六一
王錫恩……二〇六一
陳金聲……二〇六一

孫節……二〇六二
任僘……二〇六二
余有敬……二〇六二
戴弁球……二〇六二
甘麟徵……二〇六二
虞經……二〇六二
陳仕奎……二〇六二
鄧廷彬……二〇六二
朱璘如……二〇六二
鄧芳暉……二〇六二
李幹……二〇六二
楊樹聲……二〇六三
林潤蓁……二〇六三
魏應桂……二〇六三
陳猷奮……二〇六三
李開遠……二〇六三
黃朝挺……二〇六三
韓范……二〇六三
林銘鼎……二〇六三
子濬芳……二〇六三
陸懷玉……二〇六三
鄭鳳來……二〇六四
邢大忠……二〇六四
子豫……二〇六四
胡時忠……二〇六四
賀登選……二〇六五
王觀光……二〇六五
洪維翰……二〇六六
李京元……二〇六六
歐兆元……二〇六六

張璀……二〇六七
羅其綸……二〇六七
龔天池……二〇六七
黄景胤……二〇六七
吴之琦……二〇六七
史贊聖……二〇六七
吴之奇……二〇六七
林宗仁……二〇六七
丁胤甲……二〇六七
陳羽白……二〇六八
郭啟宸……二〇六八
湯應龍……二〇六八
林鳳儀……二〇六八
辜胤奇……二〇六八
柯載……二〇六八
陳兆棠……二〇六八
吴應恂……二〇六八
史延亮……二〇六八
胡丹詔……二〇六九
葉良漸……二〇六九
張際熙……二〇六九
鄭正學……二〇六九
陳世濬……二〇六九
楊愈隆等……二〇六九
劉軒霈……二〇六九
張兆璋……二〇六九
王禹謙……二〇六九
韋際明……二〇七〇
成子寬……二〇七〇
楊喬……二〇七〇

王會圖……二〇七〇
徐柏齡……二〇七〇
高似斗……二〇七〇
游叔驊……二〇七〇
黃世耀……二〇七〇
陳升聞……二〇七〇
陳鴻飛……二〇七〇
丘雲起……二〇七〇
吴窔……二〇七一
陳檼……二〇七一
鄭之冕……二〇七一
魏人鏡……二〇七一
吴良謨……二〇七一
鄭敬禹……二〇七一
黃汝霖……二〇七一
鄭之特……二〇七一
何三奇……二〇七一
黃玠……二〇七一
陳所學……二〇七一
余垣……二〇七一
王御乾……二〇七一
于斯力……二〇七一
嚴飄香……二〇七一
王之麟……二〇七二
周梧……二〇七二
伍邦梓……二〇七二
趙翼心……二〇七二
馬經部……二〇七二
鄭重……二〇七二
鄒應啟……二〇七二

江夢彩…………二〇七二
李兆…………二〇七二
子映庚…………二〇七二
張夬…………二〇七三
楊世禄…………二〇七三
曹勳…………二〇七三
弟炯等…………二〇七四
張一玨…………二〇七四
徐永周…………二〇七四
劉自燁…………二〇七四
魏人龍…………二〇七四
陳元綸…………二〇七五
林必達…………二〇七五
黄起有…………二〇七五
唐九經…………二〇七五
董颺先…………二〇七五
朱得祚…………二〇七六
林慎…………二〇七六
楊傑…………二〇七六
吴康侯…………二〇七六
方廷涓…………二〇七六
梁玉蕤…………二〇七六
蔡而熼…………二〇七六
余飈…………二〇七六
蕭毓奇…………二〇七六
黄廷旦…………二〇七六
鄧宗藎…………二〇七七
李夢日…………二〇七七
李霞綺…………二〇七七
黄鴻飛…………二〇七七

劉從古……二〇七七
程文醇……二〇七七
方文耀……二〇七七
伍飛翰……二〇七八
李維垣……二〇七八
孫晉……二〇七八
兄頤……二〇七九
江禹緒……二〇七九
汪遊龍……二〇七九
江夢鶴……二〇七九
洪雲翼……二〇八〇
顏浩……二〇八〇
方孔時……二〇八〇
馬之瑛……二〇八〇
馬之璋……二〇八〇
劉元勳……二〇八〇
朱侍臣……二〇八〇
宋賢……二〇八〇
子維翰……二〇八一
吳時亮……二〇八一
吳震交……二〇八一
唐顯悅……二〇八一
父大章……二〇八一
子仁普等……二〇八二
弟洞惓等……二〇八二
葉廷秀……二〇八三
曹履泰……二〇八四
子元芳……二〇八五
吳聞詩……二〇八五
毛元策……二〇八六

李言……二〇八六
蘇峽……二〇八六
魯良梓……二〇八六
周熼新……二〇八六
金錡……二〇八六
葉人龍……二〇八六
鄭賡唐……二〇八六
于華玉……二〇八七
陰宜登……二〇八九
黄通……二〇八九
李開芳……二〇八九
陳殿桂……二〇八九
張若羲……二〇八九
劉星耀……二〇九〇
陳廷武……二〇九〇
賴尚皋……二〇九〇
盧汝鵲……二〇九〇
楊志燾……二〇九〇
羅之梅……二〇九〇
黄澂之……二〇九〇
莊尚庠……二〇九〇
丘蕃孫……二〇九〇
彭兆旂……二〇九〇
胡繹祖……二〇九一
伍耀孫……二〇九一
周之楨……二〇九一
裴養青……二〇九一
王志周……二〇九一
劉伯根……二〇九一
朱可權……二〇九一

吴崇熹……二〇九四
薛大酆……二〇九四
富明新……二〇九五
鄧毓瑞……二〇九五
林日升……二〇九五
林森……二〇九五
陳興言……二〇九五
載弁球……二〇九五
陳學孔……二〇九五
劉尊聞……二〇九五
謝廷擢……二〇九五
張元德……二〇九五
張天溥……二〇九五
吴懋雲……二〇九五
劉大眚……二〇九五
林萃社……二〇九六
洪嘉修……二〇九六
項國輝……二〇九六
陳兆珂……二〇九六
陳崇虞……二〇九六
周瑞豹……二〇九六
子士賨……二〇九七
周汝璣……二〇九七
子鳴皋……二〇九七
兄汝弼……二〇九七
從子履……二〇九七
陳玄藻等……二〇九八
程言……二〇九八
賴繼夔……二〇九八
陳經文……二〇九八

林日光……二〇九八
項如皋……二〇九八
唐士鳳……二〇九九
高承埏……二〇九九
萬堯一等……二〇九九
姜鏊……二〇九九
伍儀……二〇九九
田蘇兆……二〇九九
林鳳儀……二一〇〇
黄弼……二一〇〇
傅乃根……二一〇〇
陳良佑……二一〇〇
翁希禹……二一〇〇
黄晋良等……二一〇〇
屠襄孫……二一〇〇
李燦箕……二一〇〇
李魁春……二一〇〇
揭杲……二一〇〇
區大緯……二一〇一
李希衛……二一〇一
游爲光……二一〇〇
許源浩……二一〇一
萬封祝……二一〇一
王先甲……二一〇一
王介慶……二一〇一
胡兆康……二一〇一
張繼曾……二一〇一
李光倬……二一〇一
童卬……二一〇一
熊奮渭……二一〇二

錢繼登……二〇三
弟繼振等……二〇三

卷四十四　列傳第二十

陳燕翼……二〇六
倪元瓚等……二〇九
周廷鑨……二〇九
王文企……二一〇
徐開禧……二一〇
郭之祥……二一〇
姚宗衡……二一〇
嚴似祖……二一〇
何九雲……二一一
弟九禄……二一一
張之奇……二一一
孟應春……二一一
趙士春……二一一
弟士錦……二一三
沈正中……二一三
吴孔嘉……二一三
徐復儀……二一三
林志遠……二一四
吴載鼇……二一四
子虎符等……二一四
張濳夫……二一四
顔茂猷……二一四
李光熙……二一五
林士升……二一五
王用予……二一五
葉聯飛……二一五
賴垓……二一五

李世奇……二二五
李光龍等……二二六
祁熊佳……二二六
兄豸佳……二二七
覃獻鎵……二二七
湯開遠……二二七
張之奐等……二二七
蔡一鼎……二二七
曹繼書……二二七
何捷科……二二七
嚴貞恕……二二七
胡兆耆……二二七
劉大沖……二二七
吴應庭……二二七
談雅言……二二八
葉養元……二二八
趙濳……二二八
林增式……二二八
羅其英……二二八
陶光翔……二二八
葉棐……二二八
梅士生……二二八
魏光國……二二八
陳亨……二二八
蔣棻……二二九
林宏衍……二二九
鄭奎光……二二九
徐芳……二二九
父德耀……二二九
兄英……二三〇

李長世等……二三〇
楊天宰……二三〇
石鏡等……二三〇
柯茘標……二三〇
陸彦龍……二三〇
袁繼袞……二三一
劉以修……二三一
葉子發……二三一
閔肅……二三一
方元會……二三一
王三俊……二三二
艾逢節……二三二
胡世及……二三二
袁紹書……二三二
林琦……二三二

張煜等……二三三
黃見泰……二三三
張綸……二三三
朱啟繪……二三三
陳兆甲……二三三
蔡慶旺……二三三
黃守誼……二三三
萬之奇等……二三三
饒希燮……二三三
從父璒……二三三
李大宏……二三四
鄒衍甲……二三四
歐陽濬……二三四
許謍卿……二三四
李青……二三五

兄濳……二二六
郁汝持……二二七
余日新……二二七
張晋徵等……二二七
羅萬爵……二二七
張文煇……二二八
李允佐等……二二八
班衣……二二八
陳績等……二二八
蕭士瑋……二二八
弟士琦……二二九
楊錫璜……二二九
熊維典……二二九
吴應琦……二二九
林胤昌……二三〇
子逢泰……二三一
鄭崑貞……二三一
林宗載……二三二
劉光震……二三二
葉應昌……二三三
許志才等……二三三
周世鎮……二三三
方士亮……二三三
汪惟效……二三四
馬及時……二三四
羅萬象……二三四
鄧啟隆……二三五
陳天定……二三五
林明興……二三五
方進……二三六

吴公布……二三六
楊仁愿……二三六
陳渝如……二三七
淩超……二三七
郭正中……二三七
子忠祥……二三九
袁樞等……二三九
李佺臺……二三九
孫昌裔……二三九
張國經……二四〇
黄廷師……二四〇
趙明鋒……二四〇
曾植……二四〇
戴亮采……二四〇
黄道臨……二四〇
田宏恩……二四〇
李敬問……二四〇
管一燁……二四一
劉禬……二四一
吴應徵等……二四一
夏時傳……二四一
畢汝懋……二四一
倪參化……二四一
劉廷兆……二四一
駱天閑……二四一
楊廷瑞……二四一
吴應蛟等……二四一
李望越……二四一
凌世韶……二四二
王鼎鎮……二四二

江愈敏……二一四二
江日炤……二一四二
張嘉胤……二一四二
周廷瑚……二一四二
熊德陽……二一四二
子士元等……二一四三
文士昂……二一四三
朱國昌……二一四四
黄日芳……二一四五
王兆熊……二一四五
朱子覲……二一四五
木增等……二一四六
邵明俊……二一四六
徐可久……二一四六
蔡嗣銓……二一四六
薛瑞泰……二一四七
梁應龍……二一四七
弟應華……二一四八
謝紹芳……二一四八
張明熙等……二一四八
金之鑛……二一四八
蔡鵬霄……二一四八
霍得之……二一四九
范鈔……二一四九
易宏襄……二一四九
王維夔……二一四九
柴世埏……二一四九
熊經……二一五〇
陳道暉……二一五〇
林銘球……二一五〇

子雋胄……二二五〇
霍子衡……二二五一
子應蘭等……二二五一
陳嘉會等……二二五一
梁朝鍾……二二五二
季父克載……二二五二
陳學佺……二二五二

卷四十五　列傳第二十一

王瑞枬……二二五四
子家琦等……二二五五
陸青源……二二五五
子若禾……二二五七
王孫蕃……二二五七
孫穀……二二五八
李長春……二二五八
甘惟爍……二二五九
毛鳳彩……二二五九
劉霖懋……二二五九
黃起雒……二二六〇
羅之玉……二二六〇
謝長文等……二二六〇
黃宗昌……二二六〇
弟宗揚……二二六一
宗庠……二二六一
從弟宗臣……二二六一
詹爾選……二二六一
徐養心……二二六二
鄭友玄……二二六三
任天成……二二六三
陳良弼……二二六四

夏繼虞……二一六六
游有倫……二一六六
艾南英……二一六七
族人命新……二一六八
章世純……二一六八
羅萬藻……二一六八
楊文瓚……二一六八
父秉鼒……二一六八
兄文琦……二一七三
弟文琮……二一七三
文球……二一七三
林銘几……二一七三
陳國元……二一七四
朱作楫……二一七四
翟翬……二一七四
黄慶華等……二一七四
汪觀……二一七四
葉向曜……二一七四
蔣平階……二一七四
族日䮾……二一七五
鄭耀星……二一七五
張儼……二一七五
陳一球……二一七五
趙庾……二一七六
徐州彦……二一七六
牟道行等……二一七六
田華國……二一七六
李瑞唐……二一七六
王國翰……二一七六
從子涼武……二一七七

涂仲吉……二一七
兄伯案……二一八
諸永明……二一九
陳南箕……二二〇
弟觀……二二〇
張若化……二二〇
子士楷……二二一
弟若仲……二二一
倪俊明……二二一
胡接輝……二二一
倪于義……二二二
韓日將……二二二
何家駒……二二二
戴兆……二二二
萬霈圻……二二二
張于屏……二二二
李大則……二二二
張倜……二二三
徐必昌……二二三
吴玉爾……二二三
鄭楚勳……二二三
郭振培……二二三
張純仁……二二三
陳興門……二二三
張映室……二二三
朱弼……二二三
游昌業……二二四
陳加邵……二二四
莫禦……二二四
張必籙……二二四

余廣孝……二一八四
蔡鎮……二一八四
劉佐……二一八四
方之翰……二一八四
璩伯崑……二一八四
王萬祚……二一八四
江思令……二一八四
陳學伊……二一八五
吳志開……二一八五
屈動……二一八五
吳适……二一八六
張星……二一八九
黄周星……二一八九
子楢……二一九〇
許令瑜……二一九〇
子龠……二一九〇
吳道新……二一九一
劉含輝……二一九一
陳履貞……二一九一
毛羽皇……二一九一
于沚……二一九一
戴長治等……二一九一
謝泰宗……二一九二
楊時化……二一九二
蔡國光……二一九二
王龍賁……二一九二
賴良佐……二一九三
傅元初……二一九三
朱光熙……二一九三
沈宗墻……二一九三

吴賢胤……二一九三
曾世衮……二一九三
李躍龍等……二一九三
胡兆憲……二一九三
顧其言……二一九四
葉得興……二一九四
熊緯……二一九四
歐養素……二一九四
林長蕃等……二一九四
張翂之……二一九四
兄昂之……二一九五
胡夢泰……二一九五
子龍存……二一九五
諸國昌……二一九五
萬發祥……二一九五
龔棻……二一九六
子孟明……二一九六
林珽……二一九六
周瑚……二一九六
王其弦等……二一九六
曾嗣宗……二一九六
錢謙亨等……二一九六
於斯昌……二一九七
柳昂霄……二一九七
黃肇基……二一九七
袁從諤……二一九七
劉孟錞……二一九七
劉應泗……二一九七
符溯中等……二一九七
劉起鳳……二一九七

聶邦晟等……二一九七
盧觀象……二一九七
符廷中……二一九八
彭靄……二一九八
莊以涖等……二一九八
鍾良則……二一九八
吴允孚……二一九八
謝瓚等……二一九八
周世光……二一九八
徐餘慶等……二一九八
李魯……二一九九
黄三錫……二二〇五
鄒宗善……二二〇五

卷四十六　列傳第二十二

吴易……二二〇八
孫兆奎等……二二一〇
沈自炳……二二一二
自駉等……二二一二
族自鋋……二二一二
華京……二二一二
趙汝珪……二二一二
陸世鑰等……二二一二
王鍍等……二二一三
何英……二二一三
劉座……二二一三
崔秦……二二一三
姚廷瓚等……二二一三
陸彥衝等……二二一三
范班友……二二一四
周瑞等……二二一四

羅騰蛟……………………二三一四
周耀始……………………二三一四
徐鑛………………………二三一四
沈泮………………………二三一四
陳繼………………………二三一五
汝欽命……………………二三一五
沈璐………………………二三一五
史坤生……………………二三一五
孫璋等……………………二三一五
倪人撫……………………二三一五
吴思等……………………二三一五
吴振遠……………………二三一五
弟宗濳等…………………二三一六
沈天叙等…………………二三一六
錢昌………………………二三一六
馮時敏等…………………二三一六
姜熊飛……………………二三一七
沈鼎鉉……………………二三一七
陳恂如……………………二三一七
茹畧文……………………二三一七
周志韜等…………………二三一七
趙涇………………………二三一七
朱永祚等…………………二三一七
曹子嘉……………………二三一七
戴之儁……………………二三一八
周謙等……………………二三一八
李枝芳……………………二三一八
鮑輯五……………………二三一八
姚君範……………………二三一八
儲章甫……………………二三一八

張飛遠等……二三二八
黃毓祺……二三二九
子大湛等……二三三一
弟毓礽等……二三三一
徐趨等……二三三一
鄧大臨……二三三二
丁文瑗……二三三二
王春……二三三二
許彥達……二三三二
薛繼周……二三三二
徐摩……二三三二
李琦……二三三二
黃衣士……二三三三
高炤……二三三三
唐世禎……二三三三
程三錫……二三三四
沈猶龍……二三三四
子浩然等……二三三五
吳培昌……二三三五
黃家瑞……二三三五
周蘭等……二三三五
崔騰鯉等……二三三五
眭明永等……二三三五
子本等……二三三六
李待問……二三三六
弟之檀等……二三三六
王雄……二三三六
章簡等……二三三六
常騊……二三三六
張壽孫……二三三七

翁英……二二七
倪允中……二二七
金聲……二二七
子敦函等……二三〇
從弟經等……二三〇
汪宗友……二三〇
汪宗文……二三〇
江天一等……二三〇
劉弘才……二三一
戴明恩……二三一
胡靖……二三一
閔遵古等……二三一
王世德……二三二
程士達……二三三
吴國禎……二三三
陳明卿……二三三
程羽申等……二三三
佘元英……二三三
陳尚遇等……二三三
汪以玉……二三三
洪在德……二三三
洪士魁……二三三
項遠……二三三
黃士良……二三四
程繼約……二三四
許伯……二三四
范雲龍……二三四
江永清……二三四
萬庚……二三四
汪國偉……二三四

陳易……二三四
張廷豹……二三四
王六郎等……二三四
邵千斤等……二三四
許文瑾等……二三五
弟文玠等……二三五
舒應登等……二三五
閔士英等……二三五
董正俊……二三五
汪志稷等……二三五
曹鳴遠等……二三六
曹文榜等……二三六
朱賁……二三六
吴道會……二三六
朱鳳律……二三六
汪益亨……二三六
丘祖德……二三六
子萃……二三七
鄭璧等……二三七
錢龍文等……二三八
沈壽蕘等……二三八
莊見齊等……二三八
麻三衡等……二三八
湯廷玄……二三八
魏三……二三九
劉鼎甲等……二三九
徐肇基……二三九
沈壽隆……二三九
舒天長……二三九
趙臣成……二三九

萬麒……………………二三三九
趙瑋……………………二三三九
鄭繼元……………………二三三九
汪三傑等……………………二三三九
胡雲龍等……………………二三四〇

卷四十七　列傳第二十三

劉同升……………………二三四二
子孟欽等……………………二三四三
仲錞等……………………二三四三
劉明保等……………………二三四三
張朝綎……………………二三四四
謝上進……………………二三四四
李丕珩……………………二三四四
張羽明等……………………二三四四
廖惟志等……………………二三四四
萬元吉……………………二三四四
子象玄等……………………二三五〇
弟九吉……………………二三五〇
陳課……………………二三五〇
童以振……………………二三五〇
李士延等……………………二三五〇
黄志忠等……………………二三五〇
黄震象等……………………二三五〇
陳賡……………………二三五〇
陳斌……………………二三五一
段仁……………………二三五一
曾應遴……………………二三五一
曾聯甲……………………二三五四
曾應文……………………二三五四
廖任隆等……………………二三五四

謝大茂……………………二三五四
黄雲師等…………………二三五五
詹兆恒……………………二三五五
父士龍……………………二三五五
弟廷椿……………………二三五七
劉日杲……………………二三五七
俞道淳……………………二三五七
徐肇曾……………………二三五七
姚應亨……………………二三五七
周可期……………………二三五七
周建子……………………二三五七
王栻………………………二三五七
王廷垣……………………二三五七
傅潛龍等…………………二三五八
李藩等……………………二三五八
楊時秀……………………二三五八
陳泰來……………………二三五八
子正儀……………………二三五九
袁應夢……………………二三五九
張天溥……………………二三五九
熊維樸……………………二三六〇
胡維霖……………………二三六〇
李九華……………………二三六〇
熊士逵……………………二三六〇
漆嘉祉……………………二三六〇
曹志明……………………二三六〇
曹國祺……………………二三六〇
聶楝………………………二三六〇
王平東……………………二三六一
李維楨……………………二三六一

黃楧等……二三六一
晏楊勳等……二三六一
任汲……二三六一
李淩洪……二三六一
黃國彦……二三六一
謝詔新等……二三六一
諶廷椿等……二三六一
胡親民……二三六一
鄒魁明……二三六二
繆九鳳……二三六二
李含初等……二三六二
劉炤華……二三六三
舒春陽等……二三六三
戴知三等……二三六三
許文龍……二三六三
張猶龍等……二三六四
黃鍾等……二三六四
胡之瀾……二三六四
徐善箕……二三六四
倪大顯等……二三六四
石光龍等……二三六四
了空……二三六五
吴漢超……二三六五
趙初浣……二三六六
徐朗……二三六六
項志亨……二三六六
梅盛林……二三六六
王聘徵……二三六六
方鼎……二三六六
李贊圖……二三六六

鍾時升……三三六六
薛顯吾……三三六六
潘振蛟等……三三六六
徐濬……三三六六
葛綰……三三六六
鮑先聲……三三六六
楊璜等……三三六六
吴大眼……三三六七
邵起……三三六七
周從勛……三三六九
張以謙……三三六九
朱寵……三三六九
易道三……三三七〇
易祚遠……三三七〇
王光淑等……三三七〇
易名甫……三三七〇
劉啟禎等……三三七一
王瓆……三三七一
嚴子静……三三七一
萬里春……三三七一
孫希伸……三三七二
李芬……三三七二
劉和尚……三三七二
胡公國……三三七二
周檣……三三七二
魯元孫……三三七二
劉君顯……三三七二
胡爾榮……三三七二
耿應興等……三三七二
族應衢……三三七二

周文江……二三七二
魯元霖……二三七三
劉鼎關……二三七三
徐焯然……二三七三
江中清……二三七三
江石……二三七三
張鵬羽……二三七三
馬連山……二三七三
鄭鼎生……二三七三
韓杰……二三七三
秦如鼎……二三七三
吳載瑜……二三七三
王之賞……二三七三
吳國宇……二三七三
趙應瓚……二三七四
王祚昌……二三七四
耿應昌……二三七四
盧之懍……二三七四
張百程……二三七四
吳希顏……二三七四
吳優……二三七四
耿應衡……二三七四
張五敦等……二三七四
郭良甲……二三七四
胡海若等……二三七四
胡喬然……二三七四
嚴欽謨……二三七四
梁佳……二三七四
周諒……二三七五
張旦熙等……二三七五

張光環……………………二三七五
陸嗣先……………………二三七五
吴國璋……………………二三七五
胡之羆……………………二三七五
李甘來等…………………二三七五
李奇觀……………………二三七五
胡魁楚……………………二三七五
黄景嵩等…………………二三七五
張一寵……………………二三七六
王振基等…………………二三七六
金時揚等…………………二三七六
李侍………………………二三七六
柯抱沖等…………………二三七六
程志升……………………二三七六
朱希先……………………二三七六
楊知佐……………………二三七六
江油然……………………二三七七
傅運………………………二三七七
馮么………………………二三七七
吴錫嘉……………………二三七七
程式厚……………………二三七七
李儲元……………………二三七七
柳宗旦……………………二三七七
張用晦等…………………二三七七
何大忠……………………二三七七
申一龍……………………二三七七
李之縞……………………二三七七
楊標奇……………………二三七七
宋之彦……………………二三七七
何士達……………………二三七八

梁凝祺……三三七八
華龍等……三三七八
薛兆麟……三三七八
李之先……三三七八
廖得勝……三三七八
張冕……三三七八
胡公緒……三三七八
王士誠……三三七八
楊弘載……三三七八
張秉鑑……三三七八
王斌……三三七八
張仲……三三七九
韓國顯……三三七九
黄昌胤……三三七九
焦裕等……三三七九
常道立……三三七九
楊文驄……三三七九
父師孔……三三七九
子鼎卿等……三三八一
周歧……三三八一
朱名世……三三八一
朱名卿……三三八一
龔廣生等……三三八一
孫臨等……三三八一
程良孺……三三八二
金世俊……三三八二
弟世儼……三三八二
姜應甲……三三八二
孫時芳……三三八三
余祚徵等……三三八四

錢六洲……………………………………二三八四
高維城……………………………………二三八四
許試……………………………………二三八四
馬應禎……………………………………二三八四
黃徵明……………………………………二三八四

卷四十八　列傳第二十四

曠昭……………………………………二三九一
徐世蔭……………………………………二三九二
子天英……………………………………二三九三
宋觀教……………………………………二三九三
李長開……………………………………二三九三
李思睿……………………………………二三九三
王宗熙……………………………………二三九三
吴中奇……………………………………二三九三
葉仕魁……………………………………二三九三
阮志道……………………………………二三九三
儲至密……………………………………二三九三
鄧鵬……………………………………二三九三
程士悌……………………………………二三九三
徐鳴時……………………………………二三九三
佘孺瞻……………………………………二三九四
李鼎鉉……………………………………二三九四
葛尚俊……………………………………二三九四
汪元兆……………………………………二三九四
楊大名……………………………………二三九四
張大烈……………………………………二三九四
趙洙清……………………………………二三九四
陳策……………………………………二三九四
陳天德等……………………………………二三九四
黄承奎……………………………………二三九四

劉之遇……二三九四
張朝荃……二三九五
嚴雲炫……二三九五
俞泰交……二三九五
張拱……二三九五
聶應井……二三九五
汪作霖……二三九五
沈君禎……二三九五
茅台鼎……二三九五
盧可傳……二三九五
龐再沖……二三九五
何廷煒……二三九五
任士茂……二三九五
聶民至……二三九六
張達孝……二三九六
曹成模……二三九六
趙葵……二三九六
楊彙旭……二三九六
馬寬……二三九六
戴調元……二三九六
熊文登……二三九六
王國英……二三九六
張允掄……二三九六
兄允捷……二三九六
丁元瑛……二三九六
龐昌胤……二三九七
李郁林……二三九七
許琪……二三九七
楊以位……二三九七
張嘉聲……二三九七

王名世……二三九七
吴袒等……二三九七
孔父……二三九七
徐有佐……二三九七
許文宏……二三九七
賀元圭等……二三九七
蔣邁……二三九七
周承忠……二三九八
王厚基……二三九八
任皞臣……二三九八
李一元……二三九八
錢源裕……二三九八
湯玠……二三九八
葉文載……二三九八
余昌稜……二三九八
蔣士元……二三九八
簡調陛……二三九八
尹君翰……二三九八
崔德懋……二三九八
曹聖誥……二三九八
戴貞亨……二三九八
趙明鋌……二三九九
翁德輝……二三九九
孟經祚……二三九九
李學綱……二三九九
何邦福……二三九九
文士恭……二三九九
廖道廣……二三九九
苗蕃九……二三九九
齊君用……二三九九

林士科……二二九九
譚夢開……二二九九
方尚賢……二二九九
謝生蘭……二三〇〇
鄧夢禹……二三〇〇
徐應宿……二三〇〇
蔣世瑛……二三〇〇
朱士昌……二三〇〇
陳所學……二三〇〇
雷起龍……二三〇〇
周爰謀……二三〇〇
黄夢桂……二三〇〇
鍾龍期……二三〇〇
章志稷……二三〇〇
梁玉蕤……二三〇〇
張拱端……二三〇〇
屠奏績……二三〇〇
戴震雷……二三〇〇
王宗周……二三〇一
龔燿……二三〇一
周英……二三〇一
黎倣淳等……二三〇一
鄭時用……二三〇一
葛維垣……二三〇一
趙俊……二三〇一
朱家瑞……二三〇一
熊飛……二三〇一
陳所知……二三〇一
嚴之偉……二三〇一
劉國良……二三〇一

華洊吉……一三〇二
孔尚達……一三〇二
沈中柱等……一三〇二
夏有奇……一三〇二
林全春……一三〇二
尹賓萃……一三〇二
舒于明……一三〇二
貫玉鉉……一三〇二
邵欽濟……一三〇二
賀萬光……一三〇二
張聖域……一三〇二
葛汝衆……一三〇二
李戴……一三〇二
寧臣忠……一三〇三
陸起龍……一三〇三
謝君賜……一三〇三
孫承棨……一三〇三
毛之儁……一三〇三
姜玉菓……一三〇三
李名世……一三〇三
梁甲壯……一三〇三
謝玉墀……一三〇三
李光濳……一三〇三
巫子肖……一三〇三
汪康運……一三〇四
張羽翔……一三〇四
閔謙……一三〇四
楊可賢……一三〇四
傅應禎……一三〇四
張陸秀……一三〇四

陳萬化……一三〇四
陳維忠……一三〇四
韓昌錫……一三〇四
晋國璧……一三〇四
李元瑠……一三〇四
李沛然……一三〇四
董義行……一三〇四
黄道同……一三〇四
陸炫……一三〇五
劉道南……一三〇五
潘嗣魁……一三〇五
張星軺……一三〇五
顔士正……一三〇五
月中桂……一三〇五
余昌祚……一三〇五
沈振龍……一三〇五
李國華等……一三〇五
戴國光……一三〇五
李鍾嘉……一三〇五
戴士憲……一三〇六
沈光裕……一三〇六
陳玉綸……一三〇六
周玹……一三〇六
郭際昌……一三〇六
秦餘馨……一三〇六
台如礪……一三〇六
錢大卿……一三〇六
張冠方……一三〇六
童茂成……一三〇六
張啟忠……一三〇六

湯民熙……………………二三〇六
李煜……………………二三〇七
樂應咸……………………二三〇七
霍禹謨……………………二三〇七
王命行……………………二三〇七
林棨……………………二三〇七
王俊原……………………二三〇七
楊佐明……………………二三〇七
錢君錫……………………二三〇七
史延曇……………………二三〇七
王瑞……………………二三〇七
范燮齊……………………二三〇七
夏廷球……………………二三〇七
饒禧……………………二三〇八
彭彤……………………二三〇八
江皞……………………二三〇八
張昊……………………二三〇八
吴明卿……………………二三〇八
王言……………………二三〇八
李雅……………………二三〇八
萬民戴……………………二三〇八
傅爾星……………………二三〇八
俞謙……………………二三〇八
賴士平……………………二三〇八
劉淑生等……………………二三〇八
桂泓等……………………二三〇八
彭文咸……………………二三〇八
張一中……………………二三〇八
周洵……………………二三〇九
熊學粹……………………二三〇九

馮坪等……………………………………二三一四
黄自泰……………………………………二三一四
趙羽明……………………………………二三一四
章甲………………………………………二三一五
吴應台……………………………………二三一五
高翼辰……………………………………二三一五
汪洋識……………………………………二三一五
黄受封……………………………………二三一五
吴聞禮……………………………………二三一五
楊三畏……………………………………二三一五
趙璧………………………………………二三一六
葉彔………………………………………二三一六
沈夢鯨……………………………………二三一六
盧士信……………………………………二三一六
郭之藩……………………………………二三一六
高簡………………………………………二三一六
程益………………………………………二三一六
陳正道……………………………………二三一六
曾人龍……………………………………二三一六
李景鍾……………………………………二三一六
何可汲……………………………………二三一六
施爈………………………………………二三一六
張宿雉……………………………………二三一六
吴鼎………………………………………二三一七
張思哲……………………………………二三一七
張堯政……………………………………二三一七
王台明……………………………………二三一七
周家偉……………………………………二三一七
龔君命……………………………………二三一七
伍達行……………………………………二三一七

李棟隆……一三一七
葉逢元……一三一七
鄧之鳳……一三一七
游吉俟……一三一七
孫應璣……一三一七
邢之顯……一三一七
黃一鶚……一三一七
李如梅……一三一七
朱灝……一三一八
沈士英……一三一八
劉宏祚……一三一八
王至彪……一三一八
安連……一三一八
張金麗……一三一八
劉用懌……一三一八
李世宇……一三一八
傅孕岱……一三一八
秦欽翼……一三一八
李國禎……一三一八
徐起霖……一三一八
黃鳳翔……一三一八
劉暐……一三一八
劉維棟……一三一九
沈自成……一三一九
張爾鯨……一三一九
萬度……一三一九
張鳳翼……一三一九
史宗彝……一三一九
馬之琛……一三一九
朱墀……一三一九

鄭瑞應……二三一九
魏邦憲……二三一九
張汝括……二三一九
趙碩來……二三一九
羅文……二三一九
楊惟中……二三一九
陳啟宸……二三二〇
潘紘……二三二〇
區應期……二三二〇
趙堯徵……二三二〇
曾學聖……二三二〇
吴希點……二三二〇
曾捷第……二三二〇
林元鑄……二三二〇
馬先春……二三二〇
華廷獻……二三二〇
吴炆禕……二三二〇
原體蒙……二三二〇
陳以運……二三二〇
余春檝……二三二一
于元熀……二三二一
朱健……二三二一
魏菁……二三二一
俞有益……二三二一
孫景耀……二三二一
王士瑞……二三二一
蔡文琳……二三二一
蔣胤昌……二三二一
謝申之……二三二一
朱子哲……二三二二

連經芳……一三三
余蛟翔……一三三
吴祥傑……一三三
方大普……一三三
浦益光……一三三
吴之屏……一三三
子爾壎等……一三三
陸維翰……一三三
陳仲實……一三三
吴仕訓……一三三
朱光時……一三三
周纘祖……一三三
李韡……一三三
吴夢白……一三三
翟翼……一三四
朱耀先……一三四
虞世祐……一三四
張埈……一三四
蔡嘉復……一三四
陳正中等……一三四
周之翰……一三四
李明嶅等……一三四
許國枏……一三四
吴瑞昇……一三四
易自申……一三四
羅鴻陽……一三四
蕭正大……一三五
黄甲……一三五
楊芳蚤……一三五
薛宏序……一三五

方兆熙……二三五
舒國華……二三五
吴伯瑛……二三五
孫志儒……二三五
魏奇……二三五
趙德榮……二三五
吴堂……二三五
朱朝熙……二三五
方詮……二三六
張國宗……二三六
韋克濟……二三六
吴兆……二三六
朱以儀……二三六
劉浚……二三六
祝昌……二三六
劉夢璀……二三六
陳善……二三六
施酬素……二三六
周宗璧……二三六
劉士奇……二三六
唐朝卿……二三六
王國光……二三六
王元參……二三七
陳元清……二三七
陳所蕴……二三七
祝登元……二三七
徐子瑜……二三七
周聖瑞……二三七
徐日昇……二三七
劉鴻嘉……二三七

蕭元澄……二三二七
葉培恕……二三二七
沈兆昌……二三二七
鈕應斗……二三二七
董汝昌……二三二七
楊選……二三二八
吳爾琎……二三二八
畢士垣……二三二八
楊璠……二三二八
黃敬止……二三二八
周秉緒……二三二八
楊廷興……二三二八
胡學鴻……二三二八
洪明鍾……二三二八
季秋實……二三二八
陳良言……二三二八
周希賜……二三二八
張天麒……二三二八
葉汝荃……二三二八
王正鼎……二三二九
黃弁……二三二九
吳廷鯤……二三二九
林斌儼……二三二九
鄒夢枚……二三二九
吕元儉……二三二九
王廷對……二三二九
楊定國……二三二九
李維樾……二三二九
李兆星……二三三〇
許應珧……二三三〇

魯元寵……二三一
楊文薦……二三一
解立敬……二三一
梅豸……二三二
金廷詔……二三三
曾三省……二三三
胡其仁……二三三
陳一德……二三三
吳仲才……二三三
尹民興……二三三
弟民昭……二三四
周定礽……二三四
從子朝鼎等……二三五
王鄜……二三五
子承甘……二三六

程兆科……二三六
寇夢虬……二三六
樊永定……二三六
姜天衢等……二三六
胡奇偉等……二三六
胡甲桂等……二三七
饒元琪等……二三七
汪碩畫……二三七
吳一魁等……二三七
李開山……二三八
畢貞士……二三八
廖汝健……二三八
徐以翰等……二三八
方維新……二三八
王澧……二三九

董振秀等……二三三九
黃夢嵩……二三三九
倪祚善……二三四〇
子天弼……二三四〇
吳國杰……二三四〇
楊歧華……二三四〇
陸昌暇……二三四〇
蔡國禎……二三四〇
李蘧……二三四〇
韋人龍……二三四一
蔡鼎……二三四一
黃期銘……二三四一
唐時……二三四一
張翼軫……二三四一
蕭驄……二三四一
李世宏……二三四一
包鳳起……二三四二
閻爾梅……二三四二
弟爾羹……二三四四
陶萬明……二三四四
莊志持……二三四四
梁東川……二三四四
劉三……二三四四
鄔明昌……二三四五
李在東……二三四五
殷潤……二三四五
胡從中……二三四五
張道生……二三四五
陳際泰……二三四五
羅賓王……二三四五

劉若鱗……………………………………二三四六
沈玄錫……………………………………二三四六
張鼎湒……………………………………二三四六
李日煒……………………………………二三四六
馬如融……………………………………二三四六
李含樸……………………………………二三四六
王龍震……………………………………二三四六
楊彝瑀……………………………………二三四七
曾宏………………………………………二三四七
李鉉………………………………………二三四七
孫轔………………………………………二三四七
孫文奎……………………………………二三四七
汪之光……………………………………二三四七
謝士昌……………………………………二三四七
王爾揚……………………………………二三四七
柯拂雲……………………………………二三四八
區覺暹……………………………………二三四八
王景亮……………………………………二三四八
徐錫禧……………………………………二三四八
黃金鐘……………………………………二三四八
伍經正……………………………………二三四八
鄭奉先……………………………………二三四九
韓旻………………………………………二三四九
鄧巖忠……………………………………二三四九
楊明禎……………………………………二三四九
許瀚………………………………………二三四九
姜志宏……………………………………二三四九
沈甲桂……………………………………二三四九
徐應班……………………………………二三四九
胥自修等…………………………………二三四九

方召……二三四九
方三總……二三五〇
魯從昌……二三五〇
劉逵……二三五〇
黄錫袞……二三五〇
吴有涯……二三五〇
李燦然……二三五〇
彭遵琦……二三五一
韓元勳……二三五一
王範……二三五二
高允兹……二三五二
譚國禎……二三五二
鄭爲虹……二三五二
父元化……二三五二
黄大鵬……二三五三
熊秉震……二三五四
張萬明等……二三五四
劉景瑗等……二三五四
楊聞中……二三五四
廖有則……二三五四
崔攀龍……二三五四
何捷等……二三五四
金章……二三五五
薛維翰……二三五五
徐日隆……二三五五
陳其禮等……二三五五
毛協恭……二三五五
劉元趙……二三五六
錢嘉徵……二三五六
子泮……二三五六

從兄潤徵……二三五七
熊華國……二三五七
彭期生……二三五七
熊夢虬……二三五八
理邕和……二三五八
子習等……二三五八
周雲……二三五九
楊大器……二三五九
林桂芳等……二三五九
姚應翀……二三五九
陶文疇……二三五九
李種佳……二三五九
王鉉……二三五九
夏雨金……二三五九
林夢官……二三五九
謝雲虬……二三六〇
楊榮……二三六〇
章自炳……二三六〇
楊青……二三六〇
柯隆吉……二三六〇
黄元會……二三六〇
黄藎卿……二三六〇
子剛中等……二三六〇
霍蒙舉……二三六〇
賴建和……二三六一
徐鵬起……二三六一
傅雲龍……二三六一
龔可楷等……二三六一
金麗澤……二三六二
張大衡……二三六二

李甲……二三六二
汪桂……二三六二
劉士璉……二三六二
周維新……二三六二
王昌時……二三六三
萬永康……二三六三
李之秀……二三六三
吴起龍……二三六三
汪指南……二三六三
朱益采……二三六三
陳明瑛……二三六三
鄒式金等……二三六四
朱應熊……二三六四
胡宗瑜……二三六四
傅振鐸……二三六四
嚴御風……二三六四
傅天祐……二三六四
蔡澄……二三六四
陳學孝……二三六五
黄潤中……二三六六
吴煌甲等……二三六六
王台彦……二三六六
弟鼎彦……二三六七
梁佳植……二三六七
錢允鯨……二三六七
陳軾……二三六七
王繼廉……二三六七
謝宗……二三六八
林龍采……二三六八
楊兆雷……二三六八

吳澧……二三六八
蕭中……二三六八
程世培……二三六八
伍承載……二三六八
李允禎……二三六八
譚文佑等……二三六九
陸懋元……二三六九
朱典……二三六九
周二南……二三六九
吳愉等……二三六九
俞一鱗……二三六九
蔡肱明……二三七〇
汪宗文……二三七〇
毋忠……二三七〇
丁永礽……二三七〇
洪啟胤……二三七一
曾瑞來……二三七一
萬嗣達……二三七一
瞿鳴歧……二三七一
陳開泰……二三七一
張廣……二三七一
羅孟斗……二三七一
周洪德……二三七一
高繼元……二三七二
陳昌明……二三七二
周漢傑……二三七二
張履石……二三七二
王開禧……二三七三
李沁等……二三七三

卷四十九　列傳第二十五

周之藩……二三七
洪日昇……二三九
王基昌……二三九
劉翼……二三九
陳天榜……二三九
陳文廉……二三九
巢拱極……二三九
蔡瑞……二三九
王國安……二三九
黄光輝……二三九
閔時……二三八〇
謝國煊……二三八〇
童維超……二三八〇
張致遠……二三八〇
鄭甲……二三八〇
鄭節……二三八〇
陳招禄……二三八〇
師福……二三八〇
江振曦等……二三八〇
陳有功……二三八一
俞懋勳……二三八一
郭超……二三八一
陳上義……二三八一
黄農……二三八一
葉爵……二三八一
丘衍箕……二三八一
丘鵬如……二三八一
劉有標……二三八一
楊以旦等……二三八一
胡上琛……二三八二

張兆鳳……三三八二
李國英……三三八二
朱家臣……三三八二
李玉美……三三八二
汪應相等……三三八三
汝應元……三三八三
盛國政……三三八四
李績……三三八四
陳顯達……三三八五
莊士隆……三三八五
韓應琦……三三八五
王昌禹……三三八五
華斌……三三八五
許德等……三三八五
洪祖烈……三三八五
楊光弼等……三三八六
吳馨興……三三八六
吳起龍……三三八六
黃漢良……三三八七
張世昌等……三三八八
沈殿一……三三八八
干元凱……三三八八
劉國璋……三三八八
蘇聚庶……三三八八
徐元秋……三三八八
蕭震虜……三三八九
錢中選……三三八九
李輔等……三三八九
徐瑛……三三八九
徐玉枝……三三八九

韓鳳翀……二三八九
范一坊……二三八九
楊瑞鳳……二三八九
莊志傳……二三九〇
許廷玉……二三九〇
吳之蘭……二三九〇
陳大全……二三九〇
謝王慶……二三九〇
沈琦……二三九〇
程本中……二三九〇
高日華……二三九〇
謝祥昌……二三九〇
黃元勳……二三九一
陳翀……二三九二
元體中……二三九二
楊武烈……二三九二
周之禎……二三九三
張恩選……二三九三
王振遠……二三九四
陳炤……二三九四
朱潮遠……二三九四
林文梓……二三九五
郭舜卿……二三九五
張乾福……二三九五
何偉……二三九五
傅道……二三九五
陳之驤……二三九六
張黃捷……二三九六
蕭啟龍……二三九六
杜肇勳……二三九六

羅光烈……二三九六
歐陽熿……二三九六
馮柏……二三九六
聞人運昌……二三九七
譚涓……二三九八
甘自琦……二三九八
劉開泰……二三九八
林鳳……二三九八
龔啟祥……二三九八
支鳴鳳……二三九八
黄克忠……二三九八
吴啟爵……二三九八
張弼友……二三九八
湯洪先……二三九九
崔德新……二三九九
李兆煜等……二三九九
鄒晉一……二三九九
宋延忠……二三九九
馮大年……二三九九
劉福……二三九九
羅榮……二三九九
蕭陞等……二四〇〇
李蕙春……二四〇〇
祝錫胤……二四〇〇
陳丹……二四〇一
謝志良……二四〇一
子上達等……二四〇一
傅復……二四〇二
丘士嶠……二四〇二
文都……二四〇二

葉之春等……二四〇二
劉天駟……二四〇二
從子尚乾等……二四〇三
李成龍……二四〇三
范一瑗……二四〇三
姜公調……二四〇三
胡宗聖……二四〇三
王家承……二四〇四
姜應蛟……二四〇四
帥萬全……二四〇四
歐陽亮……二四〇四
吴文豹等……二四〇四
賈東才……二四〇四
董大勝……二四〇四
馬觀鵬……二四〇四
江一鴻等……二四〇四
金吉卿……二四〇五
吴國珙……二四〇五
楊定邦……二四〇五
程其功……二四〇五
黄甫……二四〇五
陳烈等……二四〇五
曾世忠……二四〇五
孫經世等……二四〇五
袁自新……二四〇五
朱永盛……二四〇六
滿大壯……二四〇六
子其炅……二四〇七
其興……二四〇七
覃裕春等……二四〇七

周道新……二四〇七
蕭驤彥……二四〇七
杜朝用……二四〇八
胡維道……二四〇八
雷智通……二四〇八
雷思泰……二四〇八
郭淩雲……二四〇八
周孟積……二四〇八
左文斌……二四〇八
黃大賓……二四〇八
郭世英……二四〇八
梁安邦……二四〇八
田昌相……二四〇八
梁秉偉……二四〇八
蕭鳴霄……二四〇八
傅天賚……二四〇九
黃禎……二四〇九
劉一晉……二四〇九
汪觀……二四〇九
孔興振……二四〇九
鄧忠宇等……二四〇九
鄒國能……二四〇九
隱波……二四〇九
一念……二四〇九
孫守法……二四〇九
李啟陽……二四一四
胡向宸……二四一四
魏天明等……二四一四
劉文炳……二四一四
賀弘器……二四一四

李明義……二四一五
郭天星……二四一五
黄金餘等……二四一五
王心一……二四一五
郭雄麗……二四一五
焦之雅等……二四一五
王壯猷等……二四一五
王色俊……二四一五
姚翀霄等……二四一五
王知禮等……二四一五
曹三俊等……二四一五
胡敬德……二四一五
齊陞……二四一六
王元等……二四一六
高勳……二四一六
折自明……二四一六
黄蜚……二四一六
胡學海……二四一八
包玉……二四一八
黄光志……二四一八
從子銑……二四一八
余頌……二四一八
徐時望……二四一八
葉天生等……二四一八
徐君正……二四一八
趙從龍等……二四一九
王允綸……二四一九
顧清宴……二四一九
沈芳彦……二四一九
何大海……二四一九

薛去疾等……二四一九
葛永恩……二四一九
李甲……二四一九
任源邃……二四二〇
徐安遠等……二四二〇
吴志葵……二四二〇
子永思……二四二三
王世焯……二四二三
徐觀海……二四二三
謝漢等……二四二三
鄭國忠……二四二三
張昌後……二四二三
楊茂之……二四二三
蔡喬……二四二三
徐傅等……二四二四
傅凝之……二四二四
施聖烈等……二四二四
陳邦俊等……二四二四
侯承祖……二四二四
子世禄……二四二五
世瀶……二四二五
弟承祚等……二四二六
姚天鏟……二四二六
顧鎮國……二四二六
蕭懋功等……二四二六
廖應世等……二四二六
張時傑等……二四二六
孫世藩等……二四二六
姜超……二四二六
陳國賢等……二四二七

朱家臣……二四二七
張乾……二四二七
周玉如等……二四二七
黄甲……二四二七
濮寅等……二四二七
莫道張……二四二八
王侯等……二四二八
金瓊階……二四二八
袁天麟……二四二八
顧容……二四二八
黄日章……二四二九
張鳳翥……二四二九
李中孚……二四二九
端茂杞……二四二九
王璣……二四二九
俞仲麟……二四二九
錢國華……二四三〇
謝球等……二四三一
彭旭……二四三一
周在公……二四三一
周重……二四三一
陳硎等……二四三一
張普……二四三一
史太乙等……二四三一
戴維昌……二四三一
史大生……二四三一
任培元……二四三一
楊青鎖……二四三一
陶昌祚……二四三一
王予誠……二四三一

史順震……二四三
常爾韜……二四三
朱君兆……二四四
郭世彦等……二四四
潘憹……二四四
何成吾等……二四四
陳增美……二四四
吴翰生等……二四四
吴任之……二四四
劉調蘇等……二四六
金漸皋……二四六
方明……二四六
陳君才……二四七
喜正……二四七
潘文焕……二四七
倪于耀……二四七
袁鍾……二四七
陳用卿等……二四七
張景瀅等……二四七
酆報國……二四七
王翹林……二四九
王哲士等……二四九
司石磐……二四九
王完五……二四九
吴彭……二四九
孫光烈等……二五〇
繆鼎吉等……二五〇
張明聖等……二五〇
張裔緯……二五〇
陳君悦……二五〇

蘇如轍……二四〇
明萬里……二四〇
熊允明……二四〇
戴之藩……二四〇
陳逢……二四〇
馮應昌……二四〇
陳天拔……二四〇
陸樹穀……二四〇
魏應泰……二四〇
徐有德……二四〇
李瀾……二四〇
黎增……二四〇
王化龍……二四〇
黃賡……二四〇
羅炌……二四一
福星等……二四一
查篤生……二四一
張玄等……二四一
洪本泰等……二四一
程宗熹等……二四二
楊時旦……二四二
陳珊……二四二
洪士忠等……二四二
鄧啟疇等……二四二
陶宗極等……二四二
黃吉等……二四二
金文光……二四三
唐三捷……二四三
黃斌卿……二四三
陳宗道……二四八

陳仲達……二四四八
賀君堯……二四四九

卷五十　列傳第二十六

瞿式耜……二四五一
子玄錫……二四六五
玄鎖等……二四六五
孫昌文等……二四六五
劉大壯……二四六六
林應昌……二四六六
黃太玄……二四六六
邵之驊……二四六六
藍亭……二四六六
顧成……二四六六
李樹琪……二四六六
倪秉秀……二四六六
徐高……二四六六
戚良勳……二四六七
汪皞……二四六七
吴景曾……二四六七
林銓……二四六七
楊藝……二四六七
姚端……二四六七
陳璧……二四六七
莊應琚等……二四六八
魏光庭……二四六八
程錦里……二四六八
謝邦任……二四六八
譚雅……二四六八
何雲……二四六八
劉人相……二四六八

趙延年等……二四六八
曾士揚……二四六八
王之梅……二四六九
方光璇……二四六九
嚴起恒……二四六九
劉堯珍……二四七三
吴霖……二四七三
張載述等……二四七三
吴晋……二四七四
杭思齊……二四七四

卷五十一　列傳第二十七

李永茂……二四七六
父大醇……二四七六
子輔等……二四七七
弟充茂……二四七八
賀自鏡……二四七八
金世任……二四七八
汪起蛟等……二四七八
李若星……二四七八
子延爵等……二四七九
吴炳……二四七九
子惟垣……二四八〇
朱天麟……二四八〇
子宿垣……二四八二
斗垣……二四八二
弟天鳳等……二四八三
王化澄……二四八三
子奎光等……二四八四
楊畏知……二四八五
趙昱……二四八八

子進忠……二四八八
吴貞毓……二四八八
子穀戩……二四九一
曹延生……二四九一
胡正國……二四九一
閻維紀……二四九一
張鐫……二四九一
徐極……二四九一
林鍾……二四九一
蔡縯……二四九一
趙賡禹……二四九一
蔣乾昌……二四九一
李元開……二四九二
周允吉……二四九二
胡士瑞等……二四九二
易士佳……二四九二
任斗墟……二四九二
朱東旦……二四九二
林青陽……二四九二
陳麟瑞……二四九二
周官……二四九二
劉議新……二四九三
蔣御曦……二四九三
古其品……二四九三
晏清……二四九三
子靄明……二四九四
施召徵……二四九四
楊在……二四九五
鄧士廉……二四九七
魏鴻謨……二四九七

王祖望……二四九七
鄧居詔……二四九七
楊生芳……二四九七
潘璜……二四九七
齊應選……二四九七
郭璘……二四九七
張崇伯……二四九七
黄瓊……二四九八
閃知遇……二四九八
楊可繼……二四九八
王啟隆……二四九八
王昇……二四九八
王自京……二四九八
龔勳……二四九八
陳謙……二四九八
吴承爵……二四九八
安朝柱……二四九八
任子信……二四九八
張拱極……二四九八
劉相……二四九八
宋宗宰……二四九八
劉廣寅……二四九八
丁調鼎……二四九八
趙明望……二四九九
李茂芳……二四九九
楊宗華……二四九九
姚文相等……二四九九
鄭文遠等……二四九九
羅大勇……二四九九
姜承德等……二四九九

向鼎忠等……二四九九
常逢時……二四九九
温如珍等……二四九九
鄭文彩……二五〇〇
高陞……二五〇〇
李太……二五〇〇
李勝等……二五〇〇
劉衡……二五〇〇
謝安祚……二五〇〇
齊環等……二五〇〇
王應偉……二五〇〇
涂弘猷……二五〇〇
徐鳳翽……二五〇一
陳正心……二五〇一
李長庚等……二五〇一
王錫衮……二五〇一
子咨翼……二五〇二
孫光豫……二五〇三
王伯昇……二五〇三
熊之龍……二五〇三
李亨……二五〇三
孫光祚……二五〇三
真藴……二五〇三
方以智……二五〇三
子中德……二五〇四
中通……二五〇五
中履等……二五〇五
弟以義……二五〇五
李渾……二五〇五
陳貞慧……二五〇五

左國材……二五〇六
弟國棅……二五〇六
梅之熉……二五〇六
張姜……二五〇六
周堪賡……二五〇六
子鋐……二五〇七
弟堪賁……二五〇七
郭都賢……二五〇七
子良冶……二五〇八
良史……二五〇八
方端士……二五〇八
丁繼善……二五〇九
歐陽霖等……二五〇九

卷五十二　列傳第二十八

陳子壯……二五一一
子上庸等……二五一五
弟子升等……二五一六
黄信等……二五一六
黄炅元……二五一七
弟旻元……二五一七
晟元……二五一七
郭非亢……二五一七
楊可觀……二五一七
楊景曄……二五一八
高爲禳……二五一八
張象賢……二五一八
梁若衡……二五一八
麥而炫等……二五一八
白瑞芝……二五一九
區懷炅等……二五一九

譚應龍……二五一九
子相國等……二五一九
梁逾等……二五一九
區銑……二五二〇
關倫紀……二五二〇
朱實蓮等……二五二〇
陳埏……二五二一
陳官棐……二五二一
梁標……二五二一
陸言……二五二一
葉以繡……二五二一
程憲玄……二五二一
曾一唯……二五二一
吴兆健……二五二一
朱名臣……二五二一
梁蓮臣……二五二二
關天鍾……二五二二
王鼎衡……二五二二
關善緯等……二五二二
楊從堯……二五二二
楊從先……二五二二
譚熙昌……二五二二
李鍾岳等……二五二三
袁煌晢……二五二三
鄭達……二五二三
黄奇策等……二五二三
姜曰廣……二五二三
子之綱等……二五二六
從子之和等……二五二六
黎元寬……二五二六

萬鵾……二五二七
劉斯⿰土來等……二五二七
兄斯埼……二五二八
斯⿰土韋等……二五二八
從弟斯堦等……二五二八
曾櫻……二五二八
子文德等……二五三一
弟植等……二五三一
陳泰……二五三一
郭之奇……二五三二
莫遠……二五三六
洪夢棟……二五三六
陸漾波等……二五三六
蔡琦……二五三六
林萃芳……二五三六
林佳相……二五三六
陳衍虞……二五三六
袁龍……二五三六
夏光天……二五三七
楊宮……二五三七
林紹鉉等……二五三七
馬光龍……二五三七
孫森……二五三七
羅全斌……二五三七
楊祥等……二五三七

卷五十三　列傳第二十九

何騰蛟……二五三九
子文瑞等……二五五〇
劉濬芳……二五五〇
梁夢卜……二五五〇

姚繼舜……二五一
陳鶴齡……二五一
扶雲鳳……二五一
李兼斌……二五一
陳士銘……二五一
蒲綸……二五一
譚景行……二五一
周蕤……二五一
周侯……二五一
謝璵等……二五一
王元兆等……二五二
王載……二五二
曾孔教……二五二
趙向宸……二五二
郭師聖……二五二
倪知化……二五二
朱先甲……二五三
蔡超等……二五三
江見龍……二五三
胡天玉……二五三
侯宏文……二五三
魏朝榮……二五三
鄧承券……二五四
華畹綸……二五四
成居正……二五四
簡文灝等……二五四
李先登……二五四
崔悅……二五四
周承翰……二五四
吴慎修……二五四

胡躍龍……二五五五
張熹宦……二五五五
曾啟先……二五五五
黄金榜……二五五五
蔣應仔……二五五六
堵胤錫……二五五六
子世明……二五六四
從子正明等……二五六四
陳可立……二五六五
唐際明……二五六五
陸士毅……二五六五
潘喆等……二五六五
邵履正……二五六五
蔣世芳……二五六五
魯釗等……二五六五
楊暉萼等……二五六五
宋魁春……二五六六
徐人玉……二五六六

卷五十四　列傳第三十

章曠……二五六八
子有功……二五七二
有謨……二五七二
張光先等……二五七二
郭九有等……二五七二
吴承宗……二五七二
蔡溶如……二五七二
江成彦等……二五七二
孫嗣濟……二五七三
童光楚……二五七三
王鳳昇……二五七三

黎本斗……二五七三
蕭爲龍……二五七三
孫象乾……二五七三
董君達……二五七三
張鳳翥……二五七三
楊錫億……二五七三
張德靖……二五七四
費之坤……二五七四
史記言等……二五七四
倪國錦……二五七四
潘問奇……二五七四
施男……二五七四
譚元傑……二五七四
楊鴻……二五七四
弟鶚……二五七四

從子山嵩……二五七六
山梓……二五七七
山櫟……二五七七
王允符……二五七七
孟良藩……二五七七
許璟……二五七七
戴吉人……二五七七
陳龍……二五七八
周鼎瀚……二五七八
弟鼎泗等……二五七八
周之鼎……二五七九
周遠……二五七九
周遠令……二五七九
唐諴……二五七九
陳所聞等……二五七九

羅其鼎等……二五八〇
維名臣……二五八〇
鄧忠宇等……二五八〇
陳五聚……二五八〇
羅楨……二五八一
王申錫……二五八一
温應寀……二五八一
父國奇……二五八一
吴廷猷等……二五八二
晏日曙……二五八二
子九經等……二五八二
黄尚賓……二五八三
弟尚寶……二五八三
徐學山……二五八三
揭重熙……二五八三
子貞傳……二五八七
世父德符等……二五八七
從兄企新……二五八七
萬毅等……二五八七
族弟羽沖等……二五八八
王宏……二五八八
徐組綬等……二五八八
施逢覲……二五八八
劉名琦……二五八八
熊和……二五八八
潘鳴鳳……二五八八
魏先達……二五八九
羅人儁……二五八九
吴灝之等……二五八九
王山若……二五九〇

桂泓……二五九〇
楊興……二五九〇
宋國龍……二五九〇
陳仕道……二五九〇
鄧貴……二五九〇
鄒鳳……二五九一
陳昌禧……二五九一
詹書田……二五九一
易紫生……二五九一
范惟中等……二五九一
傅鼎銓……二五九一

卷五十五　列傳第三十一

王應熊……二五九五
子陽禧……二五九八
高作霖……二五九八
羅應秋……二五九八
鄒簡臣……二五九八
趙司鉉……二五九九
黃達……二五九九
周鼎昌……二五九九
呂大器……二五九九
子潛……二六〇二
劉鱗長……二六〇二
弟鱗應……二六〇三
楊鼎和……二六〇三
文安之……二六〇三
子協吉等……二六〇五
劉兆鋥……二六〇五
黃路清……二六〇六
陳安國……二六〇六

黃燦……二六〇六
弟炳……二六〇六
陳正言等……二六〇六
何源等……二六〇六
子方亨……二六〇七
弟淑……二六〇七

卷五十六　列傳第三十二

湯來賀……二六一一
父紹中……二六一一
子永誠等……二六一三
弟來賁……二六一三
何三省……二六一三
黃日昌……二六一四
井濟……二六一四
李陳玉……二六一四
子道濟……二六一五
傅作霖……二六一五
子允漸……二六一六
羅時昇……二六一六
姚大復……二六一六
張士璵……二六一六
蕭琦……二六一七
祝之至……二六一七
彭岱齡……二六一八
羅應耳……二六一八
沈文蔚……二六一八
劉芳久……二六一八
高廷焕……二六一八
陳輔世……二六一八
黃其英……二六一八

潘駿觀……二六一八
李益蕃……二六一八
任之望……二六一八
戴朝纓……二六一九
蕭元起……二六一九
韋調鼎……二六一九
蔣維芳……二六一九
劉相……二六一九
田隆先……二六一九
王胤旦……二六一九
張時規等……二六一九
戴宸眷……二六一九
洪運昌……二六一九
李爵佐……二六一九
盧鍛……二六二〇
葉澍……二六二〇
劉子羽……二六二〇
陳祥士……二六二〇
馮維策……二六二〇
龐如弼……二六二〇
吕純如……二六二〇
朱之梓……二六二〇
李本煒……二六二〇
程之繇……二六二〇
李明嶽……二六二〇
李錦……二六二〇
黄桂林……二六二〇
李象升……二六二〇
尹建泰……二六二一
鮑一鯤……二六二一

余猶龍……二六二二
李繼晟……二六二二
潘貞士……二六二二
李枝芳……二六二二
蕭日昭……二六二二
蕭世澤……二六二二
劉禹甸等……二六二二
陶浤等……二六二二
趙大盛等……二六二二
雷啟東……二六二三
安瀾……二六二三
萬年維……二六二三
王國卿……二六二三
劉士琳……二六二三
鄧天申……二六二三
莫吾鼎……二六二三
敖鳴雷……二六二三
楊淑元……二六二三
姚子容……二六二三
謝之棟……二六二三
李應庚……二六二三
林英……二六二三
陶偉士……二六二三
周光夏……二六二三
童琳……二六二三
潘世奇……二六二四
余文熠……二六二四
劉遠生……二六二四
俞文華等……二六二六
管嗣裘等……二六二六

　朱昌時……………………二六二六
　性翰……………………二六二七
　吴汝潤等……………………二六二七
黄奇遇……………………二六二七
黄公輔……………………二六二八
　孫確碩……………………二六二九
魯可藻……………………二六二九
　父一連……………………二六二九
　楊有光……………………二六三二
　余心度等……………………二六三二
　杜如蘭……………………二六三二
　張之陛……………………二六三三
　金光昊……………………二六三三
　王貴德……………………二六三三
　顏鼎受……………………二六三三
吴獻……………………二六三三
　子廷相等……………………二六三三
　何士焜等……………………二六三四
尹三聘……………………二六三四
　吴弘業……………………二六三四
　周鉞……………………二六三五
　段騰藻……………………二六三五
　歐國儁……………………二六三五
　張其彩……………………二六三五
　盧際泰……………………二六三五
　顧祖奎等……………………二六三五
　王國治……………………二六三五
　譚康侯……………………二六三五
　余昌祚……………………二六三六
　倪秉元……………………二六三六

鍾鎮……二六三六
陳迪純……二六三六
王道交……二六三六
洪名臣……二六三六
茆世德……二六三六
劉之徵……二六三六
姚士裘……二六三六
陸大咸……二六三六
楊鏓……二六三六
王秉志……二六三六
劉懋和……二六三六
陳祐……二六三六
孫明孝……二六三七
陸一煒……二六三七
梁奇顯……二六三七
吴鼎占……二六三七
馬鳴霆……二六三七
何執中……二六三七
羅金鼎……二六三七
喻思慥……二六三七
錢邦芑……二六三八
子志輔……二六四〇
弟邦韶……二六四一
邦寅等……二六四一
曹椿等……二六四一
鄒秉浩……二六四一
戴若等……二六四一
胡欽華等……二六四一
甘明鶴……二六四一
杜鼎黄等……二六四二

金維新……二六四二
龔銘……二六四三
宋光祖……二六四三
馬注……二六四三
郭貞一……二六四三
弟守一……二六四七
李士淳……二六四七
子樟等……二六四七
張景……二六四七
梁士濟……二六四八
子觀……二六四八
侯偉時……二六四九
孟兆泰等……二六四九
趙廷璧等……二六四九
劉佐……二六四九
丘懋樸等……二六五〇
王世定等……二六五〇
唐紹堯……二六五〇
子誼訪……二六五二
弟思堯等……二六五二
張尚……二六五二
陳圭……二六五三
巫三祝……二六五三
陳是集……二六五三
江國選……二六五三
鄧承藩……二六五三
趙炳龍……二六五三
趙之琰……二六五三
胡我琨等……二六五三
沈巨儒……二六五四

劉賜桂……二六四
陳璠……二六四
謝天命……二六四
梁祐新……二六四
梁之垣……二六四
李庚齊……二六四
胡學戴……二六四
張聚垣……二六四
蘇九容……二六五
鄧承簡……二六五
何至聖……二六五
喻思恪……二六五
朱光允……二六五
李介……二六五
梁暾……二六五
孫光前……二六五五
婁惺伯……二六五五
馬永思……二六五五
關家炳……二六五五
霍藻……二六五五
郭際昌……二六五六
張文煥……二六五六
趙嗣鼎……二六五六
戴明聖……二六五六
楊樹第……二六五六
伍登龍……二六五六
王夢台……二六五六
林沖霄……二六五六
宋時傑……二六五六
黄河圖……二六五六

謝啟翰……二六五六
鄭君錫……二六五六
馮挺衡……二六五六
蔣明良……二六五七
李麟祥……二六五七
林成義……二六五七
王渚……二六五七
張惟謙……二六五七
汪錫朋……二六五七
許一麟……二六五七
熊軾……二六五七
陳世芳……二六五七
鄭樵……二六五七
陳鳴鳳……二六五七
王芝瑞……二六五七
子馮……二六五八
龍大維等……二六五八
趙獻素……二六五八
李芳曾……二六五九
徐世儀……二六五九
顧經祖……二六五九
吴中蕃……二六五九
李際明……二六五九
李可楝……二六五九
梁羽翰……二六五九
曾高捷……二六六〇
尹文煒……二六六〇
吴道昌……二六六〇
鄧騰雲……二六六〇
沈縉……二六六〇

尹三錫……二六六〇
陳鵬……二六六〇
倪參化……二六六〇
封昌祚……二六六〇
李宏……二六六〇
區熙……二六六〇
楊自任……二六六一
楊炳禮……二六六一
夏道誠……二六六一
彭朝信……二六六一
丘士端……二六六一
孫萬芳……二六六一
吳昺……二六六一
許鴻……二六六一
王正國……二六六一
印司奇……二六六一
姚湘……二六六二
辜朝薦……二六六二
弟朝采……二六六三
陳君諤……二六六三
江振鵬……二六六三
丁朝棟……二六六三
高賚明……二六六四
李懋修……二六六四
陶文彥……二六六四
蔣獻楨……二六六五
馮毓舜……二六六五
劉晋康……二六六五
熊汝學……二六六五
王維祺……二六六五

曹柱……二六六五
蕭棨……二六六五
謝振宗……二六六五
廖廷詔……二六六五
張世經……二六六五
陳純來……二六六五
祈聖年……二六六五
劉孝思……二六六六
何邇道……二六六六
吴仕賢……二六六六
李世榮……二六六六
黄德振……二六六六
李日顯……二六六六
陳朝舉……二六六六
婁僎……二六六六
潘琪……二六六六
馮斐……二六六八
張魯傳等……二六六九
張應斗……二六六九
嚴復初……二六六九
何廷相……二六六九
梁國棟……二六六九
鄧一鼒……二六六九
徐龍禎……二六六九
毛會建……二六六九
何子朗……二六七〇
王明汲……二六七〇
陳鴻勳……二六七〇
陳詩等……二六七〇
李寅……二六七〇

何湛然……二六七〇
趙嶷……二六七〇
梁稷……二六七〇
黎之麟……二六七〇
陳梅……二六七〇
余鵾翔……二六七〇
弟麟翔……二六七一
張嵋……二六七一
萬日吉……二六七一
余宏化……二六七二
賀王盛……二六七二
子汝第等……二六七三
黄其晟……二六七三
蔡世承……二六七三
胡璇……二六七三
戈允禮……二六七四
張朝……二六七四
楊定國……二六七四
劉芳……二六七四
施德裕……二六七四
艾廷獻……二六七四
楊開泰……二六七四
楊先聲……二六七五
李宗望……二六七五
向于宸……二六七五
王士俊……二六七五
子之昭……二六七五
莊以裕……二六七五
高明……二六七五
李謙亨……二六七五

卷五十七　列傳第三十三

雷躍龍……二六七七
馬兆羲……二六七八
丁序琨……二六七八
張重任……二六七八
姜之璉……二六七九
閃仲侗……二六七九
吴麟徵……二六七九
趙應鼎……二六七九
王承鼎……二六七九
曹燁……二六七九
從子度……二六八〇
唐元楫……二六八〇
耿獻忠……二六八〇
毛毓祥……二六八〇
張調鼎……二六八一
趙秉樞……二六八一
洪天擢……二六八一
潘曾瑋……二六八二
李綺……二六八二
范礦……二六八二
子玿等……二六八三
伍右文……二六八三
張京……二六八四
胡平表……二六八五
程正典……二六八五
塗原……二六八五
張嗣續等……二六八六
張宿……二六八六
萬年策……二六八六

子鍾錫……二六八七
程源……二六八七
兄洵……二六八九
之英……二六八九
龔懋熙……二六八九
李世揚……二六八九
龔彝……二六九〇
弟鼎……二六九〇
楊可任……二六九一
王應龍……二六九一
陸憲度……二六九一
劉個臣……二六九一
葉明福……二六九一
李合鱗等……二六九一
鄭逢玄……二六九二
黄昂……二六九三
高士美……二六九三
丁若郭……二六九三
冷孟銋……二六九三
許光達等……二六九四
馮際寅……二六九四
龍納箴……二六九四
賀覲明……二六九四
司顯枝……二六九五

卷五十八　列傳第三十四

羅大任……二六九八
子拱垣……二六九九
王華玉……二六九九
張鳳翼……二六九九
闞士琦等……二六九九

劉明遇……二七〇〇
陳謨……二七〇〇
滕之倫……二七〇〇
趙彤對……二七〇〇
陳鴻……二七〇〇
吴熙……二七〇〇
駱鳴雷……二七〇〇
鄒統魯等……二七〇〇
黄遂等……二七〇〇
鄒國棟……二七〇〇
黄元祥……二七〇〇
尹體震……二七〇一
殷弼……二七〇一
曹襄……二七〇一
賀與裕……二七〇一
勞伭……二七〇一
李延昰……二七〇一
駱養志……二七〇一
鄒名標……二七〇一
朱志韓……二七〇一
蔣輔聖……二七〇一
王咸臨……二七〇一
姚子英……二七〇一
彭篤壽……二七〇一
洪恩榮……二七〇一
支奕昌……二七〇一
歐陽遂……二七〇一
劉自焜……二七〇一
高應雷……二七〇一
冉學匯等……二七〇一

劉坊……二七〇三
容士愨……二七〇三
汪郊……二七〇三
陸振奇……二七〇四
温溥知……二七〇四
彭焱……二七〇四
俞情……二七〇四
趙雪濤……二七〇四
戴謨……二七〇四
鄧魁春……二七〇四
陳文偉……二七〇四
張以恒……二七〇四
潘昌……二七〇四
劉朗……二七〇四
葉文燝……二七〇四
黄河清等……二七〇五
畢熙甯……二七〇五
潘九閑……二七〇五
公孫飛龍……二七〇五
古典……二七〇五
王有詔……二七〇五
李學期……二七〇五
劉一經……二七〇五
周東華……二七〇五
蕭道明……二七〇五
周璧……二七〇五
月幢……二七〇五
玄珠……二七〇六
陳世傑……二七〇六
蔡之俊……二七〇六

夏廷楫等……二七〇六
談兆隆等……二七〇六
敖惟皥……二七〇七
喻椿年……二七〇七
陰旭……二七〇七
莫若麟……二七〇七
屈鷚……二七〇七
黄守誼……二七〇七
鄭封……二七〇七
田芳……二七〇八
李和鼎……二七〇八
李日芳……二七〇八
鄧務忠……二七〇八
米助國……二七〇八
子肇頤等……二七〇八
劉邦彦……二七〇九
潘紱……二七〇九
毛鳳池……二七〇九
郭運暄……二七〇九
楊元……二七〇九
潘應斗……二七〇九
弟應星等……二七一〇
王啟祚等……二七一〇
趙龍……二七一〇
謝良瑾等……二七一〇
何藻……二七一〇
盧兆龍……二七一〇
曾文煒……二七一一
文燠……二七一一
劉瑄……二七一一

龔善選……二七二
許兆進……二七二
吴之俊……二七二
蔣之藩……二七二
陳正心……二七二
諸葛倬……二七二
許吉璟……二七三
黄維璟……二七三
嚴培恩……二七三
陸世廉……二七三
余士琮……二七三
沈兆祖……二七三
于元煦……二七三
高操……二七三
夏楚瓊……二七四
熊一鳴……二七四
湯開泰……二七四
韋崇節……二七四
林兆貴……二七四
黄廷俞……二七四
黄卿雲……二七四
安如極……二七四
吴晋錫……二七四
龍大綬……二七四
吴敏師……二七四
子兆崙……二七五
張元琳……二七五
樊師孔……二七五
傅應期……二七五
官撫極等……二七五

劉靖……二七一六
高耀……二七一六
賀丕業……二七一六
王上庸……二七一六
吴繼嗣……二七一七
李當瑞……二七一七
陳學益……二七一七
李齊魁……二七一七
田龍等……二七一七
蒲輅……二七一八
嚴瑋……二七一八
兄祇敬……二七一八
沈光文……二七一九
陳瑞龍……二七一九
萬年英……二七一九

陳駿音……二七二〇
劉玉龍等……二七二〇
鄒鎏……二七二〇
陳翀……二七二二
趙京……二七二二
陳孝威等……二七二二
楊永泰……二七二二
楊通寰……二七二二
傅胤孫……二七二三
王徽前……二七二三
朱昌任……二七二三
鄭同玄……二七二三
楊林芳……二七二三
陸樞等……二七二三
王朝柱……二七二三

謝昌……二七二三
陳子達……二七二三
原抱奇……二七二三
王如輔……二七二三
吳國相……二七二三
夏爚如……二七二三
翟登雲……二七二三
李果奇……二七二三
周裕珽……二七二三
林瑶……二七二三
富焕生……二七二三
陳良能……二七二四
曹恢等……二七二四
劉懋和……二七二四
陶淑……二七二四
梁雲昇……二七二四
丁元相……二七二四
楊禹甸……二七二四
鄭之珖等……二七二五
謝秉鉉……二七二五
吳鉏……二七二六
屈士熼……二七二七
弟士煌……二七二九
鍾丁先……二七二九
淩民鑰……二七二九
楊廷樞……二七二九
陳譔等……二七三一
沈壽民……二七三一
劉城……二七三四
康范生……二七三四

張自烈……二七三四
弟自熙……二七三五

卷五十九　列傳第三十五

何運亮……二七三八
謝玄珧……二七三八
羅起鳳……二七三八
熊兆璧……二七三八
林有聲……二七三九
周夢尹……二七三九
吳其靁……二七四〇
湯執中……二七四〇
張密……二七四〇
趙繼鼎……二七四一
董雲驤……二七四一
區聯芳……二七四一
黃鶴僊……二七四一
陳履忠……二七四二
杜弘基……二七四二
曾光祖……二七四二
朱毅……二七四二
儲應爵……二七四二
饒必籙……二七四二
羅鴻……二七四二
毌儀……二七四二
饒元璜……二七四二
王世顯……二七四二
計安邦……二七四二
汪光寶……二七四三
徐纘先……二七四三
吳驥……二七四三

許大華……二七四三
王開元等……二七四三
梅念隱……二七四三
申翀等……二七四三
莫廷選……二七四三
吴昇……二七四三
譚志道……二七四四
周師稷……二七四四
薛繼茂……二七四四
林仕興……二七四四
趙仕安……二七四四
蔣守藩……二七四四
萬思恭……二七四四
李繼宗……二七四四
林日宣……二七四四
倪于義……二七四四
羅凱……二七四四
李重武……二七四四
何金枝……二七四四
賀康年……二七四五
李秀春……二七四五
柳鍾奇……二七四五
韋人豪……二七四五
張俌……二七四五
弟仲等……二七四五
李日煒……二七四六
孫昌祖……二七四六
洪士彭……二七四六
文立模……二七四六
梁如邁……二七四六

黃玄經……二七四七
陳洪陛……二七四七
黃毅中……二七四七
鍾志僧……二七四七
王鳴珂……二七四七
周命新……二七四七
潘原穀……二七四七
何準道等……二七四七
周命世……二七四七
黃葵日……二七四七
雷德復……二七四八
王業隆……二七四八
林士科……二七四八
蔣錫周……二七四八
章闇然……二七四八
葉自明……二七四八
李兼……二七四八
方祚亨……二七四八
李貞……二七四八
何如栻……二七四九
謝元汴……二七四九
從父宗鎧……二七五二
陳儲……二七五二
朱士鯤……二七五二
子瀓等……二七五二
劉湘客……二七五二
萬六吉……二七五三
丁時魁……二七五四
蒙正發……二七五四
金堡……二七五五

兄灐……二七六三
王命來……二七六三
陳光胤……二七六三
彭佺……二七六三
趙鳴陽……二七六三
張本符……二七六三
孫高甫……二七六三
陳起相……二七六四
吴鼎……二七六四
高勣……二七六四
鄔昌琦……二七六五
裴廷謨……二七六五
金簡……二七六五
李如月……二七六五
任國璽……二七六六

卷六十　列傳第三十六

張家玉……二七七〇
弟家珍……二七七九
從弟雷禎等……二七七九
張正色……二七八〇
尹鉽等……二七八〇
湯廷璉……二七八〇
陳鼎臣……二七八〇
陳萬幾……二七八〇
莫子元……二七八〇
何不凡……二七八〇
韓如琰等……二七八〇
李萬榮……二七八一
楊如遠……二七八一
張玿等……二七八一

張恂……二七八一
子景萬……二七八一
安弘猷等……二七八二
張元瑩……二七八二
楊邦達……二七八二
陳文……二七八二
陳文豹……二七八二
趙省一等……二七八二
王者肱……二七八二
梁邦楨……二七八二
曾盧桐等……二七八二
陳伯耀等……二七八三
鄧棟材等……二七八三
羅同天……二七八三
廖習梧……二七八三
譚高擢……二七八三
譚高謀……二七八三
黎昭……二七八三
傅盛……二七八三
陳奇棟……二七八三
林洊等……二七八三
陳邦彥……二七八四
余龍……二七八七
馬應芳……二七八七
李星一……二七八七
杜璜……二七八七
白嘗輝等……二七八七
霍師連……二七八七
朱學熙……二七八八
關鍾喜……二七八八

孔貞度等……二七八八
禓勉等……二七八八
朱應遴等……二七八八
性顯等……二七八八
羅大賓……二七八九
何熙之……二七八九
霍達芳……二七八九
林佳鼎……二七八九
龍倫……二七九一
夏四敷……二七九一
管一燦……二七九一
朱治澗……二七九一
柴汝禎……二七九二
劉禄……二七九二
毛登泰……二七九二
吴璟……二七九二
鄧研聰……二七九二
張瞻韓……二七九二
朱四輔……二七九二
陳象明……二七九二
父葆一……二七九二
子應先……二七九四
賴其肖……二七九四
弟其賢……二七九六
族應殿……二七九六
君選……二七九六
林學賢等……二七九七
陳耀等……二七九八
陳昕……二七九八
譚畧……二七九八

吳興等……二七九九
李宗韜……二七九九
史伯韜……二七九九
程峋……二七九九
子仲庸……二八〇〇
弟士鯤……二八〇一
士鵬……二八〇一
彭歌祥……二八〇一
潘雲衢等……二八〇一
于鉉……二八〇一
文明遠……二八〇一
弟明達……二八〇一
連城璧……二八〇二
子以謙等……二八〇四
胡世儀等……二八〇四
饒藻……二八〇四
張同敞……二八〇四
于元燁……二八〇七
劉秉中……二八〇八
陳謹……二八〇八
馬天驤……二八〇九
陳拱樞……二八〇九
李膺品……二八〇九
陳經猷……二八〇九

卷六十一　列傳第三十七

譚貞良……二八一四
賴燧……二八二〇
陳君陞……二八二〇
曾慶等……二八二二
楊學臯……二八二二

林忠等……二八二
林良等……二八二
杜聲聞……二八二
曾省……二八二
許祚昌……二八二
沈起津……二八三
楊爲瓛……二八三
林弘祖……二八三
林日勝等……二八三
陳奇……二八三
趙子章……二八三
鄭祖朝……二八三
陳德培等……二八三
陳一靖……二八三
侯君瑞……二八三
郭爾隆……二八三
吴覬等……二八三
許子敬……二八三
周龍……二八三
鄭士超……二八三
田彦生……二八三
田福全……二八三
王忠孝……二八三
張正聲……二八四
蔡國光……二八四
劉子葵……二八五
王賓臣……二八五
陸昆亨……二八五
黄事忠……二八五
沈佺期……二八五

林橋升……二八二六
張灝等……二八二六
楊期演等……二八二六
葉啟蕤等……二八二六
葉迎等……二八二六
陳士京……二八二六
兄士繡等……二八二七
徐孚遠……二八二八
子世威等……二八三〇
弟鳳彩等……二八三〇
潘默……二八三〇
莊鵬程……二八三二
任穎眉……二八三二
曹從龍……二八三二
蔡昌登……二八三二
弟昌期……二八三二
張明瑋……二八三二
袁嘉彪……二八三二
任文正……二八三二
任光復……二八三二
任光裕……二八三二
王浚……二八三二
林泌……二八三二
胡叔中……二八三三
王景凡……二八三三
馬星……二八三三
黃雲官……二八三三
李二則……二八三三
楊玉環……二八三三
張日永……二八三三

沈時嘉……二八三三
朱岱瞻……二八三三
王儀鳳……二八三三
金浚……二八三三
徐含素……二八三三
張師乾等……二八三三
張宣威……二八三三
黄退山……二八三三
吴貞甫……二八三四
蔣季直……二八三四
邢欽之……二八三四
許修賢……二八三四
李日永……二八三四
葉眉長……二八三四
傅虔……二八三四
馬杏公等……二八三四
蔡幼雯……二八三四
林自芳……二八三四
劉穀如……二八三四
徐孝若……二八三四
劉士禎……二八三四
子肇泰……二八三六
肇臨……二八三六
肇升……二八三六
肇履……二八三六
肇謙……二八三六
肇頤……二八三六
朱大夏等……二八三六
余應桂……二八三六
子顯臨……二八三九

毛玨……二八三九
吳次盛……二八三九
任濟世……二八三九
帥師等……二八三九
王瑶等……二八三九
吳江……二八三九
黎士彦……二八四〇
金志達……二八四〇
童貴卿……二八四〇
鄧繼球……二八四〇
孔徹元等……二八四〇
蔡觀光等……二八四〇
彭順慶……二八四一
彭大慶等……二八四一
郭達伯等……二八四二

廖英……二八四二
李文止等……二八四二
涂伯昌……二八四二
子先春……二八四三
金簡臣……二八四三
黃道臨等……二八四三
曾拱辰……二八四三
周損……二八四四
宜黃榜人……二八四八
李有實……二八四八
張福寰……二八四八
吳日龍……二八四八
趙正等……二八四八
吳讓卿……二八四九
程孟穎……二八四九

傅夢弼……二八四九
范大等……二八四九
張嶺……二八四九
李時嘉……二八四九
陳麟……二八四九
胡經文……二八四九
余尚鑑……二八四九
陳元方……二八四九
余公亮……二八五〇
傅謙之……二八五〇
桂蟾……二八五〇
義堂……二八五〇
胡玉良……二八五〇
陳於密……二八五〇
陳伯紹……二八五〇
修斗輝……二八五〇
葛修懋……二八五〇
孔文燦等……二八五〇
白玉麟……二八五〇
石應璉……二八五〇
李時新……二八五〇
王熼……二八五一
白乃忠……二八五二
王晉功……二八五二
曹祖參……二八五二
周承謨……二八五二
蕭相國……二八五二
曹胤昌……二八五二
王晴……二八五三
沈會霖……二八五三

侯應龍等……二八五三
李新等……二八五三
厲豫……二八五四
徐胤文……二八五五
郭允觀等……二八五五
馮弘圖等……二八五五
李斅沅等……二八五五
葉士章……二八五五
方孔炤……二八五五
客齊程……二八五七
金光辰……二八五七
左光先……二八五八
李夢麒……二八五九
賈鴻陽……二八五九
滿之章……二八六〇
弟之磐等……二八六二
楊卓然……二八六二
王基培……二八六三
葉士彥……二八六三
謝存仁……二八六四
徐應運……二八六四
王道直……二八六四
張其倫等……二八六六
朱智明……二八六六
何士達……二八六七
王尚偉……二八六七
魯所瞻……二八六七
劉本桂……二八六七
劉馨……二八六七
范東陽等……二八六七

夏時亨……二八六七
子焯等……二八七一
劉祺……二八七一
劉淯……二八七一
屠奏疏……二八七一
丁之鴻……二八七一
王應斗等……二八七一
劉季鑛……二八七二
彭九願……二八七二
段鄢……二八七二
盧之燁……二八七二
段士選……二八七二
甘永……二八七三
劉奇遇……二八七三
周珝……二八七三
周師文……二八七三
何一泗……二八七三
蕭弘緒……二八七三
黄復震……二八七三
何山……二八七三
劉覽……二八七三
鄢見……二八七三
陳有功……二八七四
陳洪……二八七四
謝焻……二八七四
龍尚可……二八七四
謝嗣修……二八七四
朱嗣敏……二八七四
魏麟鳳等……二八七五
金子襄等……二八七五

習鼎聖等……二八七五
曹汝聞……二八七六
賴龍……二八七六
鄭古愛……二八七六
余鵾起……二八七六
李虞夔……二八七六
萬綀……二八七七
王維垣……二八七七
劉遷等……二八七七
李可梗……二八七八
覃一涵等……二八七八
李企晟……二八七九
李喬崑……二八七九

卷六十二 列傳第三十八

趙臺……二八八五
徐彪……二八八六
歐繼修……二八八六
陳昌祚……二八八六
俸秉澹……二八八六
胡允中……二八八六
劉鼒……二八八六
徐朝陽……二八八七
龍文明……二八八七
王菁……二八八七
陳博……二八八七
王垣京……二八八七
王芋……二八八七
巫如華……二八八八
黎憲……二八八八
魏廷賢……二八八八

鍾行旦等……二八八八
高選……二八八八
吴道魁等……二八八八
彭年……二八八八
朱朝祚……二八八八
余鳴鳳……二八八八
鄭其昌……二八八八
方應運……二八八八
李棟芳……二八八八
謝麟趾等……二八八九
陳士玉……二八八九
傅作梅……二八八九
李慎良……二八八九
王際新……二八八九
馬之馴等……二八八九
晏應舉……二八八九
馬鳴鑾……二八八九
易正體……二八八九
龍補袞……二八八九
李栻……二八八九
莫豪……二八八九
張以焕……二八九〇
羅忠獻等……二八九〇
熊起渭……二八九〇
劉永輪……二八九〇
舒繼周等……二八九〇
蔣有彝……二八九〇
温厚光……二八九〇
丘華珽……二八九〇
鄧有祚……二八九〇

羅應昌……二八九〇
梁夢斗……二八九〇
莊梯雲……二八九〇
孫承榮……二八九〇
梁柱……二八九一
許登庸……二八九一
陳士良……二八九一
薛大豐……二八九一
鄧祖皐……二八九一
莫新……二八九一
倪承統……二八九一
鄭禹銘……二八九一
陳明陛……二八九一
周璜……二八九一
陳國計……二八九一
陳正儀等……二八九一
文成章……二八九一
陳維禮……二八九一
王鐸……二八九二
謝宸命……二八九二
巫子鳳……二八九二
何天衢……二八九二
藍繼善……二八九二
王之臣……二八九二
裴文燦等……二八九二
雷啟東……二八九二
梁大樹……二八九二
葛應禎……二八九二
吴亮明……二八九二
潘可受……二八九二

涂必先……二八九二
易繩宗……二八九二
程克武……二八九三
周命新……二八九三
王庭耀……二八九三
王灝……二八九三
束玉……二八九三
盧廷詡……二八九三
林芹……二八九三
岑嶠……二八九三
顔弘度……二八九三
朱洞觀……二八九三
汪德元……二八九三
萬言興……二八九三
許之兆……二八九三
徐榮祖……二八九三
曾鳳采……二八九四
徐調元……二八九四
段宮錦……二八九四
孫之錦……二八九四
趙昌化等……二八九四
陳汝器……二八九四
姚弘中……二八九四
井幹等……二八九四
龔麟標、……二八九四
許登遴……二八九四
黄納言……二八九四
吴雋凱……二八九四
馬之驥……二八九四
張問士……二八九五

董克正……二八九五
趙美斯……二八九五
劉士通……二八九五
李恂孫等……二八九五
甯偉……二八九五
鄧之楨等……二八九五
葛元正……二八九五
吴翼……二八九五
鄧紹禹……二八九五
黎之顯……二八九五
顔佐……二八九五
宋延極……二八九五
丘民牧……二八九六
邵堯治……二八九六
翁正坤……二八九六
陸守惠……二八九六
李之華……二八九六
宋鳳來……二八九六
吴士顔……二八九六
劉九思……二八九六
陳廷孚……二八九六
林芝……二八九六
董廷輔……二八九六
鄧鼎新……二八九六
葉秉重……二八九六
吴士訓……二八九六
黄可賢……二八九七
鍾世英……二八九七
甄尚志……二八九七
周卜世……二八九七

俞忠衮……二八九七
劉用啟……二八九七
楊兆文等……二八九七
胡學海……二八九七
湯宗萬……二八九七
周禎祥……二八九七
熊兆姬……二八九七
劉三覲等……二八九七
葉昌辰……二八九七
蔣廷仁……二八九八
淩東泰……二八九八
祝應龍……二八九八
余應縉……二八九八
張崇儒……二八九八
余大生……二八九八
盧攀丹……二八九八
周希孟……二八九八
羅兆陞……二八九八
梁志勤……二八九八
黄世忠等……二八九八
郭玠……二八九八
顧名嵒……二八九八
張慎行……二八九八
宋鳳來等……二八九九
路之陛……二八九九
江必振……二八九九
陳位……二八九九
談經等……二八九九
譚廷啟……二八九九
尹懋中……二八九九

喻逢年……二八九九
陳大對……二八九九
梁天成……二八九九
楊延嗣……二八九九
林夢禎……二八九九
田之璋……二八九九
馮時顯……二九〇〇
張愫……二九〇〇
黎民忻……二九〇〇
彭岳齡……二九〇〇
劉先甲……二九〇〇
羅公璇……二九〇〇
何德統……二九〇〇
陳大縉……二九〇〇
王吉士……二九〇〇
湯維岳……二九〇〇
解學臯……二九〇〇
薛明聲……二九〇〇
趙廷獻……二九〇〇
高仲賓……二九〇〇
李廷楷……二九〇一
謝錫……二九〇一
俞昌言……二九〇一
吴思友……二九〇一
黄衷孚……二九〇一
阮詔庸……二九〇一
吴瑄……二九〇一
孫林等……二九〇一
黎天相……二九〇一
盧夏起……二九〇一

區世英……二九〇一
文成象……二九〇一
羅文解……二九〇一
劉芳……二九〇二
王文林……二九〇二
曾陳詩等……二九〇二
謝錩……二九〇二
王吉卿……二九〇二
陳麟定……二九〇二
朱國玘……二九〇二
許登進……二九〇二
李昌裘……二九〇二
沈應節……二九〇二
賀懋敬……二九〇二
岑漢翔……二九〇二
黄宗濂……二九〇二
李友梅……二九〇三
曹衢等……二九〇三
何思華……二九〇三
柯日新……二九〇三
劉祖謙……二九〇三
楊師武……二九〇三
顔爲邦……二九〇三
應守聖……二九〇三
陸銑……二九〇三
梁昌……二九〇三
徐美……二九〇三
劉體仁……二九〇三
賀懋讓等……二九〇三
蘇良臣……二九〇三

張繼曾……二九〇四
俞情……二九〇四
余元……二九〇四
周承烈……二九〇四
劉士宏……二九〇四
袁啟翼……二九〇四
豐世一……二九〇四
陶涣……二九〇四
李楚章……二九〇四
劉之誼……二九〇四
楊濬英……二九〇四
羅補衮……二九〇四
龍之虯……二九〇四
胡邦靖……二九〇五
范炳元……二九〇五
陶鍾恒……二九〇五
唐萬鵬等……二九〇六
楊鍾……二九〇六
周官……二九〇六
楊鑑……二九〇六
李用楫……二九〇六
弟來……二九〇八
族祖頎……二九〇八
陳震祥……二九〇八
翁吉熼……二九〇八
張同居……二九〇八
黎國衡……二九〇八
祁光復……二九〇八
冼友桃……二九〇八
鄺裔……二九〇八

黃文英……二九〇八
何執中……二九〇九
陸蟾客……二九〇九
梁湛然……二九〇九
歐兆槐……二九〇九
陳嘉惠……二九〇九
洗憲譽……二九〇九
盧有觀……二九〇九
黃有年……二九〇九
張裔達……二九〇九
張賡颺……二九〇九
梁廷球……二九〇九
黃甲……二九〇九
歐子虬……二九〇九
蘇家偉……二九〇九
麥成……二九〇九
李子樸……二九〇九
張侃……二九〇九
梁仞廉……二九〇九
李夢嵩……二九〇九
余錦等……二九〇九
程必焕……二九〇九
何偉如……二九〇九
盧翬……二九〇九
潘柱臣……二九〇九
麥橒……二九〇九
黃開熙……二九〇九
朱浚基……二九〇九
陳養健……二九〇九
劉琛……二九〇九

盧啟昆……二九〇九
岑漢翀……二九〇九
潘鳳飛……二九〇九
洪穆霽……二九〇九
袁學海……二九〇九
鄧震……二九〇九
萬之泰……二九〇九
丁邦楨……二九〇九
楊元甲……二九〇九
張夢達……二九〇九
魏璜……二九〇九
麥爰魁……二九〇九
李象豐……二九〇九
伍如璧……二九〇九
陳翼運……二九一〇
高有馮……二九一〇
湯應捷……二九一〇
葉陽弼……二九一〇
許泓……二九一〇
樊應元……二九一〇
蔣汾……二九一〇
葉高生……二九一〇
梁獻赤……二九一〇
聶振奇……二九一〇
胡士哲……二九一〇
勞之琦……二九一〇
陳士奇……二九一〇
陸烜……二九一〇
陸鍾靈……二九一〇
李嶙……二九一〇

林望春……二九一〇
張應樞……二九一〇
庾樓……二九一〇
翟祖佑……二九一〇
林耀先……二九一〇
吕應恭……二九一〇
鍾元運……二九一〇
陸鍾麟……二九一〇
吕獻……二九一〇
崔振……二九一〇
謝元貺……二九一〇
區昌應……二九一〇
謝一鵬……二九一〇
鄭作霖……二九一〇
彭鈺……二九一一
鄧元瑛等……二九一一
鍾聲繹……二九一一
劉道生……二九一一
符遴元……二九一一
陳定一……二九一一
張國紳……二九一一
廖叓赤……二九一一
廖泮英……二九一一
李近霄……二九一一
黄雲……二九一一
蕭貞運……二九一一
李仁……二九一一
唐臣忠等……二九一一
吴敏穗等……二九一一
楊維弢等……二九一三

盧通等……二九二二
張孝起……二九二二
龍永明……二九二三
方國祥……二九二三
柯拂雲……二九二三
謝贊運……二九二三
李之喬……二九二三
廖曇……二九二三
喻荀龍……二九二三
吕起泰……二九二三
宋應昇……二九一四
沈耀辰……二九一四
祝守禧……二九一四
黄甲葵……二九一四
陳經文……二九一四
陳豐陛……二九一四
林待聘……二九一四
羅光廷……二九一四
李日大……二九一四
許高崑……二九一四
江議……二九一四
丘士嶠……二九一四
周士貴……二九一五
蔡栒……二九一五
陳嘉猷……二九一五
陳尚賢……二九一五
余鼎藩……二九一五
嚴爾琮……二九一五
余國經……二九一五
淩甲……二九一五

孫文奎……二九一五
楊昌……二九一五
李振奇……二九一五
張德溥……二九一五
羅儀則……二九一五
李宏名……二九一五
柳宗……二九一五
楊一龍……二九一六
劉渾成……二九一六
黃明衮……二九一六
郭衛磐……二九一六
孫繼登……二九一六
林學增……二九一六
劉起鳳……二九一六
羅明夔……二九一六
黃灝中……二九一六
萬興明……二九一六
楊美開……二九一六
王性……二九一六
陳其時……二九一六
羅鍾胤……二九一六
朱光熙……二九一七
莊鯤化……二九一七
張大勳……二九一七
謝倫……二九一七
劉秉樞……二九一七
季奕聲……二九一七
鄧承芳……二九一七
吴應旻……二九一七
沈濂……二九一七

饒霖……二九一七
方孔一……二九一七
嚴初旦……二九一七
饒瑋……二九一八
張體仁……二九一八
竇必勝……二九一八
李一白……二九一八
任太初……二九一八
陳熙廷……二九一八
郭璘琮……二九一八
張聖刑等……二九一八
何子穎……二九一八
張瑀……二九一八
孫國枬……二九一八
柳鍾奇……二九一八
范圍中……二九一八
劉應璧……二九一九
潘繼洙……二九一九
郁文初……二九一九
史延旭……二九一九
蔡潤……二九一九
宋鳳彩……二九一九
陳燧……二九一九
蔡雨潤……二九一九
張源思……二九一九
吴聖錫……二九一九
林藩……二九一九
高冠……二九一九
徐中元……二九一九
陶履祥……二九一九

林維經……二九二〇
梁國柱……二九二〇
朱稷……二九二〇
張琇……二九二〇
王臣丹……二九二〇
任士昌……二九二〇
宋光年……二九二〇
程禹仲……二九二〇
劉豸徵……二九二〇
饒章……二九二〇
鍾彦綱……二九二〇
蔡宏道……二九二〇
甄希聖……二九二〇
吴起元……二九二〇
孫徵奎……二九二〇
林泰昌……二九二一
程正範……二九二一
龔奕振……二九二一
陳有隆……二九二一
吴之儀……二九二一
黄錕……二九二一
劉世豸……二九二一
卜萬祺……二九二一
李士震……二九二一
許元庸……二九二一
趙之球……二九二一
林翰沖……二九二一
李邦英……二九二一
羅光國……二九二二
林應選等……二九二二

余士宏……二九二三
楊芬……二九二三
丁檝……二九二三
張昌運……二九二三
應守性……二九二三
鄭東璧……二九二三
馮汝吉……二九二三
楊憲卿……二九二三
趙鏡……二九二三
李舒華……二九二三
姚張斕……二九二三
東朝綱……二九二三
鄧永乾……二九二三
何卓然……二九二三
唐天則……二九二三
康穀……二九二三
潘邁……二九二三
吴開胤……二九二三
伍堣……二九二三
陳計安……二九二三
林一奇……二九二三
李士騏……二九二三
蔣守益……二九二三
黄廷才……二九二三
陳善……二九二四
蕭鳴鸞……二九二四
陳祝……二九二四
花文炓……二九二四
馬三禮……二九二四
廖維大……二九二四

謝錫元……二九二四
鮑叔裔……二九二四
汪堯德……二九二四
張廷綱……二九二四
王逢年……二九二四
秦廷獻……二九二四
林崇孚……二九二四
葉上苑……二九二四
汪國瞻……二九二四
王世琦……二九二五
鮑文宏……二九二五
范軾……二九二五
張化成……二九二五
張炅……二九二五
黄家時……二九二五
江勁……二九二五
鍾天斗……二九二五
劉應璧……二九二五
陳邦簡……二九二五
范體仁……二九二五
歐陽蘇……二九二五
侯啟御……二九二五
羅萬俊……二九二五
馮異……二九二五
胡長庚……二九二六
王聯芳……二九二六
莊應詔……二九二六
蔣恒奇……二九二六
王舟瑶……二九二六
羅拱極……二九二六

溫明登……二九二六
劉克旋……二九二六
王臣賡……二九二六
施有恒……二九二六
李可培……二九二六
黃夢麒……二九二六
楊錦線……二九二六
馬之駿……二九二六
單興印……二九二六
傅國俊……二九二七
朱家瑞……二九二七
王奠民……二九二七
黃中澹……二九二七
唐元弼……二九二七
趙申謨……二九二七

游正中……二九二七
鍾萬瑞……二九二七
竇文炤……二九二七
鄭鳴瑜……二九二七
李春華……二九二七
沈惟煌……二九二七
龔燿……二九二七
吳希點……二九二八
郭如珩……二九二八
唐有章……二九二八
王錫恩……二九二八
馬一傑……二九二八
衷仲孺……二九二八
王聘臣……二九二八
樊尚成……二九二八

謝光翰……二九二八
劉珙……二九二八
梁高登……二九二八
曾家祥……二九二八
林芝秀……二九二八
王佐……二九二八
陳位中……二九二八
顧元……二九二九
林悦仁……二九二九
孫維翰……二九二九
林彩……二九二九
江介……二九二九
段國紀……二九二九
郭焻……二九二九
王廷相……二九二九
詹彌高……二九二九
馬宗乾……二九二九
張天粹……二九二九
熊鳴渭……二九二九
鄧天任……二九二九
王協卜……二九二九
韓甲……二九三〇
賴此存等……二九三〇
莊堯勳……二九三〇
王景熙……二九三〇
蕭洪曜……二九三〇
郭作新……二九三〇
王時熙……二九三〇
黎朝臣……二九三〇
藍守栩……二九三〇

劉伯璿……二九三〇
李之華……二九三〇
吳調陽……二九三〇
李子章……二九三〇
彭應榮……二九三〇
黃上參……二九三一
楊文芑……二九三一
林轉亨……二九三一
洪士弘……二九三一
王良弼……二九三一
胡繼武……二九三一
陳啟泰……二九三一
周瑾……二九三一
陳昖……二九三一
趙仲衍……二九三一
陳龍可……二九三二
李春蓁……二九三二
吳延亮……二九三二
葵嗣芳……二九三二
戴文衛……二九三二
李先春……二九三二
周鼎新……二九三二
謝君顯……二九三二
曾廷掄……二九三二
蕭俊文……二九三二
何之梅……二九三二
薛天瑛等……二九三二
何其義……二九三二
張京胤……二九三二
孫起鳳……二九三二

歐陽守元……二九三
林登第……二九三
華復蠡……二九三
廖錫蕃……二九三
林鍾……二九三
陳端蒙……二九三
吳一元……二九三
黃甲登……二九三
伍成舉……二九三
胡士美……二九三
何同德……二九三
王廷選……二九三
朱正色……二九三
蔡啟……二九三
陳迪經……二九三
馬維紘……二九三
蒙克悌……二九四
王懷仁……二九四
趙我馮……二九四
劉道生……二九四
曹穎洙……二九四
梁宏建……二九四
何操敬……二九四
黃立修……二九四
黃鼎元……二九四
董功懋……二九四
楊論……二九四
楊六府……二九四
潘瀾……二九四
陳國訓……二九五

丁家進……二九三五
鍾麟蛟……二九三五
陳文明……二九三五
林濬……二九三五
唐修……二九三五
鄒德淇……二九三五
李文芳……二九三五
吴壽雷……二九三五
蘇兆元……二九三五
許國猷……二九三五
陳所養……二九三五
彭法古……二九三五
沈日新……二九三五
王師夔……二九三五
潘一駒……二九三六
姚翁……二九三六
林炤……二九三六
項承爵……二九三六
李士琮……二九三六
李當貴……二九三六
羅鉅璘……二九三六
吴如祈……二九三六
唐之夔……二九三六
鄭龍光……二九三六
歐陽思釗……二九三六
黄基固……二九三六
喻萃慶……二九三六
曹叙白等……二九三七
費長統……二九三七
吴逢翔……二九三七

李思萱……二九三七
黃陞……二九三七
封維翰……二九三七
葉天陛……二九三七
吕之節……二九三七
李繼祚……二九三八
吴孩存……二九三八
衛淇……二九三八
金鼎彝……二九三八
鄒允鵬……二九三八
黃兆穰……二九三八
伍兆元……二九三八
張于衡……二九三八
施應選……二九三九
吴德操……二九三九
族人國瓚……二九三九
用鈐……二九三九
顧之俊……二九三九
沈閎中……二九三九
蔣克達……二九四〇
喻琦慶……二九四〇
徐定國……二九四〇
鄧天錫……二九四〇
鄭國藩……二九四〇
劉江……二九四〇
張美中……二九四〇
饒元璘……二九四〇
劉嗣寬……二九四〇
宣廷試等……二九四〇
方象乾……二九四一

區龍禎……二九四一
蔡之駿……二九四一
李調鼎……二九四一
黃士珴……二九四一
黃臣虎……二九四一
謝芝蘭……二九四一
魏元翼……二九四一
劉振秀……二九四一
馬良遠……二九四二
高達……二九四二
顏可及……二九四二
張一成……二九四二
徐以暹……二九四二
劉熀……二九四二
謝天禄等……二九四二
許國智……二九四二
孫繼禹……二九四二
袁立俊……二九四二
華白滋……二九四三
梁崇廷……二九四三
兄在廷……二九四三
王道光……二九四四
李鍾璵……二九四四
周騰鳳……二九四四
喻虯等……二九四四
鍾廷耀……二九四四

卷六十三　第三十九

吳晉錫……二九五一
魯鑑等……二九五三
馮璋……二九五三

廖文英……二九五三
馬光……二九五四
孫尚鑑……二九五五
張允佳……二九五五
李逢春……二九五六
許啟洪……二九五六
鄭愛……二九五六
黄順祖……二九五六
朱俊臣……二九五六
盧弼……二九五六
何文熹……二九五七
陳五鼎……二九五七
李精……二九五七
田闢……二九五七
李甲……二九五七
張士亨……二九五七
倪養恬……二九五八
趙邦琦……二九五八
方元正……二九五八
王培喬……二九五八
臧煦如……二九五八
李斌……二九五八
唐綸賢……二九五八
朱正午……二九五八
劉憲模……二九五八
胡會賓……二九五八
石萬有……二九五九
張弘抱……二九五九
吴兆元……二九五九
張應星……二九六〇

瞿鳴豐……二九六一
胡甲魁……二九六二
米壽圖……二九六二
子瑛……二九六五
琦……二九六五
於守方……二九六五
鄭問玄……二九六六
劉泌……二九六六
子善復……二九六七
戴文斗……二九六七
鮮順祖……二九六七
程生雲……二九六七
曹登樞……二九六七
伍獻謨……二九六七
張楚珩……二九六七
郭承汾……二九六七
許蓋忠……二九六八
廖應亨……二九六八
何三復……二九六九
張君統……二九六九
辜延泰……二九六九
族人鳳翼……二九六九
楊垂雲……二九六九
王惠卿……二九七〇
塗可祐……二九七〇
孫光祚……二九七〇
楊時隆……二九七〇
趙日亨……二九七〇
胡賓夏……二九七〇
何宗聯……二九七〇

蔣士忠……二九七〇
夏暹……二九七〇
傅良選……二九七〇
王家鼎……二九七〇
冉德升……二九七一
陳奇勳……二九七一
陳治紀……二九七一
古心……二九七一
唐登儁……二九七一
張懋謙……二九七一
喻嵩慶……二九七一
何起鵬……二九七一
李天植等……二九七一
李自毓……二九七二
林明儁……二九七二
謝國梗……二九七二
黄應祥……二九七二
謝士昌……二九七二
鄭仕鳳……二九七二
向日昇……二九七二
羅廷璵等……二九七二
朱祚盛……二九七二
田慶明……二九七二
賀萬年……二九七二
蔣一鴻……二九七三
沈象先……二九七三
李聯芳……二九七三
劉彪……二九七三
劉嘉復……二九七三
劉之益……二九七三

王珣……二九七三
李若楠……二九七三
李猶龍……二九七三
梁應奇……二九七四
楊球……二九七四
金允治……二九七四
洪淯鼇……二九七四
劉蒞……二九七五
熊興麟……二九七六
李之芳……二九七七
周大啟……二九七七
王者友……二九七七
楊嗣震……二九七七
熊⿰氵飛……二九七七
郭奎光……二九七七
闞士琳……二九七七
楊宗孟……二九七八
張冕……二九七八
羅國瓛……二九七八
焦潤生等……二九七八
夏衍虞……二九七八
朱服遠……二九七八
李滋白……二九七八
吴正心……二九七九
徐維藩……二九七九
徐宏泰……二九七九
李鳳鳴……二九七九
饒必籙……二九七九
劉守君……二九七九
廖俊功……二九七九

林鍾……二九七九
張嘉運……二九八〇
王景……二九八〇
鄭劭……二九八〇
鄭覲光……二九八〇
簡高……二九八〇
盧錦心……二九八〇
陳達道……二九八〇
孔元德……二九八〇
劉中磯……二九八〇
侯協恭……二九八〇
何龍禎……二九八〇
羅應台……二九八一
羅孟斗……二九八一
喻符慶……二九八一
羅標等……二九八一
張五瑞……二九八一
夏啟龍……二九八一
周應遇……二九八一
楊先芳等……二九八一
何圖呈等……二九八一
陳彌高……二九八一
張柔嘉……二九八二
胡雲龍……二九八二
譚道開……二九八二
趙珣……二九八二
程鳳……二九八二
萬嗣達……二九八二
尹先覺……二九八二
史纘烈……二九八二

孟紹孔……二九八二
姚化龍……二九八二
彭夢鶴……二九八二
高梁楹……二九八二
竇紹仁……二九八三
廖含弘……二九八三
冷文燁……二九八三
張耀……二九八三
郭九圍……二九八三
朱茂時……二九八三
唐從悌……二九八三
廖維仁……二九八四
魯舜中……二九八四
喻守先……二九八四
李試……二九八四
李之華……二九八四
李時秀……二九八四
鄒之瑾……二九八四
敖惟詮……二九八四
徐謙……二九八四
萬夫望……二九八四
朱昌任……二九八四
余鷃翔……二九八四
李思睿……二九八四
李瑞鶴等……二九八四
徐可汲……二九八五
張士龍……二九八五
王璠……二九八五
劉三德……二九八五
陳計大……二九八五

劉鴻業……二九八五
趙得璋……二九八五
曹學易……二九八五
張明輔等……二九八五
喻時龍……二九八五
胡時……二九八五
龔三汲等……二九八五
倪永壽……二九八六
曹天錫……二九八六
萬鵾……二九八六
黎民望……二九八六
徐保泰……二九八六
龍時躍……二九八六
侯思恭……二九八六
劉世龍……二九八六
朱國祀……二九八六
張珣……二九八六
魏士沖等……二九八六
張君聖……二九八六
楊整綱……二九八七
傅廷峯……二九八七
任熙……二九八七
張勉行……二九八七
李正華……二九八七
唐思琓……二九八七
金之鎔……二九八七
周希貴……二九八七
李纈……二九八七
談亮……二九八七
胥達……二九八七

曾啟益……二九八七
蘇九河……二九八七
張鎔……二九八七
劉昭……二九八八
姚大統……二九八八
胡國璉……二九八八
林致禮……二九八八
徐廷綬……二九八八
譚文隆……二九八八
吴琰……二九八八
郭之翰……二九八八
劉安坤……二九八八
張應井……二九八八
黃有年……二九八八
祁州持……二九八八
奚佳棟……二九八八
莫如龍……二九八八
湯仁洽……二九八八
江爾發……二九八九
朱士琨……二九八九
倪大焕……二九八九
孫玉潤……二九八九
董孚毓……二九八九
嚴予自……二九八九
李自奇……二九八九
楊之鵠……二九八九
李紹沅……二九八九
申公偉……二九八九
方時吉……二九八九
陳虞熙……二九八九

王適……二九八九
江洪範……二九八九
歐陽祜……二九九〇
陳大猷……二九九〇
熊錫揚……二九九〇
顔復孔……二九九〇
喻文昌……二九九〇
何振虞……二九九〇
桂天燦……二九九〇
楊先秀……二九九〇
趙登階……二九九〇
劉茂和……二九九〇
何致祥……二九九〇
張映奎……二九九〇
羅申望……二九九〇
王維新……二九九〇
吴邦寧……二九九〇
崔維坤……二九九一
阮文曾……二九九一
陳天睨……二九九一
夏偉……二九九一
李明先……二九九一
喻思超……二九九一
黄中穎……二九九一
胡宗虞……二九九一
趙元溶……二九九一
何東俊……二九九一
向廷聘……二九九一
舒昌容……二九九一
田毓龍……二九九一

李宗周……二九九一
熊兆聖……二九九一
周甲等……二九九二
段渾然……二九九二
彭嚴……二九九二
楊升亨……二九九二
李之誠……二九九二
龔希……二九九二
秦于莘……二九九二
李盎然……二九九二
徐綱……二九九二
鄧承簪……二九九二
張一中……二九九二
劉方早……二九九二
郭孝懿……二九九二
黃有年……二九九二
鄭龍采……二九九二
葛楚元……二九九三
王士梅……二九九三
王際……二九九三
史諫……二九九三
施玉明……二九九三
周吉人……二九九三
胡貴卿……二九九三
陳明殿……二九九三
張其綱……二九九三
楊先春……二九九三
沈縉……二九九三
劉起蜀……二九九三
江濬……二九九三

黄夢瑞……二九九四
丁裕慶……二九九四
黎象斗……二九九四
張宗煒……二九九四
鄧應韶等……二九九四
閔繼詩……二九九四
黄運燁……二九九四
蔣正藻……二九九四
徐文品……二九九四
陳然……二九九四
任師洙……二九九四
朱啟元……二九九四
何廷玉……二九九五
盧騰鳳……二九九五
陳惺……二九九五
吴伯裔……二九九五
塗淑……二九九五
喻劍龍……二九九五
王登邦……二九九五
郭鳳儀……二九九五
俞穎濱……二九九五
黄光中……二九九五
張懋賞……二九九五
程之文……二九九五
牟學程……二九九五
王瑞徵……二九九五
周禮山……二九九六
傅爾礪……二九九六
劉世安……二九九六
塗陳謨……二九九六

董國柱……二九九六
高仲熊……二九九六
錢生輝……二九九六
張應宿……二九九六
楊霏玉……二九九六
劉蒲……二九九六
何士壯……二九九六
喻希珍……二九九六
龔繼勝……二九九六
孫廷蘭……二九九六
楊可畏……二九九六
任之聰等……二九九七
任中龍……二九九七
林之平……二九九七
蕭永奇等……二九九七
陳計定……二九九七
彭萬里……二九九七
陳如旦……二九九七
高士毅……二九九七
萬鍾錫……二九九七
葉如檜……二九九七
魏明魁等……二九九七
李達等……二九九七
傅元和……二九九七
子爾訥……二九九八
爾玄……二九九八
弟元勳等……二九九八
陶汝鼐……二九九八
弟汝鼒……二九九九
陳洪範……二九九九

戴光裕……二九九九
劉璧……三〇〇〇
胡澄一……三〇〇〇
張文紘……三〇〇〇
歐陽顯宇……三〇〇〇
蔣克光……三〇〇〇
熊之臣……三〇〇〇
趙希孔……三〇〇〇
寧用轍……三〇〇〇
王玄居……三〇〇〇
金許增……三〇〇〇
陸騰騋……三〇〇〇
張大亨……三〇〇〇
葉占榮……三〇〇〇
康元典……三〇〇一
蔣奇生……三〇〇一
劉啟周……三〇〇一
梁凝祺……三〇〇一
汪能育……三〇〇一
李先登……三〇〇一
杜同益……三〇〇一
萬象復……三〇〇一
趙炯……三〇〇一
程澤……三〇〇一
蔣德秀……三〇〇一
吴守興……三〇〇一
程門徒……三〇〇一
劉衍洙……三〇〇一
龍吟……三〇〇二
張際熙……三〇〇二

劉宗陶……三〇〇二
蔣德儒……三〇〇二
彭濬典……三〇〇二
鄧奇……三〇〇二
宋嗣順……三〇〇二
龍有珠……三〇〇二
于灝然……三〇〇二
譚素芝……三〇〇二
王鼎彝……三〇〇二
王大振……三〇〇二
熊鼎延……三〇〇二
劉舜濬……三〇〇二
李軒……三〇〇二
楊兆雷……三〇〇三
王景雲……三〇〇三
趙伯榮……三〇〇三
鮑義……三〇〇三
余開泰……三〇〇三
韋崇德……三〇〇三
何文炤……三〇〇三
蔣國紳……三〇〇三
王廷宰……三〇〇三
王尚行……三〇〇三
李璨然……三〇〇三
何奎……三〇〇三
姚命高……三〇〇三
聶起濳……三〇〇三
鳳翕如……三〇〇四
謝所舉……三〇〇四
羅廷策……三〇〇四

鄭爲霖……三〇〇四
彭萬舉……三〇〇四
朱久壽……三〇〇四
盧煒……三〇〇四
蔣有成……三〇〇四
蔣振世……三〇〇四
蔣維芳……三〇〇四
趙師世……三〇〇四
黄雲舉……三〇〇四
張甲……三〇〇四
毛應雷……三〇〇四
李國楨……三〇〇四
朱文徽……三〇〇五
朱錦標……三〇〇五
劉湛……三〇〇五
江虬……三〇〇五
程良騆……三〇〇五
劉端……三〇〇五
劉三聘……三〇〇五
陳佳胤……三〇〇五
李亨……三〇〇五
吴道羽……三〇〇五
李之華……三〇〇五
林際開……三〇〇五
謝嘉賓……三〇〇五
蔡宗虞……三〇〇五
朱夢雷……三〇〇五
譚大政……三〇〇六
鄒繼孟……三〇〇六
陳九鶴……三〇〇六

胡良知……三〇〇六
何占魁……三〇〇六
黄起鯤……三〇〇六
劉伯相……三〇〇六
許金礪……三〇〇六
鄭九苞……三〇〇六
唐朝凱……三〇〇六
林學泰……三〇〇六
劉裔都……三〇〇六
譚奇遇……三〇〇六
羅懋賢……三〇〇六
莊鋌……三〇〇六
謝國安……三〇〇七
楊冠南……三〇〇七
蔣爾揚……三〇〇七

周大賚……三〇〇七
鍾鳴時……三〇〇七
朱明遇……三〇〇七
何甲……三〇〇七
李大捷……三〇〇七
胡邦儀……三〇〇七
劉廷祚……三〇〇七
孫美……三〇〇七
董應朝……三〇〇七
胡文……三〇〇七
陳偉烈……三〇〇七
張允昌……三〇〇八
王上許……三〇〇八
劉有源……三〇〇八
丁煜……三〇〇八

尹珪……三〇〇八
陸景暉……三〇〇八
饒球……三〇〇八
丘振翼……三〇〇八
翁道……三〇〇八
洪公述……三〇〇八
丁仁宜……三〇〇八
譚宗廩……三〇〇八
馬思永……三〇〇八
孫繼偉……三〇〇八
吳士俊……三〇〇八
牛夢禎……三〇〇九
胥調陽……三〇〇九
劉懋賞……三〇〇九
胡均堯……三〇〇九
沈鯨……三〇〇九
范繼溟……三〇〇九
馮璟……三〇〇九
楊其尢……三〇〇九
張鳳翔……三〇〇九
楊延嗣……三〇〇九
劉平……三〇〇九
李登雲……三〇〇九
馮福謙……三〇一〇
姚咨相……三〇一〇
羅逷……三〇一〇
熊祚陽……三〇一〇
劉佳胤……三〇一〇
楊士繡……三〇一〇
周士琦……三〇一〇

王國儁……三〇一〇
李鰲……三〇一〇
趙敏學……三〇一〇
楊萃……三〇一〇
熊文夢……三〇一〇
王錫命……三〇一〇
陸晋錫……三〇一〇
袁偉……三〇一〇
朱躍……三〇一〇
張治道……三〇一一
沈綿應……三〇一一
陳繼元……三〇一一
譚顯綸……三〇一一
周鳳毛……三〇一一
王祚久……三〇一一
雷鳴皋……三〇一一
劉之傑……三〇一一
李虞昌……三〇一一
李之蓁……三〇一一
李益蕃……三〇一一
黄皚……三〇一一
吴一驥……三〇一一
崔俊……三〇一一
藍天麟……三〇一二
陳藺……三〇一二
李宏源……三〇一二
劉之澄……三〇一二
徐中斗……三〇一二
王應乾……三〇一二
楊本厚……三〇一二

陳承恩……三〇一二
周尚文……三〇一二
馬士達……三〇一二
吴之玉……三〇一二
王士……三〇一二
金玉振……三〇一二
歐陽季謙……三〇一三
唐大亨……三〇一三
夏琳……三〇一三
楊延之……三〇一三
鄭民安……三〇一三
劉萬齡……三〇一三
胡景超……三〇一三
周麟……三〇一三
周兆星……三〇一三
石之鼎……三〇一三
宋夢熊……三〇一三
江應斗……三〇一三
馬仁龍……三〇一三
李兼……三〇一三
周鼎芳……三〇一三
方鑾……三〇一四
牛化龍……三〇一四
余廷薦……三〇一四
郭維翰……三〇一四
郭繇興……三〇一四
李才啟……三〇一四
石國瑋……三〇一四
鄺鵬程……三〇一四
闞士覲……三〇一四

龔爾仕……………………………三〇一四
鄭國孝……………………………三〇一四
余萬翔……………………………三〇一四
江有溶……………………………三〇一四
楊農晙……………………………三〇一四
李科………………………………三〇一五
閔朝宗……………………………三〇一五
鄧林梗……………………………三〇一五
李元成……………………………三〇一五
丁醇………………………………三〇一五
蕭聞宇……………………………三〇一五
伍一生……………………………三〇一五
何閎中……………………………三〇一五
子昌祚……………………………三〇一六
劉鳴鳳……………………………三〇一六
淩夫惇……………………………三〇一六
王懌………………………………三〇一六
許有寰……………………………三〇一七
田安國等…………………………三〇一七
高梁楷……………………………三〇一七
傅才元……………………………三〇一七
郭秉忠……………………………三〇一七
張璜圖……………………………三〇一七
袁應福……………………………三〇一七
戚功勳……………………………三〇一八
劉于鑠……………………………三〇一八
方興祖……………………………三〇一八
楊祖植……………………………三〇一八
孫憲忠……………………………三〇一八
姬詔………………………………三〇一八

吉品……三〇一八
吴士奇……三〇一八
林龍見……三〇一八
吴邦憲……三〇一八
謝楨……三〇一八
夏珩……三〇一八
陳振琦……三〇一八
徐守……三〇一八
喻應豸……三〇一八
劉光大……三〇一八
楊潔……三〇一八
曹澈……三〇一八
孫世祐……三〇一九
張啟賢……三〇一九
任立相……三〇一九
漆紹開……三〇一九
王國勳……三〇一九
胡士虞……三〇一九
張瓚……三〇一九
黄昃……三〇一九
李起……三〇一九
宋采……三〇一九
來端蒙……三〇一九
姚以亨……三〇一九
賈尚志……三〇一九
夏有功……三〇二〇
鄭維岳……三〇二〇
孫珆……三〇二〇
陳士愷……三〇二〇
何負圖……三〇二〇

馬天來……三〇二〇
牟道顯……三〇二〇
葉國華……三〇二〇
郭良驥……三〇二〇
韓文燿……三〇二〇
鄧繼遠……三〇二〇
劉體仁……三〇二〇
鄒甲……三〇二〇
張星耀……三〇二〇
張逢嘉……三〇二〇
鄧同龍……三〇二一
周麟徵……三〇二一
金玉相……三〇二一
王聘徵……三〇二一
楊文謨……三〇二一
夏暐……三〇二一
陳所養……三〇二一
魏翰光……三〇二一
繆傳聲……三〇二一
王用賓……三〇二一
王寰……三〇二一
慕庸……三〇二一
張哲……三〇二一
黃宇……三〇二二
刁醇……三〇二二
劉國貞……三〇二二
陳一爵等……三〇二二
蔣文麟……三〇二二
何居廉……三〇二二
杜鍾岳……三〇二二

李應龍……三〇二三
張惟……三〇二三
陳其愫……三〇二三
宋世裕……三〇二三
羅三極……三〇二三
顧纘詒……三〇二三
覃潢……三〇二三
敖惟銓……三〇二三
胡世英……三〇二三
王三徵……三〇二三
戴應時……三〇二三
許黄……三〇二三
鄭國僑……三〇二三
劉譽……三〇二三
繆傳臚……三〇二三
方逢聖……三〇二三
吴鑰……三〇二三
吴之甲……三〇二三
余德韶……三〇二三
陳三才……三〇二三
許起鳳……三〇二三
塗鼎調……三〇二三
楊一祐……三〇二三
張文耀……三〇二三
陳中繡……三〇二三
王承鼎……三〇二三
張日謙……三〇二四
施聖化……三〇二四
閻致和……三〇二四
徐日新……三〇二四

高明……三〇二六
蔣獻奇……三〇二六
郭君聘……三〇二六
張尹志……三〇二六
趙璧球……三〇二六
萬年亨……三〇二六
于選……三〇二六
唐登第……三〇二六
湯運培……三〇二六
包嘉胤……三〇二六
李春鯤……三〇二六
王宸極……三〇二六
全楚才……三〇二六
王三卿……三〇二七
區光表……三〇二七
馮日章……三〇二七
周眷新……三〇二七
黄衷謙……三〇二七
張斗象……三〇二七
宋世第……三〇二七
李之彦……三〇二七
曹元捷……三〇二七
張鶴齡……三〇二七
蔣嘉謨……三〇二七
趙以相……三〇二七
鄺賢禎……三〇二七
蕭聞……三〇二八
孫以衡……三〇二八
羅廷璠……三〇二八
彭世英……三〇二八

李占春……三〇二八
費元昌……三〇二八
耿應昌……三〇二八
莫之光……三〇二八
楊達儁……三〇二八
歐先表……三〇二八
王元瑞……三〇二八
徐澤……三〇二八
陳崘……三〇二八
黃昉……三〇二九
李延齡……三〇二九
李爵佐……三〇二九
李時英……三〇二九
鍾調元……三〇二九
張茂桂……三〇二九
趙繼羲……三〇二九
劉化龍……三〇二九
蔣文瑞……三〇二九
姚德溥……三〇二九
李士達……三〇二九
陳文熠……三〇二九
程雲鳳……三〇二九
段銓……三〇二九
陳一新……三〇二九
程之統……三〇三〇
詹祚昌……三〇三〇
洪良性……三〇三〇
梅寧聯……三〇三〇
康永祚……三〇三〇
李先植……三〇三〇

劉漢向……三〇三二
牛佀雲……三〇三二
楊元佑……三〇三二
楊正芳……三〇三二
梅友蘭……三〇三二
楊嗣龍……三〇三二
陳泗州……三〇三二
劉仁……三〇三二
楊郁然……三〇三二
厲汝翩……三〇三二
敖浤貞……三〇三三
錢士仁……三〇三三
劉珣……三〇三三
魏應星……三〇三三
陸元原……三〇三三
陳在宸……三〇三三
尹似瑗……三〇三三
倪良璋……三〇三三
羅時昇……三〇三三
張一愷……三〇三三
盧學孟……三〇三三
陶大興……三〇三三
李光培……三〇三三
潘統宗……三〇三三
楊泰……三〇三三
張偉……三〇三四
薄淳……三〇三四
張雲翼……三〇三四
嘗懋中……三〇三四
張悦……三〇三四

張廷俊……三〇三四
陳贊……三〇三四
蘇宇元……三〇三四
李廷機……三〇三四
許逢興……三〇三四
戴特……三〇三四
萬文輝……三〇三四
嚴佩祖……三〇三四
林明輔……三〇三四
樊若……三〇三五
何呈圖……三〇三五
王宏戴……三〇三五
陶潢……三〇三五
蘇希瞻……三〇三五
宋騰鼇……三〇三五
劉九思……三〇三五
楊學曾……三〇三五
魏藻德……三〇三五
羅好仁……三〇三五
柴士紳……三〇三五
彭之年……三〇三五
李還素……三〇三五
曹巽之……三〇三五
吴廷輅……三〇三六
羅以旌……三〇三六
齊以正……三〇三六
劉遠錫……三〇三六
孫修吉……三〇三六
施于鏞……三〇三六
雷攀龍……三〇三六

袁翼龍……三〇三六
田之龍……三〇三六
羅元佐……三〇三六
范孫蘭……三〇三六
史經世……三〇三六
龔鳴球……三〇三六
余士俊……三〇三七
侯温宇……三〇三七
劉達度……三〇三七
杜其漸……三〇三七
闞應祥……三〇三七
羅心素……三〇三七
謝遴重……三〇三七
葉調元……三〇三七
程輅……三〇三七
胡來臣……三〇三七
彭翮健……三〇三七
陳荀產……三〇三七
陳德諭……三〇三七
柴伯龍……三〇三七
楊顯名……三〇三八
蕭鏞……三〇三八
薛希周……三〇三八
程之紀……三〇三八
楊廷璧……三〇三八
田起圖……三〇三八
賴如保……三〇三八
胡文衡……三〇三八
范應貴……三〇三八
李鎮明……三〇三八

俞景昌……三〇三八
周際明……三〇三八
熊同如……三〇三八
傅夢弼……三〇三八
鄭重……三〇三八
尹三聘……三〇三八
龔九衢……三〇三八
楊燦輝……三〇三九
楊行健……三〇三九
張其恭……三〇三九
韓宗愈……三〇三九
兄振愈等……三〇三九
廖晟……三〇四〇
子遲……三〇四〇
翁仲碧……三〇四〇
吳子騏……三〇四〇
子中藎……三〇四一
劉瑄……三〇四一
楊元瀛……三〇四一
郭忠懿……三〇四一
李公門……三〇四一
李世甲……三〇四一
丘洪……三〇四一
王孫齊……三〇四一
馬士升……三〇四一
金家麟……三〇四一
謝瑄……三〇四一
何兆柳等……三〇四一
施養吾等……三〇四二
周齡六……三〇四二

黃應祺等……三〇四二
譚先哲……三〇四二
弟先召……三〇四二
劉澤遠……三〇四二
張守位……三〇四二
楊德昌……三〇四二
劉耀熼……三〇四二
朱正國……三〇四二
孫武成……三〇四二
王國正……三〇四二
石聲和等……三〇四二
張守和……三〇四三
曾益……三〇四三
子之琮等……三〇四三
唐勳……三〇四三
陳新第……三〇四三
華成實等……三〇四三
尹大任……三〇四三
陳徵……三〇四四
陶世顯……三〇四四
徐鑣等……三〇四四
程民悦等……三〇四四
尹思明……三〇四四
顧人龍等……三〇四四
黎維垣等……三〇四四
陳瑞……三〇四五
陳富……三〇四五
子良輔……三〇四六
曾異撰……三〇四六
程玉成等……三〇四六

張一熊……三〇四六
尋鼎等……三〇四六
張珣……三〇四六
宋又旦……三〇四六
陳六奇……三〇四六
周維翰等……三〇四七
伯承恩等……三〇四七
王宗堯等……三〇四七
王壽彭等……三〇四七
傅必中等……三〇四七
阮近賢……三〇四七
史司衡……三〇四七
林之翰等……三〇四七
顧慥等……三〇四七
白必勝……三〇四八
尹嘉俊……三〇四八
俞嘉言……三〇四八
莫貴德……三〇四八
詹士會……三〇四八
王來儀……三〇四九
喻思煒……三〇四九
楊斌……三〇四九
董邦昌等……三〇四九
劉摭……三〇四九
楊樹烈等……三〇四九
向琪等……三〇五〇
劉昌應……三〇五〇
蔣薦……三〇五〇
張倫……三〇五〇
楊瑄等……三〇五〇

朱蘅……三〇五〇
羅正符……三〇五〇
張霓明……三〇五〇
趙弘祚……三〇五〇
龔尚信等……三〇五〇
鄭善植……三〇五〇
黃文達……三〇五〇
徐道興……三〇五一
唐懋俊等……三〇五一
皇甫信等……三〇五一
李高……三〇五一
李城璧……三〇五一
段大受……三〇五一
李章鉉……三〇五一
趙嘉鳳……三〇五二
楊日進等……三〇五二
趙焯……三〇五二
王縉等……三〇五二
席上珍……三〇五二
金世鼎……三〇五二
何思……三〇五二
沈邵璜……三〇五三
陶珙……三〇五三
陳昌裔……三〇五三
李開芳等……三〇五三
楊師文等……三〇五三
劉士祚……三〇五三
張朝綱等……三〇五三
郭尌……三〇五三
杜天禎……三〇五三

陳士彦……三〇四
丁惟恕……三〇四
陳士恂……三〇四
方元祖等……三〇四
彭乘聖……三〇四
陸九衢……三〇四
石聲和等……三〇四
梁健植……三〇四
劉僖……三〇四
舒國華……三〇四
劉之蘭……三〇四
王民望……三〇四
廖履亨……三〇五
黄天秩……三〇五
祁上合……三〇五
楊應柱……三〇五
曹宗載……三〇五
朱國柱……三〇五
翟元肅……三〇五
沈續科……三〇五
曹天錫……三〇五
張聯象……三〇五
陳靖忠……三〇五
吴道美……三〇五
李廷英……三〇五
吴運昌……三〇五
馬之驎……三〇五
張燮任……三〇五
王晉……三〇五
曾惟魯……三〇五

丁德蔭……三〇五五
冷陽春……三〇五六
段伯美……三〇五六
吴邦憲……三〇五六
監紀某……三〇五六
張孔鑄……三〇五六
譚三謨……三〇五六
李守質……三〇五六
張如良等……三〇五六
夏祖訓等……三〇五七
林鍾泰……三〇五七
徐日舜等……三〇五七
周柔强……三〇五七
王褒華……三〇五七
李元祺……三〇五七
楊一忠等……三〇五七
錢大用等……三〇五七
王開等……三〇五七
楊雲龍……三〇五七
程九逵……三〇五七
馮永祚等……三〇五八
邢鎬等……三〇五八
王運開……三〇五八
劉廷標等……三〇五八
陳夢熊等……三〇五九
劉如性……三〇五九
鄒良彦……三〇五九
熊化……三〇五九
陸與進等……三〇五九
黄應運……三〇五九

姚劉四總兵……三〇六一
徐登高……三〇六一
蔣勸善……三〇六一
曹士銓……三〇六一

卷六十四　第四十

馬乾……三〇六五
馮良謨……三〇六六
瞿杲……三〇六六
鄭應鸞……三〇六六
耿廷籙……三〇六六
陳達道……三〇六七
徐映春……三〇六七
鄧英……三〇六七
沈國……三〇六七
張國運……三〇六七
余璀……三〇六七
冷時中……三〇六七
饒謙豫……三〇六八
樊一蘅……三〇六八
弟一若……三〇七〇
孫曙等……三〇七〇
族人啟元等……三〇七一
彭明揚……三〇七一
李縉科……三〇七一
彭惕……三〇七一
應端秩等……三〇七一
范學文……三〇七二
李洪雯……三〇七二
曾鞏……三〇七二
商國是……三〇七二

李乾德……三〇七三
弟升德……三〇七四
劉道開……三〇七四
但友進……三〇七四
陶怡……三〇七四
楊喬然……三〇七四
江爾文……三〇七五
彭隆等……三〇七五
趙而忭……三〇七五
王大光……三〇七五
曹上質……三〇七五
胡雲龍……三〇七五
范文光……三〇七六
傅光昭……三〇七六
黎神武……三〇七六
張士偉……三〇七七
詹天顏……三〇七七
子甘棠……三〇七八
龍輔皇……三〇七八
鄧若禹……三〇七八
鄧希明……三〇七九
胡際亨……三〇七九
徐邦定……三〇七九
楊秉胤……三〇七九
王家修……三〇八〇
張正化……三〇八〇
郭榮貴……三〇八〇
劉五仲……三〇八一
熊啟宇……三〇八一
萬任……三〇八一

阮振中……三〇八二
弟捷中……三〇八二
揄中……三〇八二
文會……三〇八二
陳璽……三〇八三
黄正謨等……三〇八三
李維珩……三〇八三
朱邦俊……三〇八三
高山斗……三〇八三
張霆……三〇八三
張培……三〇八三
宿士毓……三〇八三
陳瑜……三〇八四
楊汝良……三〇八四
白爲衮……三〇八四
倪于禮……三〇八四
張載道……三〇八四
陳正言……三〇八四
宿士敏……三〇八四
段瑜……三〇八四
倪于信……三〇八四
曾日琥……三〇八四
羅士淳……三〇八四
甄敬……三〇八五
蔣鳴皐……三〇八五
楊鼎鼒……三〇八五
洪垣星……三〇八五
朱祚宏……三〇八五
陳素養……三〇八五
陰佑宗……三〇八五

陸經術……三〇八五
辛嗣進……三〇八五
吴登啟……三〇八五
陳以德等……三〇八六
易可久……三〇八六
蕭良……三〇八六
李士諫……三〇八六
汪達……三〇八六
張一甲……三〇八六
父煜然……三〇八六
韓國植……三〇八六
黄衷穎……三〇八六
蔣大位……三〇八六
王士捷……三〇八七
王印濬……三〇八七
楊甲……三〇八七
曾裕……三〇八七
王國鄜……三〇八七
何漢……三〇八七
岳文淵……三〇八七
鍾春化……三〇八七
方承奕……三〇八七
夏紹虞……三〇八七
李試……三〇八七
倪養浩……三〇八七
李蔚……三〇八七
熊飛……三〇八八
潘驤……三〇八八
朱允恭……三〇八八
王元暉……三〇八八

顧鏞……三〇八八
林翘楚……三〇八八
莊國英……三〇八八
朱應璧……三〇八八
朱安遠……三〇八八
李世泰……三〇八八
袁茂芳……三〇八八
吴語倫……三〇八八
衛明卿……三〇八八
袁勳……三〇八九
張焻……三〇八九
許紹勳……三〇八九
曹秉忠……三〇八九
文煜……三〇八九
胡繕……三〇八九
原于一……三〇八九
汪應朝……三〇八九
王增……三〇八九
謝應禄……三〇八九
傅宗祥……三〇八九
佘桂萼……三〇八九
章真……三〇八九
楊榮先……三〇八九
汪覲光等……三〇九〇
鄧維高……三〇九〇
胡應瑞……三〇九〇
李文思……三〇九〇
黄應乾……三〇九〇
易爲謙……三〇九〇
周長祚……三〇九〇

陳一經……三〇九〇
李國華……三〇九〇
文朝宗……三〇九〇
任允淳……三〇九〇
李悉達……三〇九〇
唐文絢……三〇九〇
陳爾善……三〇九一
張知仁……三〇九一
劉嘉增……三〇九一
胡士俊……三〇九一
解起東……三〇九一
岳農壇……三〇九一
劉烶……三〇九一
劉廷獻……三〇九一
劉宗宸……三〇九一
何起龍……三〇九一
劉達度……三〇九一
萬峙……三〇九一
馮夢説……三〇九一
田銓……三〇九一
費鼎耀……三〇九二
孫開先……三〇九二
王世道……三〇九二
李占春……三〇九二
周思韶……三〇九二
程盤……三〇九二
章爾珮……三〇九二
田惟亨……三〇九二
馮日璋……三〇九二
謝嘉兆……三〇九二

潘漪漣……三〇九二
徐熙……三〇九二
夏民標……三〇九二
陸萬程……三〇九二
戴堯雲……三〇九二
王履台……三〇九三
楊濟……三〇九三
楊志仁……三〇九三
楊魁萬等……三〇九三
張師素……三〇九三
許應舉等……三〇九三
洪應秋……三〇九三
劉起蛟……三〇九三
許自修……三〇九三
梁大用……三〇九三
鄒挺……三〇九三
李時芳等……三〇九四
楊宗貴等……三〇九四
陳于宸等……三〇九四
錢大用……三〇九四
嚴盡性……三〇九四
楊纘政……三〇九四
鄒廷瓚……三〇九四
張雲程……三〇九四
吴旻英……三〇九四
李際開……三〇九四
彭繼錢……三〇九四
莊允文……三〇九四
嘗山錫……三〇九五
程聖訓……三〇九五

梁甲……三〇九五
周思濂……三〇九五
潘馴……三〇九五
鍾維浩……三〇九五
萬士醇……三〇九五
張星耀……三〇九五
陳從龍……三〇九五
李紅嵩……三〇九五
鄧全慎……三〇九五
周一奎……三〇九五
張問行……三〇九五
李玉潔……三〇九五
李欲楫……三〇九六
謝周哲……三〇九六
門思實……三〇九六
薛廷芝……三〇九六
郭維鸞……三〇九六
金甌卜……三〇九六
丁汝驤……三〇九六
張映奎……三〇九六
猶登元……三〇九六
蕭其澤……三〇九六
牟道立……三〇九六
梁日榮……三〇九六
譚聖言……三〇九六
胡愷……三〇九六
陳大用……三〇九六
嚴而舒……三〇九七
王迪……三〇九七
魯應鯤……三〇九七

劉弘文……三〇九七
杭爲箕……三〇九七
湯世芳……三〇九七
岑昌運……三〇九七
茅序……三〇九七
樓逢年……三〇九七
張一英……三〇九七
馮兆祺……三〇九七
梁雲昌……三〇九七
王露……三〇九七
龔賢遂……三〇九七
張令聞……三〇九八
梅養祺……三〇九八
党修吉……三〇九八
楊之易……三〇九八
宋時英等……三〇九八
彭錫纓……三〇九八
馬宏源……三〇九八
詹淑……三〇九八
陳嘉卷……三〇九八
黄達尊……三〇九八
周鍾琰……三〇九八
李文炳……三〇九八
胡士俊……三〇九八
張文瓚……三〇九八
譚廷啟……三〇九九
吴方思……三〇九九
潘璋……三〇九九
江藩……三〇九九
王國棟……三〇九九

董三策……三〇九九
蒲以懌……三〇九九
田恂……三〇九九
李一唯……三〇九九
鄭澤民……三〇九九
王猷……三〇九九
陳良……三〇九九
顧天胤……三〇九九
吴尚絅……三〇九九
黄立修……三〇九九
熊起渭……三一〇〇
何芳聲……三一〇〇
江賓王……三一〇〇
李振珂……三一〇〇
曹啟光……三一〇〇
徐登龍……三一〇〇
吉以升……三一〇〇
劉滌……三一〇〇
黄文錄……三一〇〇
葉桂……三一〇〇
王鳴鳳……三一〇〇
王序……三一〇〇
陰維標……三一〇〇
何御楨……三一〇〇
樊成……三一〇一
楊經……三一〇一
胡學戴……三一〇一
曾宏毅……三一〇一
陳顒……三一〇一
來自京……三一〇一

李文衡……三二〇一
朱學伊……三二〇一
劉兆鼎……三二〇一
覃森……三二〇一
李司憲……三二〇一
王之肱……三二〇一
劉壯行……三二〇一
丁維禎……三二〇一
左佩琰……三二〇二
陳士雅等……三二〇二
周士祺……三二〇二
尹浩……三二〇二
魏甲……三二〇二
蘇振先……三二〇二
阮福……三二〇二
周安……三二〇二
倪象華……三二〇二
吴光乾……三二〇二
宋希賢……三二〇二
陳宗湯……三二〇二
謝琇……三二〇二
吴遜……三二〇二
徐惇……三二〇三
黄燦……三二〇三
陳盛世……三二〇三
王星……三二〇三
陳登皞……三二〇三
鄭延爵……三二〇三
余飛……三二〇四
高明……三二〇四

宋儉……三〇四
黃儒……三〇四
張弘任……三〇四
李如星……三〇四

卷六十五　列傳第四十一

焦璉……三〇八
胡祖虞……三一一
周孔昭……三一一
馬之驥……三一三
劉起蛟……三一三
白玉等……三一三
白貴……三一三
趙興……三一三
鄧元禧……三一三
朱旻如……三一三
白國楨等……三一三
趙應選……三一四
湯執中……三一六
温如孔……三一六
周宗德……三一六
尉遲日昇等……三一六
龍國命……三一六
胡鯉……三一七
楊佩玉……三一七
郝太極……三一七
解鼇……三一七
王國增……三一七
胡一青……三一七
李成龍……三二一
楊應亨……三二一

石元澤……三二二
王永祚……三二二
喬汝遷等……三二二
蔣甲……三二三
陶仰用……三二三
鍾芳……三二五
陳日堯……三二五
弟世則……三二五
周金湯……三二五
周朝……三二七
周斌等……三二七
羊明節……三二七
黄崇文……三二八
蘇汝賢等……三二八
楊大恩……三二八
劉珮雲……三二八
謝國恩……三二八
余啟泰……三二八
葉承恩……三二九
戚輔臣……三二九
羅廷用……三二九
吉大堯……三二九
覃朗富……三二九
李大受……三二九
侯性……三二九
子方道……三三一
嚴雲從……三三一
林時望……三三三
王忠……三三三
張應葵……三三三

楊奇等……三一三
張鳴鳳……三一三
康永甯……三一三
成大用……三一三
王有成……三一三
劉大榮等……三一四
謝甲……三一四
劉福興……三一四
黃元吉……三一四
孟本淳……三一四
張明誠……三一四
黃以仁……三一四
梁上棟……三一四
周甲……三一五
李建來……三一五
梁大……三一五
呂建……三一五
梁台玉……三一五
韋嗣寬……三一五
段晅……三一五
王命哲……三一六
盧太明……三一六
汪馨……三一六
王臣忠……三一六
趙登元……三一六
劉星海等……三一六
閻長吉……三一六
王良盛……三一六
鄭啟明……三一六
李鎮雄……三一六

鄧林杞……三一三六
李潛……三一三六
竇雲開……三一三六
胡宗元……三一三七
魏豹……三一三七
屠時中……三一三八
孔思誠……三一三八
遲光啟……三一三八
苗路宗……三一三九
陳斗陽等……三一三九
倪養寧……三一三九
魯國良……三一三九
李福仲……三一三九
曾文啟……三一三九
袁成章……三一三九
黃眼石……三一三九
劉攀鳳……三一四〇
吴醒閒……三一四〇
知開……三一四〇
羅熙……三一四〇
兄幾等……三一四〇
鄧凱……三一四一
張龍……三一四二
黎維祚……三一四二

卷六十六　列傳第四十二

白嘗燦……三一四六
子國輔……三一四七
國佐……三一四七
弟嘗興……三一四七
炯中……三一四七

李明忠……三一四七
劉俊……三一四九
董大勝……三一四九
曹光寓……三一四九
王家承……三一四九
李合心……三一四九
王天錫……三一五〇
朱家臣……三一五〇
黎瓊飛等……三一五〇
何兆寧……三一五一
子玉城等……三一五一
易第昌……三一五二
陳鎮國……三一五二
張安國……三一五二
方日瓊等……三一五二
陳調……三一五三
鄺日晋……三一五三
吴成煃……三一五三
黄用元……三一五三
陳經……三一五三
梁中英等……三一五四
羅從天……三一五四
范廷魁……三一五四
吴偉新……三一五四
李榮等……三一五五
王興……三一五五
從子茂公……三一六〇
郭勝龍……三一六〇
陳王道……三一六〇
李玉……三一六〇

謝半枝……三一六二
李積鳳……三一六二
謝昌……三一六二
王承恩……三一六二
蕭耀……三一六三
劉繩武……三一六三
陳熙……三一六三
謝國斌……三一六三
吴雙……三一六三
馮耀……三一六三
梁與台……三一六四
羽鳳麒……三一六四
馬承祖等……三一六四
張啟賢……三一六五
郭瑶……三一六五
羅定材……三一六五
崔應龍……三一六五
鍾國寶……三一六五
周書……三一六五
馮協颺……三一六五
簡鳳興……三一六五
施焜然……三一六六
弟煇然等……三一六六
陶壯猷……三一六六
韓乃聰……三一六六
馮士重……三一六六
蒙倣祖……三一六六
陶天球……三一六六
陳懋修……三一六七
陳萬齡……三一六七

張國鑰……三一六七
黃麟遊等……三一六七
薛進……三一六七
李相……三一六八
子承銘等……三一六八
李玉森……三一六八
張佐基……三一六八
黃鯤化……三一六八
孔貞言……三一六八
郭經才……三一六八
謝安世……三一六九
何吾騶……三一六九
梁無雙……三一六九
何燦然……三一六九
衛新……三一六九
梁振聲……三一六九
鍾勳……三一六九
霍延祚……三一六九
何承乾……三一六九
盧定遠……三一六九
馮爾翰……三一六九
鍾洪……三一六九
雷時行……三一六九
李承錫……三一六九
鄭賁……三一七〇
蘇允适……三一七〇
韓鳴韶……三一七〇
戴鴻……三一七〇
李孫厚……三一七〇
馮參宇……三一七〇

李孫遂……三七〇
趙龍昭……三七〇
方懋官……三七〇
張金元……三七〇
李標……三七〇
梁棟材……三七〇
屈昌……三七〇
武應龍……三七〇
孫昌祚……三七一
郭燦齡……三七一
何爵……三七一
陳壯粤……三七一
陳奇策……三七一
崔良櫝……三七三
何兆池……三七三
葉英……三七三
陳首功……三七三
林伯嶽……三七四
林鬱豹……三七四
鄧耀……三七四
楊彦迪……三七五
王之翰等……三七六
冼彪……三七七
蕭國龍……三七七
劉保……三七八
吕昌雄等……三七九
馮天保等……三八〇
朱應鵬……三八一
黄鶴鳴……三八一
上官星拱等……三八一

楊千秋……三一八一
葉標……三一八一
蔡奎……三一八三
彭琛……三一八三
梁子直……三一八三
楊士鑰……三一八三
林高升……三一八三
李象履……三一八三
羅成基……三一八四
李國珍……三一八五
鄭龍吟……三一八五
周玉……三一八五
李嘗榮等……三一八七
林傑……三一九〇
韓昌時等……三一九〇
王祁……三一九〇
李文垣……三一九七
陳泰鍾……三一九七
黄金印……三一九七
吴長文……三一九七
楊東晨……三一九七
顧礽……三一九七
何應祐……三一九八
趙士冕……三一九八
黄鍾靈……三一九八
李士藻……三一九八
戴應選……三一九八
朱喬秀……三一九八
鄭國佐……三一九八
歐陽芬等……三一九八

徐雲……三一九八
謝南雲……三一九九
吴承昊……三一九九
揭袓……三一九九
毛明卿……三一九九
李希賢……三一九九
吴一星……三一九九
葛登標……三二〇〇
黄雲紀……三二〇〇
周立發……三二〇〇
陳德容……三二〇〇
王弘運……三二〇〇
黄允會……三二〇〇
楊成洪……三二〇〇
温丹初……三二〇〇
御厨某等……三二〇〇

卷六十七　列傳第四十三

馬進忠……三二〇四
夏可陞……三二〇九
馬維興……三二〇九
馬士秀……三二〇九
程景頤……三二一〇
田既庭……三二一〇
高啟龍……三二一〇
湯道立……三二一〇
牟文綬……三二一〇
子國璽等……三二一三
陳黄道……三二一三
周鑑……三二一三
余應登……三二一三

楊進喜……三一二
　馬際盛……三一三
　弟際昌……三一三
　李駇芳等……三一三
盧鼎……三一三
　子子和……三一五
　白良輔……三一五
　武自强……三一五
王允成……三一五
　馬鳴鸞……三一六
　唐文耀……三一六
　趙華等……三一六
　董英……三一七
　劉用楚等……三一七
王進才……三一七
　陳明弼……三一九
　劉之良……三一九
　曹應元等……三一九
　劉揚安……三一九
　余化龍……三一九
　楊時進……三一九
　唐仕傑……三一九
周仕鳳……三一九
　周爾敬……三二〇
　宋紀……三二〇
曹志建……三二〇
　鍾昌明……三二四
　汪大捷……三二四
　歐正福……三二四
　黃金牓……三二四

周澌……三二四
黄飛鸞……三二五
汪自任……三二五
白其心……三二五
黎元宣……三二五
王良禄……三二五
瞿共美等……三二五
劉伯通等……三二五
惠延年……三二五
何圖復……三二六
楊國棟……三二六
李毓奇……三二八
譚龍翔等……三二八
劉芳節……三二九
雷時先等……三二九
李拱辰……三二九
莫文……三二九
金之鐸……三二九
葉世芳……三二九
馬養麟……三二九
莫宗文……三三〇
張登貴……三三〇
顧存志等……三三〇
郭淩雲……三三一
印象鼎等……三三一
劉迴瀾等……三三一
張先璧……三三一
李錦春……三三三
龍之洙等……三三三
李貴……三三三

黃朝宣……三三四
　黃惟鍛……三三五
熊兆佐……三三五
　周一烈等……三三六
　吳大鼎……三三六
　夏國鍵……三三六
　李茂功……三三六
　羅經禮……三三六
　鍾天寵……三三六
　曾大斗……三三六
　謝正昂……三三七
　姚啟虞等……三三七
　胡成……三三七
　曹雲先……三三七
　何其榮……三三七
　楊孔登等……三三七
　李世榮……三三七
　雷仁……三三七
　劉明岳……三三七
　向良友……三三八
　季正烈……三三八
　趙名世等……三三八
向登位……三三八
　向明時……三三八
　向朝霖……三三八
　周室鼎……三三八
　許大元……三三九
　許一參……三三九
　鄧宇開……三三九
　張祖尊……三三九

呂望……三三九
車以庸……三三九
曾鳳詔等……三三九
林朝憲……三三九
何鴻飛……三三九
伍璋……三三九
粟受富……三四〇
徐玠可……三四〇
趙友賓……三四〇
夏化謨……三四〇
黄永泗等……三四〇
舒國祚……三四〇
杜朝用……三四〇
謝瑞南……三四〇
陳受堯……三四〇
李世第……三四〇
周美緣……三四〇
陸遠蔭……三四〇
伍岱……三四〇
梁國豹……三四〇
黎士球……三四一
何大衜……三四一
鄧良禄……三四一
唐仕元……三四一
滿啟泰……三四一
甄玉琯……三四一
向朝義……三四一
楊惟正……三四一
蔣華……三四一
顔悦……三四一

劉叨岳……三四一
廖光儒……三四一
譚鏡心……三四一
陳廷瑞……三四一
楊明遠……三四一
楊安文……三四一
蔣宗……三四一
熊定延……三四一
夏祖輔……三四一
朱特……三四一
姜中洽……三四一
黄禎……三四一
丘式耒……三四一
秦應龍……三四一
張麟圖……三四一
劉文錫……三四一
楊宗袞……三四一
卿世爵……三四一
陳級……三四一
戴士仲……三四一
許國柱……三四三
王維超等……三四三
劉世玉……三四三
謝復榮……三四四
乃鎮國等……三四四
蔣虎……三四四
王景熙……三四四
蕭曠……三四四
党哲……三四五

卷六十八　列傳第四十四

曾英……三四八
　李定等……三五一
　王子美……三五一
　胡明道……三五一
　姚玉麟……三五一
　牟漢鼎……三五二
　陳簡……三五二
　李孝義……三五二
　敖惟鼎……三五二
　楊熙錦……三五二
　王之鑾等……三五二
　車于乘……三五二
　余青雲……三五二
　熊夢瑞……三五二
　鄧文炳等……三五二
　傅爾學……三五二
李占春……三五三
　于大海……三五三
　陳計長……三五五
　徐啟祚……三五五
　王在極……三五五
　黃國美……三五五
　陳三台……三五五
　魏國珍……三五五
　符秩……三五五
　向朝陽……三五五
朱化龍……三五五
　萬文相……三五六
　蔣興周……三五六
　焦英……三五七

石可達……三五七
趙榮貴……三五七
羅奇才……三五九
陸金陽……三五九
孟思堯……三五九
郭獻麟……三五九
了然……三五九
李廷明……三五九
謝光祖……三五九
甘良臣……三五九
子一爵等……三六一
從子明聽等……三六二
譙應瑞……三六二
馮有慶……三六三
王廷海……三六三
陳心杰……三六三
徐應舉……三六三
劉匪康……三六三
魯大奇……三六三
吴一品……三六三
熊周旦……三六三
徐見奇……三六三
朱方亨……三六三
毌如軒……三六三
閻維學……三六三
王台……三六三
朱德洪等……三六三
楊展……三六四
子璟新……三六八
齊聯芳……三六九

李虹龍……三一六九
余朝宗……三一六九
余奎……三一六九
向成功……三一六九
楊國聘……三一六九
徐宗道……三一六九
楊遇春……三一六九
虞文海……三一六九
余自新等……三一六九
但應嘗等……三一六九
彭萬崑……三一七〇
葛佑明……三一七〇
馬龍章……三一七〇
曹勳……三一七〇
子昌祚……三一七二
丁如龍……三一七二
程翔鳳等……三一七二
原騰芳……三一七二
郝孟旋……三一七二
劉宇舟……三一七二
胡啟仁……三一七二
李西成等……三一七二
劉煥山……三一七二
文胤元……三一七二
李甲……三一七二
賀奇……三一七二
楊彪等……三一七三
侯天錫……三一七三
從弟采……三一七四
屠龍……三一七四

馬應試……三七四
李正開等……三七五
吕朝綱等……三七五
馬忠……三七五
喻紹昇……三七五
羅國鼎……三七五
賈聯登……三七五
周茹荼……三七五
朱泗林……三七五
詹天裕等……三七五
龍名揚……三七五
王應泰等……三七六
武大定……三七六
尚其志……三七九
白龍……三七九
高如礪等……三七九
石國璽……三七九
王可臣……三七九
張林秀……三七九
袁韜……三八〇
張顯……三八二
劉惟明……三八二
王高……三八二
靳可擎……三八二
扈九思……三八三
白蛟龍……三八三
馬朝興……三八三
張象升……三八三
楊先志等……三八三
林時泰……三八三

馬受……三三八三
王祥……三三八四
子璭瓊等……三三八七
石琳……三三八七
刁爾昌……三三八七
龔勇……三三八八
牟奇……三三八八
周希賢……三三八八
雷遵周……三三八八
劉興榮……三三八八
聶文啟……三三八八
雷開登等……三三八八
楊長春……三三八八
楊宗枝等……三三八八
戴聖俞……三三八九
李茂柏……三三八九
鄭益顯……三三八九
任曜……三三八九
皮熊……三三八九
李章玉……三三九二
王達觀……三三九二
陳起鳳……三三九二
黄虞龍……三三九二
張問德等……三三九二
馮洸……三三九二
駱武……三三九三
武邦賢……三三九三
蕭耀虎……三三九三
丘懋德……三三九三
蘇承軾……三三九三

傅一鸞等……三九三
趙默等……三九三
許世皞……三九三
父善所……三九四
兄世穆……三九四
弟世康等……三九四
羅于莘……三九四
羅文宿……三九四
陶洪謨……三九四
司民學……三九四
司瑜……三九四
武思齊……三九四
武人龍……三九四
李祥……三九五
文子愛……三九五
羅文謨……三九五
羅文熙……三九五
李敦愨……三九五
方維翰……三九五
楊得勝……三九五
鄭逢莊……三九五
張天熊……三九五
許允達等……三九五
趙舜……三九六
龔應龍……三九六
宋民倚……三九六
李騰龍……三九六
悜念……三九六
李友桂……三九六
曾三省……三九六

李剛玉……三二九六
何應科……三二九六
丘懋宏……三二九六
劉鎮藩……三二九六
胡同寅……三二九七
李時芳……三二九七
李文龍……三二九七
涂朝爵……三二九七
張斗……三二九七
金海玉……三二九七
譚文……三二九七
弟弘諧等……三二九九
王士品……三三〇〇
羅宗貴……三三〇〇
謝應蛟……三三〇〇
陳祚昌……三三〇〇
牟勝……三三〇〇
程正性……三三〇〇
譚大憲……三三〇〇
陳世凱……三三〇〇
王文錦……三三〇〇

卷六十九　列傳第四十五

李赤心……三三〇三
張雙喜……三三〇六
趙振芳……三三〇六
高維遠……三三〇六
蕭三式……三三〇六
劉希堯……三三〇七
劉方亮……三三〇七
劉國昌……三三〇七

高必正……三三〇七
党守素……三三一二
田化龍……三三一二
辛思忠……三三一二
劉汝魁……三三一二
郭如泰……三三一三
吴象鉉……三三一三
賀遠圖……三三一三
李來亨……三三一三
阮龍德……三三一八
譚所學等……三三一八
葉玉衡……三三一八
郝永忠……三三一八
夏九賡……三三二一
盧聲先……三三二一
劉君錫等……三三二一
牛萬才……三三二一
張光萃……三三二三
黄河潤……三三二三
張藴玉……三三二三
張景春……三三二三
劉體仁……三三二三
袁宗第……三三二八
塔天寶……三三二九
藺養成……三三二九
馬騰雲……三三二九
郝登雲……三三二九
馬雲翔……三三二九
李復榮……三三二九
譚心傳等……三三二九

陳世轍……三二九
晏日昇等……三二九
艾卿等……三二九
賀珍……三三〇
子道寧……三三一
涂懋進……三三四
李彩等……三三四
米國珍……三三四
李世英等……三三四
穆大相……三三四
李應全……三三四
王國賢等……三三四
唐仲亨……三三五
焦賚等……三三五
何士升……三三五
劉天書……三三五
何可亮……三三五
苗惠民……三三五
劉弘才等……三三五
孫守全等……三三五
王光興……三三五
弟光泰……三三六
王友進……三三八
蔣尚膺……三三八
張公誨……三三八
黃登甲……三三八
武平孝……三三八
鄧宗啟……三三八
倪天和……三三九
陳元逢等……三三九

黃樞等……………………三三九

卷七十　列傳第四十六

金聲桓……………………三四二
僧德宗……………………三四七
胡以寧……………………三四八
吴尊周等…………………三四八
黃人龍……………………三四八
李明睿……………………三四九
朱徽………………………三四九
鮑瑞玉……………………三四九
張啟祚等…………………三五〇
鄧雲龍……………………三五〇
盛彌科等…………………三五〇
全鳴時……………………三五〇
李成棟……………………三五二
蘇進泰……………………三五七
吴侯………………………三五七
潘名世……………………三五七
楊大用……………………三五七
姜瓖………………………三五八
高鼎………………………三六九
梁四………………………三六九
王顯明……………………三七〇
尤玉………………………三七〇
唐玨………………………三七〇
王忠………………………三七一
姜建勳……………………三七一
張英………………………三七一
劉偉………………………三七一
姚舉………………………三七一

羅映壇……三三七一
劉秉鉞……三三七一
賈同春……三三七一
姜輝……三三七一
劉炳業……三三七一
丁箕……三三七一
劉永忠……三三七一
張斗光……三三七一
張五桂……三三七一
唐虎……三三七一
劉三元……三三七一
牛化麟……三三七一
鍾明節……三三七一
張懋爵……三三七一
薛宗周等……三三七一
徐虎山……三三七二
沈海……三三七二
李昌言……三三七二
陳敏學……三三七三
張元輔……三三七三
曹邦禎……三三七三
李成沛……三三七三
侯甲……三三七三
吕繼盛……三三七三
燕化鵬……三三七三
蘇國化……三三七三
胡國鼎……三三七三
沈烈……三三七三
許守信……三三七三
喬炳……三三七三

楊文達……三三七三
姜振……三三七三
王貴……三三七三
郭天佑……三三七四
吴亨福……三三七四
周洪寧……三三七四
李桐……三三七四
蘇世昌……三三七四
陳杜……三三七四
馮詔……三三七四
王者佐……三三七四
趙聯芳……三三七四
胡宓……三三七四
劉繼漢……三三七四
侯翼通……三三七四
王以仁……三三七四
王大極……三三七四
蘇兆勳……三三七四
程宗灝……三三七五
魏邦俊……三三七五
楊秉忠……三三七五
張鳳羽……三三七五
郝建畿……三三七五
趙浩……三三七五
李師沆等……三三七五
胡式訓……三三七五
董琇……三三七五
牛光天……三三七五
劉漢宜……三三七五
孟臣……三三七五

舒忠讜……三三七五
李宗盛等……三三七五
李建泰……三三七六
從子純……三三七七
李政修……三三七七
梁兆陽等……三三七七
虞胤……三三七七
韓昭宣……三三八〇
白璋……三三八〇
張萬全……三三八〇
張鳳翼……三三八〇
張儆……三三八〇
衛登芳等……三三八〇
郭中杰等……三三八〇
王登憲……三三八一
衛敏……三三八一
張五等……三三八一
劉光裕……三三八一
宋謙……三三八一
惠世揚……三三八一
劉永祚……三三八四
丁國棟……三三八四
米喇印……三三八八
治秉忠等……三三八八
倫泰等……三三八八
徐自礪……三三八八
王奇壽等……三三八八
陳友龍……三三八八
劉克安……三三九〇
吳勝兆……三三九〇

陸炯等……三三九四
吳著等……三三九四
殷起嚴等……三三九四
李魁……三三九四
喬世忠等……三三九四
董巽申……三三九四
喬景星……三三九四
夏完德……三三九四
張六……三三九五
袁國枬等……三三九五
吳勝秦等……三三九五
吳士龍……三三九五
顧有成……三三九五
錢謙益……三三九五
張丁乾……三三九八
海時行……三三九八
法寰……三三九九
張籙……三三九九

卷七十一　列傳第四十七

王得仁……三四〇二
黃天雷……三四〇五
陳芳……三四〇五
冷允登……三四〇五
吳士奇等……三四〇五
宋奎光……三四〇五
張日好……三四〇六
趙士璋……三四〇六
張天耀……三四〇六
郭天才……三四〇六
林宸謨……三四〇七

李之榮……三四〇八
劉一鵬……三四〇八
李士元……三四〇八
蓋遇時……三四〇八
張士舉……三四〇八
曹大鎬……三四〇八
父參芳……三四〇八
從兄大銓等……三四一〇
陳賚典……三四一一
費如郊等……三四一一
張自盛等……三四一一
洪國玉……三四一一
李安民等……三四一三
何興……三四一三
洪日升……三四一三
王寵……三四一二
兄宏……三四一三
鄒燧等……三四一三
馬天俊……三四一四
王道行……三四一四
張天威……三四一四
廖雲從……三四一四
聶行五……三四一四
汪焕……三四一四
徐運光……三四一四
龔心國……三四一四
甘人龍……三四一五
周大鼎……三四一五
盛名世……三四一五
倪元貞……三四一五

陳復明……三四一五
黄加綬……三四一六
吴君龍……三四一六
高日洪……三四一六
萬寧……三四一六
曾明……三四一六
廖文化等……三四一七
譚漸……三四一七
楊文……三四一七
周天吉……三四一八
徐敬時等……三四一八
趙國孝……三四一九
魏福賢……三四一九
宋朝宗……三四一九
徐自成……三四二〇
王昌……三四二〇
劉耀中……三四二一
葉南芝……三四二一
曾斌……三四二一
劉志暎等……三四二一
孫仲奎等……三四二一
林大典……三四二一
蕭國忠……三四二二
姚章甫……三四二二
孫可貴……三四二二
宋大宗……三四二二
蔣英……三四二二
羅明泗……三四二二
陳鳳……三四二二
張和尚……三四二二

李時戴……三四二
范日星……三四三
温玄……三四三
符烈……三四三
曾人傑……三四三
曾成吾……三四三
陳九思……三四三
金行生……三四四
吴惇信……三四四
潘永禧……三四五
楊萬科……三四五
張惟良……三四五
許大成等……三四五
王觀祖……三四五
李芝……三四五
王兆貴……三四二五
李元胤……三四二六
李建捷等……三四二八
張仕新等……三四三〇
賈士奇……三四三〇
閻可義……三四三〇
楊大福……三四三一
羅成耀……三四三三
楊傑等……三四三三
陳復虞等……三四三三
譚鼎臣……三四三三
甘起元……三四三三
田希尹……三四三三
汪在湄……三四三三
杜永和……三四三三

董方策……三四三五
江槱……三四三五
吴文獻……三四三六
梁標相……三四三六
范承恩……三四三六
劉正學……三四三六
張道瀛……三四三六
殷之榮……三四三六
趙千駟……三四三六
嚴遵誥……三四三六
張月……三四三七
李之珍……三四三七
郝尚久……三四三七
車任重……三四三九
羅英……三四四〇
沈時……三四四〇
王朝鼎……三四四〇
劉世俊……三四四〇
黄鼎……三四四〇
張自新……三四四〇
蔡元等……三四四〇
吴萬雄等……三四四一
楊琪華……三四四一
陸應珪……三四四一
楊世俊……三四四一
鄭科偉等……三四四一
薛信辰……三四四一
李光垣……三四四一
淩犀渠……三四四一
吴式亨……三四四一

王永强……三四一
高有才……三四四四
郭毓奇……三四四四
左射斗……三四四四
平德……三四四四
柴化愚……三四四四
王永祚……三四四四
秦一藩……三四四四
劉登樓……三四四五
郭懋祚……三四四五
吴性耀……三四四五
謝汝德……三四四五
任一貴……三四四五

卷七十二　列傳第四十八

李定國……三四四七
子溥興等……三四六八
郭有名……三四六八
王之邦……三四六九
卜寧……三四六九
陳選……三四六九
宋國相……三四六九
周大禎……三四六九
曾瑞芝……三四六九
蕭尹……三四六九
徐天佑……三四六九
王應龍……三四六九
陳良弼……三四六九
桂可培……三四六九
朱喜三……三四六九
夏沛……三四六九

李昌……三四七〇
王漢……三四七〇
施尚義……三四七〇
陳武……三四七〇
李炳……三四七〇
李昇……三四七〇
羅大經……三四七〇
余守琚……三四七〇
王三才……三四七〇
劉正國……三四七〇
李承爵……三四七一
張騏……三四七一
李遠……三四七一
馬士良……三四七一
丁仲柳……三四七一
王道亨……三四七一
胡順……三四七一
黃尚質……三四七一
宋飛仙……三四七一
施縉魯等……三四七二
劉文秀……三四七二
子震等……三四七七
艾能奇等……三四七七
歐陽直……三四七八
劉茂遐等……三四七八

卷七十三　列傳第四十九

白文選……三四八二
徐佩弦……三四八七
薛崇士……三四八七
趙得勝……三四八七

王安……三四八八
陳士慶……三四八八
馮雙鯉……三四八八
子天裕……三四九〇
宋騰熊……三四九一
陳國能……三四九一
馮萬保……三四九一
胡正禮……三四九一
張治法……三四九一
張好……三四九一
王復臣……三四九一
盧名臣……三四九二
周應熊……三四九二
王命臣……三四九二
靳統武……三四九三
竇名望……三四九四
高文貴……三四九五
王璽……三四九六
盧桂生……三四九六
祁三昇……三四九六
吴三省……三四九七
魏勇……三四九八
李本高……三四九八
鄭文雄……三四九八
洪應麟……三四九九
王應舉……三四九九
高明宇……三四九九
雷朝聖……三四九九
族人正勣……三五〇〇
高承恩……三五〇一

王有德……三五〇三
王德地……三五〇三
童相垣……三五〇三
杜學……三五〇三
楊國明……三五〇三
曹珍等……三五〇四
王朝欽……三五〇四
郝承裔……三五〇四
陳建……三五〇六
高隆……三五〇六
龍韜……三五〇六
林萬全……三五〇八
覃文鼎……三五〇八
韋來朝……三五〇八
袁邦泰……三五〇九
莫世欽……三五〇九
羅金鼐……三五〇九
廖篤增等……三五〇九
倪志倫……三五〇九
王之翰……三五〇九
陸仕傅……三五一〇
莫世澤……三五一〇
莫廷陛……三五一〇
周正登……三五一〇
張嘗等……三五一〇
劉文煌……三五一〇
李文斌……三五一一
王祐……三五一一
王英……三五一一
龔典謨……三五一一

僧慈茂等……三五一一
李先芳……三五一一
廖鳳……三五一二
吴祖胤……三五一二
龔瑞等……三五一二
韋綱……三五一二
李亞……三五一二
李勝……三五一三
李喬華……三五一三
何奎豹……三五一三
李盛功……三五一三
梁忠……三五一三
曹友……三五一三
廖午養……三五一三
韋大等……三五一三
潘志乾……三五一三
楊啟芳……三五一三
楊其清等……三五一三

卷七十四　列傳第五十

秦良玉……三五一六
子婦鳳儀等……三五一九
弟翼明……三五二〇
冉紹益……三五二〇
況上聞……三五二〇
楊光斗……三五二〇
子昌厚等……三五二〇
楊勝吉等……三五二〇
楊昌統……三五二一
楊光同……三五二一
楊通堯等……三五二一

黃達……三五二
冉天澤……三五二
從子奇鑣等……三五二
冉天嗣等……三五三
田元……三五三
子霈霖等……三五三
張六謙……三五三
唐鎮邦……三五三
覃進孝……三五三
覃勳麟……三五三
田永豐等……三五三
向同廷等……三五三
向霖龍等……三五三
彭象乾……三五四
子朝柱等……三五四
向暹……三五四
彭弘澍……三五四
田儒英……三五五
魯國道……三五五
楊之明……三五五
阮士奇……三五五
薛維屏……三五五
馮昌期等……三五五
安在嵩等……三五六
郭鸞昌……三五六
祁廷諫等……三五七
馬京……三五七
弟亭……三五八
李華宇……三五八
周雙橋……三五八

全俸……三五二八
丁應選……三五二八
王自明……三五二八
楊起泰……三五二八
何應辰……三五二八
廖依乾等……三五二九
龍在田……三五二九
子韜等……三五三〇
禄永命……三五三〇
王克猷……三五三〇
高位……三五三〇
那嵩……三五三〇
弟崙……三五三一
華……三五三一
子燾……三五三一

朱養恩……三五三二
高應鳳……三五三二
吴宗秀……三五三二
許名臣……三五三二
袁潤……三五三三
刁定邊……三五三三
宋守臣……三五三三
子昌謨等……三五三四
王顯甲……三五三四
楊桂杏……三五三四
龍建極……三五三四
韋國相……三五三四
隴懷玉……三五三四
陸安貴……三五三四
沙飛雄……三五三四

龍昌……三五三四
高天錫……三五三四
程文俊……三五三四
段朱綉……三五三五
楊忠藎……三五三五
蘇鑑……三五三五
岑廷鐸……三五三五
黃天祥……三五三五
黃世勳……三五三五
王萬化……三五三五
韋繼宗……三五三五
韋英……三五三五
鄧世廣……三五三五
莫貴忠等……三五三五
陶斗等……三五三六
楊光謙……三五三七
丁國祥等……三五三八
羅大順等……三五三八
任守綱……三五三八
龍吉兆……三五三九
龍吉佐等……三五三九
楊華如等……三五三九
吕洪揚等……三五三九
莫之廉等……三五三九
王應兆等……三五三九
阿仲等……三五四〇
安坤等……三五四〇
黃鑾長等……三五四一
黃安信等……三五四二
沈文崇等……三五四二

薛士道等……三五四二
蓋世禄……三五四三
王耀祖……三五四三
王先任等……三五四五
齊正等……三五四五
周義等……三五四五
禄昌賢等……三五四六
王朔等……三五四六
秦祖根等……三五四六
李日芳等……三五四六
禄益等……三五四六
楊道生等……三五四六
蟒達喇……三五四七
弟蟒猛白……三五四七
畢方濟……三五四八
艾儒畧……三五四八
潘國光……三五四九
李科羅……三五四九
瞿紗微……三五四九
卜彌格等……三五五〇

卷七十五　列傳第五十一

鄭成功……三五五三
子經……三五七二
孫克塽……三五八三
克㙊……三五八四
楊明琅……三五八七
吴球……三五八七
鄭鴻逵……三五八七
子耀基……三五九〇
族弟芝莞……三五九一

兄子聯……三五九一
季弟斌……三五九一
弟子泰……三五九二
從子纘緒……三五九三
纘祖等……三五九三
弟鳴駿……三五九三
黃昱……三五九四
盧恩……三五九四
楊富……三五九四
謝士英……三五九四

卷七十六　列傳第五十二

馮澄世……三五九六
黃愷……三五九七
林俞卿……三五九八
林其昌……三五九八
蔡雷鳴等……三五九八
潘賡鍾……三五九八
張光啟……三六〇〇
史興明……三六〇〇
程應璠……三六〇〇
李國侯……三六〇〇
陳寶錀……三六〇〇
黃開泰……三六〇一
葉亨……三六〇一
吳慎……三六〇一
楊英……三六〇一
蔡政等……三六〇一
常壽凝……三六〇二
葉茂時……三六〇二
沈儒……三六〇二

鄧會……三六〇二
張一彬……三六〇二
洪志高……三六〇二
吳南朗……三六〇三
薛聯桂……三六〇三
鄭擎柱……三六〇三
李孟弢等……三六〇三
林習山……三六〇三
佘寬……三六〇四
張英……三六〇四
王之經……三六〇五
馬龍……三六〇六
施天福……三六〇六
黃興……三六〇七
黃海如等……三六〇七
許龍……三六〇八
蘇利……三六〇八
高亮福……三六〇九
盧質……三六〇九
劉公顯……三六〇九
許國佐等……三六一一
黃毅中……三六一一
邢之桂……三六一一
謝嘉賓……三六一一
黃夢選……三六一一
黃三槐等……三六一一
張進……三六一三
子日耀等……三六一四
鄭香……三六一四
陳華……三六一四

羅棟等……三六一四
道宗……三六一四
翁求多……三六一四
林察……三六一四
黃大振……三六一六
王秀奇……三六一六
陳霸……三六一八
杜煇……三六二〇
陳秀……三六二一
郭熺……三六二一
郭之英……三六二一
楊濟時……三六二一
朱壽……三六二一
藍登……三六二一
林順……三六二一
甘煇……三六二三
子孟熚……三六二九
柯鵬……三六二九
江龍……三六二九
施舉……三六二九
翁天祐……三六二九
羅蘊章……三六三〇
余新……三六三〇
魏標等……三六三一
朴世用……三六三一
洪復……三六三一
劉茂燕……三六三一
萬禮……三六三一
楊祖……三六三三
唐邦杰……三六三四

姚國泰……三六三四
韓英……三六三四
王起鳳……三六三四
馬信……三六三五
李必……三六三九
蔡瓊枝……三六三九
齊維藩……三六三九
黎嶽詹……三六三九
王士軾……三六三九
黄揆……三六三九
郝文興……三六三九
陳堯策……三六四〇
楊世德……三六四一
林明……三六四一
黄昌……三六四一
蘇茂……三六四二
劉道璋……三六四三
華棟……三六四四
王士元……三六四四
柯宸樞……三六四四
子平……三六四五
林壯猷等……三六四六
林德榮……三六四六
陳六御……三六四六
巴臣興……三六四七
杜茂虎等……三六四八
張魁等……三六四八
張洪德……三六四八
陳魁……三六四八
林勝等……三六四九

藍衍……三六五一
周瓊……三六五一
王大雄……三六五一
陳斌……三六五二
汪匯之……三六五三
陳鵬……三六五三
陳璋……三六五四
胡靖……三六五五
吴豪……三六五五
陳蟒……三六五五
陳輝……三六五五
陳奇……三六五七
吴英……三六五七
王志……三六五七
黄廷……三六五七
子而輝……三六六一
方機……三六六一
洪政……三六六一
黄山……三六六一
王宇太……三六六二
陳昇……三六六二
許貞……三六六二
許盛……三六六二
黄明……三六六二
周全斌……三六六二
高謙……三六六九
戴可進……三六六九
高一階……三六六九
劉世賢……三六六九
沈吉……三六六九

林孺……三六六九
陳其綸……三六七〇
許勝可……三六七〇
李廷玉……三六七〇
萬雲龍……三六七〇
汪龍……三六七〇
盧洪士……三六七一
潛良駟……三六七一
蕭來儀……三六七一
曹子布等……三六七一

卷七十七　列傳第五十三

陳永華……三六七四
子夢瑋等……三六七七
兄子繩武……三六七七
葉后詔……三六七七
楊朝棟……三六七七
李其蔚……三六七八
許贊……三六七八
鄭德瀟……三六七八
鄭省英……三六七八
楊忠……三六八〇
陳昌言等……三六八〇
洪旭……三六八〇
子磊等……三六八四
戴捷……三六八四
翁峻高……三六八四
李舜英……三六八四
黄安……三六八四
陳澤……三六八七
黄昭……三六八七

蕭拱辰等……三六八七
林鳳……三六八八
林玘……三六八八
劉國軒……三六八八
弟應和等……三七〇五
房星燁……三七〇五
王元衡……三七〇五
邢虞建……三七〇六
李奇生……三七〇六
范進……三七〇六
張方聖……三七〇六
羅萬里……三七〇六
廖丑……三七〇六
陳昌……三七〇六
賴陞……三七〇六
楊捷……三七〇六
林賢……三七〇六
黄鎬……三七〇六
何應元……三七〇六
陳子威……三七〇六
黄柏……三七〇六
李近……三七〇六
陳士愷……三七〇六
鄭奇烈……三七〇七
紀朝佐……三七〇七
吴桂……三七〇七
萬正色……三七〇七
林日向……三七〇七
裴震忠……三七〇七
黄瑞……三七〇七

陳昴……三七〇七
阮欽爲……三七〇七
鄭世雄……三七〇七
游觀光……三七〇七
林鳳……三七〇七
施應元……三七〇七
李廷彪……三七〇七
黄登……三七〇七
湯明……三七〇七
詹盛……三七〇八
陳大舉等……三七〇八
包永才……三七〇八
馮錫範……三七〇八
鄧麟采……三七一〇
劉炎……三七一〇
王錫璠……三七一〇
父進功……三七一〇
何可化……三七一一
王者都……三七一一
林之木……三七一一
喬甲觀……三七一一
郭炳興……三七一一
張學堯……三七一一
華尚蘭等……三七一一
劉進忠……三七一三
曾成……三七一七
蔡茂植……三七一八
江德中……三七一八
王仕雲……三七一八
童士超……三七一八

鄭元忠……三七一八
陳奠……三七一八
陳璡……三七一八
劉成良……三七一八
苗之秀……三七一八
張國勳……三七一八
吳淑……三七一八
弟潛……三七一九
劉應麟……三七二四
薛進思等……三七二四
趙得勝……三七二五
許耀……三七二六
馬成龍……三七二八
蔡元義……三七二九
羅其熊……三七三〇
張治等……三七三〇
蔡璋……三七三一
王雲龍……三七三一
江機……三七三一
楊一豹……三七三一
林陞……三七三二
劉天福……三七三六
吳啟爵……三七三六
蔣懋勳等……三七三六
江勝……三七三六
金漢臣……三七三八
阮欽等……三七三八
林明……三七三九
丘煇……三七三九
何祐……三七四一

陳諒……三七四三
陳啟明……三七四六
蕭琛……三七四六
元琳……三七四七

卷七十八　列傳第五十四

張國維……三七五〇
子世龍……三七五四
世鳳……三七五四
世鵬……三七五四
從子世濟等……三七五四
雷起劍……三七五四
鍾鼎新……三七五四
吕忠宗……三七五四
王國斌……三七五四
趙天祥……三七五五
俞國榮……三七五五
王合……三七五五
葉珍……三七五五
陳道立……三七五五
張劭……三七五五
方逢年……三七五五
陳盟……三七五六
子緦宗……三七五七
莊恒……三七五七
陳函輝……三七五八
子臣謙等……三七五九
閔繼縉……三七五九
楊體元……三七五九
王立準……三七五九
包與……三七六〇

柯夏卿……三七六〇
陶履卓……三七六〇
王自超等……三七六〇
聶慎行……三七六一
沈光融……三七六一
馬晉胤……三七六一
翁明英……三七六一
金維寧……三七六一
周懋宜……三七六一
周玾瑩……三七六一
何堅……三七六一
華光宇……三七六一
翁朝元……三七六一
曹維才……三七六一
陳時暘……三七六二
朱大典……三七六二
子萬化等……三七六六
徐調元……三七六六
朱贊元等……三七六六
吴邦璿……三七六七
何武……三七六七
陳漢章等……三七六七
嚴萬齡……三七六七
錢茂權……三七六七
杜學伸……三七六七
俞繼音……三七六八
傅元舒……三七六八
葉德機等……三七六八
鄭郊等……三七六八
陳許廷……三七六八

孔時發……三七六八
周鑑……三七六八
朱繼祚……三七六八
王士玉……三七六九
黄中瑞……三七六九
顧世臣……三七六九
周霑……三七六九
戴嘉祉……三七七〇
彭士熪……三七七〇
劉中藻……三七七〇
子思沛等……三七七二
崔樅……三七七二
陳永錫……三七七二
連邦琪等……三七七二
繆士垧……三七七三
方德新……三七七三
郭邦雍等……三七七三
吕天睍……三七七三
董世上……三七七三
盧守譜……三七七三
王公哲等……三七七三
張先……三七七四
劉桓……三七七四
吴應芳……三七七四
鄭方三等……三七七四

卷七十九　列傳第五十五

孫嘉績……三七七五
子延齡……三七七七
邵秉節……三七七七
陳相才……三七七七

陳孔言等……三七七八
章憲……三七七八
陳昌胤……三七七八
陳君平……三七七八
熊汝霖……三七七八
弟汝震……三七八三
從子茂芳等……三七八四
趙元謙……三七八四
邵應斗……三七八四
盧瑋……三七八四
吴麟武……三七八四
潘映婁……三七八四
宋若蘇……三七八四
錢階等……三七八四
陳達……三七八四
陳希友等……三七八五
熊日繪……三七八五
湯供……三七八五
崔相……三七八五
陳豸……三七八五
馬思理……三七八五
錢肅樂……三七八七
子兆恭……三七九五
弟肅圖……三七九五
肅範……三七九五
肅祺……三七九六
肅遴……三七九六
肅典……三七九六
肅采……三七九六
肅繡……三七九六

族弟肅文等……三七九七
董光遠等……三七九七
戴爾惠……三七九七
羅心朴……三七九七
袁州佐……三七九七
趙光祖等……三七九七
李芳泰……三七九八
吴元德……三七九八
江漢……三七九八
王來咸……三七九八
葉謙……三七九八
龐俊……三七九八
葉進晟等……三七九八
姚翼明……三七九八
隆琦……三七九九

卷八十　列傳第五十六

沈宸荃……三八〇一
族弟崇埨……三八〇四
劉沂春……三八〇五
李之椿……三八〇五
子旦等……三八〇七
陳立言……三八〇七
施鵬舉……三八〇七
沈榮等……三八〇七
從子棨……三八〇八
沈重熙……三八〇八
項禹揆……三八〇八
周世臣……三八〇八
韓四維等……三八〇八
李樊同……三八〇八

萬粲……………………三八〇八
李長祚……………………三八〇八
張之斗……………………三八〇八
張肯堂……………………三八〇九
林深等……………………三八一三
蘇兆人……………………三八一四
張文炯等……………………三八一四
董德偁……………………三八一四
弟德階等……………………三八一四
兄子隆吉……………………三八一四
宋龍……………………三八一四
范兆芝……………………三八一四
劉鳳翥……………………三八一四
葉伯闇……………………三八一五
張在宥……………………三八一五
章正宸……………………三八一五
子礐……………………三八一八
弟正宷……………………三八一九
李長祥……………………三八一九
丁慧生……………………三八二〇
章有功……………………三八二〇
弟有思……………………三八二二
楊爾銘等……………………三八二二
張煌言……………………三八二二
父圭章……………………三八二二
楊升……………………三八三二
陳文達……………………三八三二
阮春雷……………………三八三三
鄔俊……………………三八三三
王寅生……………………三八三三

劉世賢……三八三三
陳修……三八三三
張承恩……三八三三
羅子木……三八三三
王居敬等……三八三三
楊冠玉……三八三三
僧超直……三八三三
張用……三八三三
李屺源……三八三三
朱天璧……三八三三
張文嘉……三八三三
閻國選……三八三四
全美樟……三八三四
葉振名……三八三四
朱兆殷……三八三四
周公虞……三八三五
胡宗武……三八三五
王應玘……三八三五
張遐勳……三八三五
徐允巖……三八三五

卷八十一　列傳第五十七

余煌……三八三七
朱兆柏……三八三九
李白春……三八四〇
張文娗……三八四一
楊玄錫……三八四一
黃岳……三八四一
徐徵麟……三八四一
岳映斗……三八四一
李崇稷……三八四一

夏有奇……三八四一
水榮旭……三八四二
王觀瀛……三八四二
楊鵬翼……三八四二
陳式裕……三八四二
陳邦政……三八四二
蔡一鼎……三八四二
施顯謨……三八四二
葛士禎……三八四二
王夢錫……三八四二
林日光……三八四三
徐家麟……三八四三
周繼芳……三八四三
俞邁生等……三八四三
張德行……三八四三
來在聖……三八四三
陳錫……三八四三
徐國珩……三八四三
徐振奇……三八四三
張名翰等……三八四四
王思任……三八四四
余增遠等……三八四六
李棡等……三八四六
沈延禧……三八四六
徐遠……三八四六
沈泰璿……三八四七
周仲璉……三八四七
王作霖……三八四七
李國標……三八四七
張域……三八四七

張文鬱……三八四七
　子元聲等……三八四八
金和……三八四八
鄒璘……三八四八
田嘉年……三八四八
沈述裘……三八四八
于公允……三八四八
鄭箎卿……三八四八
詹承祉……三八四八
馬權奇……三八四八
張以邁……三八四九
陳調元……三八四九
方陞……三八四九
余敦倫……三八四九
項承德……三八四九
周宗璧……三八四九
王大成……三八四九
傅奇遇等……三八四九
吴鍾巒……三八四九
　子佑之……三八五三
　福之……三八五三
徐景芳……三八五四
林正亨……三八五四
陳鳴石……三八五四
陳兆藩……三八五四
薛敬孟……三八五五
林鉉……三八五五
李向中……三八五六
朱永祐……三八五八
余颺……三八五八

兄光……三八五九
林衍培……三八五九
周嬰……三八五九

卷八十二　列傳第五十八

姜埰……三八六二
子安節等……三八六四
弟垓……三八六四
兄圻……三八六四
馮敬舒……三八六五
馮起綸……三八六五
馮崑……三八六五
唐階泰……三八六六
父自華……三八六六
沈延嘉……三八六六
黄鼎鼐……三八六六
黄運泰……三八六六
牟賢……三八六七
董應濟等……三八六七
史奕楠……三八六七
楊宗簡……三八六七
陸鳴時……三八六七
董學成……三八六七
盧之頤……三八六七
周昌時等……三八六七
兄昌會……三八六七
沈士穎……三八六八
申人縠……三八六八
陳昱……三八六八
陳藎卿……三八六八
王欽瑞等……三八六八

駱國挺……三八六八
李文靖……三八六八
周家偉等……三八六八
許士儉……三八六九
胡鳴璁……三八六九
單一鳴……三八六九
陳大奎……三八六九
李廷傑……三八六九
汪沐日……三八六九
嚴通……三八七〇
林大乾……三八七一
黃宗羲……三八七一
從弟世春……三八七六
汪涵……三八七六
茅翰……三八七六
林時對……三八七六
徐明節……三八七七
阮震亨……三八七七
徐殿臣……三八七八
劉勷……三八七八
顧朱……三八七八
向北……三八七九
俞咨龍等……三八七九
李可立……三八七九
劉明孝……三八七九
宋運昌……三八七九
李大年……三八七九
紀五昌……三八七九
王萬祚……三八七九
鍾鳴雷……三八八〇

彭彥昭……三八八〇
陸鋐……三八八〇
駱大良……三八八〇
王正中……三八八〇
陳梧……三八八一
張利民……三八八一
徐之垣……三八八二
姚應嘉……三八八三
子士鍔……三八八四
弟會嘉……三八八四
譚貞默……三八八四
雍熙日……三八八四
林國棟……三八八四
章鳴鳳……三八八四
戴杏芳……三八八五
全大和等……三八八五
李文爟等……三八八五
章函貞……三八八五
陳潛夫……三八八五
弟麗明等……三八八八
葛世振……三八八八
沈泓等……三八八九
魯㮚……三八八九
李仕魁……三八八九
何喬遇……三八八九
朱灝……三八八九
費緯祥……三八八九
陳箴言……三八九〇
何法仁……三八九〇
鄭之訓……三八九〇

駱光賓……三八九〇
姜昌周……三八九〇
董守諭……三八九〇
子道權……三八九一
莊元辰……三八九一
林祚隆等……三八九三
王藥師……三八九四
金蘭……三八九四
徐景麟……三八九四
沈泰藩等……三八九四
陶景麟等……三八九四
王玉書……三八九五
李山……三八九五
子天民……三八九五
王玉藻……三八九五
子武徵等……三八九六
姚紀等……三八九六
來集之……三八九七
從兄方煒……三八九七
子爾昌等……三八九七
徐爾一……三八九七
子定達等……三八九九
蔡勷……三八九九
吴之龍……三八九九
史學易……三八九九
張錧……三九〇〇
秦祖襄……三九〇〇
駱方璽……三九〇〇
史繼鰌……三九〇一
陳朝輔……三九〇一

楊德周……三九〇一
李安世等……三九〇一
來咨諏……三九〇一
陸寶……三九〇二
顧超……三九〇二
李元曜……三九〇二
沈茝等……三九〇二
丘子章……三九〇二
施鉉……三九〇二
孫肩……三九〇二
李文緝等……三九〇二
范汝植……三九〇二
朱邦翰……三九〇二
吳之經……三九〇三
王至京……三九〇三
張泉……三九〇三
林增式……三九〇三
吳振芳等……三九〇三
董應遵等……三九〇三
陸符等……三九〇三
韓巖……三九〇三
沈光瑀……三九〇三
李維墉……三九〇三
蔡繼曾……三九〇四
邵之詹……三九〇四
孫榘……三九〇四
包爾庚……三九〇五
孫鼎……三九〇六
沈綵……三九〇六
王紹美等……三九〇七

張壎……三九〇七
周齊曾……三九〇七
叔元良……三九〇八
吳之器等……三九〇八
陳士元……三九〇八

卷八十三　列傳第五十九

陳子龍……三九一一
宋徵璧……三九一五
王澐……三九一五
朱世禎……三九一五
徐桓鑒……三九一五
孫和鼎等……三九一六
殷之輅等……三九一六
張寬等……三九一六
徐開祚等……三九一六
夏發英……三九一六
俞積沛等……三九一六
張敬……三九一七
笪君甫……三九一七
王觀光等……三九一七
黃濤……三九一七
沈廷揚……三九一七
子元泰等……三九二一
黃銘丹……三九二一
劉四公……三九二一
沈始元等……三九二一
沈宏之……三九二一
袁雲芝……三九二三
于穎……三九二三
徐胤昇……三九二四

朱壽宜等……三九二四
沈邦通……三九二四
沈鎮東……三九二四
朱伯玉……三九二五
徐芳烈等……三九二五
王宗茂等……三九二五
包秉德……三九二五
白抱一……三九二五
何綸……三九二九
李挺……三九二九
姚允致……三九三〇
蔡堯中……三九三〇
錢履福……三九三〇
潘茂達等……三九三〇
陳達情……三九三〇
俞綸……三九三〇
江文淳……三九三〇
馮願……三九三〇
胡灊……三九三一
吴廷簡……三九三一
郭玉昇……三九三一
易震吉……三九三一
張孝龕……三九三一
文王輔……三九三一
許宸章等……三九三一
張名籙……三九三一
徐金芝……三九三一
兄可貞……三九三三
李振璣等……三九三三
李文燮……三九三三

杜騏徵……三九三二
徐鳳垣……三九三二
虞國鎰……三九三二
丁泰清……三九三三
張尚爕……三九三三
陳鳳圖……三九三三
舒天福……三九三三
胡耀庚……三九三三
李凱……三九三三
金有聲……三九三三
何弘仁……三九三三
兄育仁……三九三三
李爲芝……三九三四
楊三星……三九三四
荆本澈……三九三四
子沐等……三九三六
兄本源等……三九三六
張士儀……三九三六
黄五嘗……三九三七
胡來貢……三九三七
沈虎臣……三九三七
潘復……三九三七
徐百瑜……三九三七
王顯……三九三七
梅之熚……三九三七
張祺……三九三八
夏國士……三九三八
樊養昂……三九三八
王臣縉……三九三八
周夢鸞……三九三八

沈乙……三九三八
端茂杞……三九三八
姚赤文……三九三八
張采……三九三九
馮元飂……三九四〇
伯兄元颺……三九四〇
從弟元飆……三九四一
族家禎等……三九四一
劉性恒……三九四一
朱大定……三九四一
兄子茂暻等……三九四三
錢重……三九四三
張賁……三九四三
徐桐……三九四三
汪碩德……三九四三
曹廣等……三九四四
金公玉……三九四五
楊崑……三九四五
耿章光等……三九四五
蔣思宸……三九四五
朱日升……三九四五
齊應麟……三九四五
張簡……三九四五
嚴塽……三九四五
于在鎔……三九四六
許誎……三九四六
曾古風……三九四六
吳永功……三九四六
堵道楠等……三九四六
吳逵……三九四六

查繼佐……三九四六
兄繼坤等……三九四七
任孔當……三九四七
宋珍……三九四八
朱之彪……三九四八
范驤……三九四八
吴脈鬯……三九四八
孫宏……三九四八
谷文光……三九四九
王朝鼎……三九四九
沈履祥……三九四九
傅巖……三九五〇
子齡發等……三九五一
毛元時等……三九五一
洪錫祚……三九五一
張印立……三九五一
鄭爾説……三九五二
李茂根……三九五二
吴國粹……三九五二
陳熙……三九五二
韋克振……三九五二
雷永祚……三九五二
毛重光……三九五二
周有鳳……三九五二
郭振清……三九五二
胡士瑾……三九五二
秦之鑑……三九五三
羅璧……三九五三
潘懋璋……三九五三
錢炳……三九五三

强恂 …… 三九五三
張世位 …… 三九五三
葉應期 …… 三九五三
謝甲 …… 三九五三
蘇萬元 …… 三九五三
丁益高 …… 三九五三
楊秭 …… 三九五三
陸瑞徵 …… 三九五三
劉鼎 …… 三九五三
扶國祚 …… 三九五三
陳其德 …… 三九五四
高秉衡 …… 三九五四
馬軾 …… 三九五四
陸長祚 …… 三九五四
方可選 …… 三九五四
李永周 …… 三九五四
吴人傑 …… 三九五四
張元度 …… 三九五四
聶胤緒 …… 三九五四
向秋闈等 …… 三九五四
李位卿 …… 三九五四
方學聖 …… 三九五四
唐銓 …… 三九五五
顧其康 …… 三九五五
羅聯第 …… 三九五五
解學周 …… 三九五五
謝時揚 …… 三九五五
劉廷憲 …… 三九五五
張如戴 …… 三九五五
龐霦 …… 三九五五

袁建高……三九五五
劉文舉……三九五五
尹天民……三九五五
龔則悦……三九五五
姜賜履……三九五五
薛大訓等……三九五五
朱國藩……三九五六
馮汝縉……三九五六
黄鐘諧……三九五六
楊春芳……三九五六
錢爾登……三九五六
張國寶……三九五六
馮瑋……三九五六
陳汝奇……三九五六
左國柱……三九五六
余懷悌……三九五六
王一友……三九五六
周甲……三九五六
黄翼聖……三九五七
甘元鼎……三九五七
朱介……三九五七
沈諫……三九五七
徐文炳……三九五七
陳瀛……三九五七
朱允治……三九五七
查嗣馨……三九五七
蔣星煒……三九五七
吴主一……三九五七
賈爾壽等……三九五七
高應魁……三九五八

潘允濟……三九五八
許士龍……三九五八
林喬枝……三九五八
李長盛……三九五八
王日俞……三九五八
黄元如……三九五八
程章……三九五八
蔣時秀……三九五八
陳昌期……三九五八
武際飛……三九五八
王丕顯……三九五九
徐懋曙……三九五九
黄以陞……三九五九
孔聞語……三九五九
馬夢桂……三九五九
詹承忐……三九五九
胡澄一……三九五九
姜瑄……三九五九
林堯斌……三九五九
孫敷華……三九五九
黄開先……三九五九
蔣懋……三九五九
苟天麒……三九五九
戴立大……三九五九
陳三謨……三九六〇
史起明……三九六〇
鄭尚藩……三九六〇
張履謙……三九六〇
衛寧殷……三九六〇
文可紀等……三九六〇

何天寵……三九六〇
施于身……三九六〇
葛延方……三九六〇
徐奇……三九六〇
張紹謙……三九六〇
劉辰楫……三九六一
張開泰……三九六一
單世德……三九六一
李汝斌……三九六一
陶元祐……三九六一
袁俊年……三九六一
王家臣……三九六一
曾五典……三九六一
顧襄遠……三九六一
吴琪滋……三九六一
蕭光辰……三九六一
徐美……三九六一
方士衡……三九六一
黄立中……三九六一
陳正卿……三九六一
劉登之……三九六二
宋貞夫……三九六二
王有旦……三九六二
王應井……三九六二
王榜……三九六二
謝所舉……三九六二
汪應晋……三九六二
孔時發……三九六二
洪明偉……三九六二
姜志宏……三九六二

張鵬騰……三九六二
李用和……三九六二
萬鵬颸……三九六二
李茂……三九六二
馬瑞圖……三九六三
劉誄……三九六三
史遇……三九六三
朱朝藩等……三九六三
藍倬默……三九六三
舒自志等……三九六三
陳所聞……三九六三
李之杜等……三九六三
郭運暄……三九六三
江延正……三九六三
李應祚……三九六三
朱宗時……三九六三
劉大有……三九六三
劉日鎰等……三九六四
王日新……三九六四
張建高……三九六四
孫振圖……三九六四
王希乾……三九六四
周希契……三九六四
袁嵩年……三九六四
周正春……三九六四
施春錦……三九六四
李肇勳……三九六四
曹壽……三九六五
陳國璧……三九六五
王兆修……三九六五

鄒期相……三九六五
嚴日明……三九六五
歐中蘇……三九六五
卜云吉……三九六五
陳士奇……三九六五
甘麟徵……三九六五
徐日隆……三九六五
仇秉忠……三九六五
伊志可……三九六五
鄺用賢……三九六六
戴啟禎……三九六六
張岳……三九六六
黄天弼……三九六六
葉伯奮……三九六六
高淩雲……三九六六
林之驥……三九六六
李裴……三九六六
顧孝弘……三九六六
龔策……三九六六
羅章黼……三九六六
方鳴秋……三九六七
張一孺……三九六七
包蒙吉……三九六七
朱泌之……三九六七
王至雍……三九六七
何懿……三九六七
譚于墀……三九六七
章光祺……三九六七
胡東甌……三九六七
金應元……三九六七

趙嗣先……三九六七
張正乾……三九六七
葉雷生……三九六七
殷埕……三九六七
胡寧濂……三九六七
陶元勳……三九六七
徐彥……三九六七
沈潛……三九六七
朱之裿……三九六八
季振宗……三九六八

卷八十四　列傳第六十

林蘭友……三九七〇
從子炅……三九七一
盧若騰……三九七一
弟若驤……三九七三
族弟若驥……三九七三
鄭以佳……三九七三
盧瀾……三九七三
林汝翥……三九七三
魏憲……三九七四
陳家麟……三九七四
林夢龍……三九七四
陳世亨……三九七四
林垐……三九七五
子鍾爵等……三九七六
鄧良藩等……三九七六
張士燦等……三九七七
葉子器……三九七七
郭文寬等……三九七七
林之蕃……三九七七

李士彦……三九七七
王來聘……三九七八
張寂惺……三九七八
湯芬……三九七八
周之夔……三九七九
趙最……三九八〇
彭遇飀……三九八〇
胡允貢……三九八一
盛于唐……三九八一
王期昇……三九八一
吴景亶等……三九八一
郭符甲……三九八二
子喬柱等……三九八三
顔昌儒等……三九八三
諸葛斌……三九八三
郭顯……三九八三
李甲……三九八四
朱甲……三九八四
林嵋……三九八四
兄簡等……三九八四
都廷諫……三九八四
毛端……三九八四
林逢經……三九八五
弟逢平……三九八五
林尊賓……三九八五
林説等……三九八六
梁鼎鍾等……三九八六
黄同……三九八六
王恩及……三九八六
弟恩鴻……三九八六

陳大年……三九八六
黃贇朱……三九八七
鄢正畿……三九八七
弟正蓟等……三九八七
陳紹顏……三九八七
王翊……三九八七
弟翃……三九九一
沈調倫……三九九一
黃中道……三九九一
蔣士銓……三九九一
石必正等……三九九一
馮京第……三九九二
邵一梓等……三九九四
張元……三九九四
張文熊……三九九四
王江……三九九四
趙立言等……三九九五
鄭溱……三九九五
張夢錫……三九九六
董志寧……三九九六
子士駿等……三九九七
朱養時……三九九七
吳明中……三九九九
鄭遵儉……三九九九
郭定等……三九九九
李國楨……三九九九
李開國……三九九九
梁隆吉……三九九九
林瑛……三九九九
楊思任……四〇〇〇

江用楫……四〇〇〇
董玄……四〇〇〇
劉午陽……四〇〇〇
朱萬年……四〇〇〇
顧珍……四〇〇〇
王壐……四〇〇〇
顧宗堯……四〇〇〇
顧玢……四〇〇〇
陳所學……四〇〇〇
曹威鳳等……四〇〇〇
陳駒……四〇〇〇
周在德……四〇〇〇
韓允祥等……四〇〇一
江中汜……四〇〇一
劉孟賢……四〇〇一
張鵬翼……四〇〇一
曹鼒……四〇〇一
曾應選……四〇〇一
戴仲明……四〇〇一
章有期……四〇〇一
顧明楫……四〇〇一
朱錫齡……四〇〇一
林世英等……四〇〇一

卷八十五　列傳第六十一

王之仁……四〇〇四
子鳴謙……四〇〇八
林時叙……四〇〇八
陳肇域……四〇〇八
李杲等……四〇〇八
張堅……四〇〇八

章其元……四〇〇八
張傑……四〇〇八
丁壽昌……四〇〇八
姜鎮周……四〇〇九
何永懃……四〇〇九
戴一美……四〇〇九
向應龍……四〇〇九
陳衷赤……四〇〇九
吴琦……四〇〇九
方元科……四〇〇九
方士衍……四〇一三
方國榜……四〇一三
鄭遵謙……四〇一三
父之尹……四〇一三
子懋繩等……四〇一四
薛允勳……四〇一四
鄭之翰……四〇一五
周晋……四〇一五
施湯賢……四〇一五
鄭體仁……四〇一五
傅商弼……四〇一五
史在慧……四〇一五
阮日生……四〇一五
吕宣忠……四〇一五
父顧良……四〇一五
康承爵……四〇一七
倪長圩……四〇一八
湯雲章……四〇一八
馬鳴雷等……四〇一八
萬方……四〇一八

周一誠……四〇一八
馬文治……四〇一八
王斌……四〇一九
許丕祚等……四〇一九
金光宸……四〇一九
孫爽……四〇一九
朱民悦……四〇二〇
王雲衢等……四〇二〇
嚴廷傑等……四〇二〇
劉鼎銘等……四〇二〇
曹鳳鳴……四〇二〇
韓萬象……四〇二〇
王有虔……四〇二〇
祝以真等……四〇二〇
卞洪載等……四〇二一
蕭奇中等……四〇二二
金有鑑……四〇二二
蔡璠……四〇二三
温侃……四〇二三
管之奇等……四〇二三
費弘璣……四〇二三
陳上勳……四〇二三
孫文龍……四〇二三
毛濬思……四〇二三
李虎……四〇二三
馮爾翼……四〇二三
吴紉蘭……四〇二三
韓繹祖等……四〇二三
張萼威……四〇二三
王光祇等……四〇二三

陳盛儀……四〇二四
王士譽……四〇二四
徐昌明……四〇二四
華始旦……四〇二四
姚志卓……四〇二四
方元章……四〇二五
張嘉運……四〇二六
丘若濬……四〇二六
嚴于鉽……四〇二六
帥應璧……四〇二六
周其仁……四〇二六
朱東觀……四〇二六
童聞孝……四〇二六
阮國禎……四〇二七
陳萬良……四〇二七
翁思明……四〇三〇
田一鵬……四〇三〇
僧垂髫……四〇三〇
徐龍達……四〇三〇
穆祖泉……四〇三三
王草包……四〇三三
柏襄甫……四〇三三
朱弘宇……四〇三六
盛貴……四〇三六
沈良……四〇三六
黄岳……四〇三六
王濳夫……四〇三七
奚安國……四〇三七
張守智……四〇三七
行滿……四〇三八

顧飛熊……四〇三八
唐彪……四〇三八
王俊……四〇三九
夏三殷……四〇三九
金甌等……四〇三九
真勗等……四〇三九
錢達……四〇四〇
薛貓……四〇四二
裘紹錦……四〇四二
子永明……四〇四三
族文煒等……四〇四三
周敬執……四〇四三
劉穆……四〇四三
子肇勣等……四〇四四
陸建夔……四〇四五
沈迴瀾等……四〇四五
謝正讓等……四〇四六
謝正謙……四〇四六
汪登瑞……四〇四六
張國紀……四〇四六
張立中等……四〇四六
張其燮……四〇四六
高應龍……四〇四六
黄明卿……四〇四六
王時柏等……四〇四六
熊師……四〇四七
鄭維城……四〇四七
章贇……四〇四七
宋明宇……四〇四七
王觀昉……四〇四七

葉進達等……四〇四七
吴凱……四〇四八
子舜景……四〇四九
族萬里等……四〇四九
裘尚奭……四〇四九
高鶴鳴……四〇四九
壽胤昌……四〇五〇
黄岳……四〇五〇
吕元鋌……四〇五一
周昌祚……四〇五一
姚球……四〇五一
俞其茂……四〇五一
張歧鳴……四〇五一
郎奉泉……四〇五一
宋印晟……四〇五一
李唐禧……四〇五一
章廷綬……四〇五二
李礎……四〇五二
徐瑩……四〇五二
范廷宰……四〇五二
侯干城……四〇五二
葛元亮……四〇五三
郭圭……四〇五三
張錦……四〇五三
朱少奇……四〇五三
蔣若來……四〇五三
子傳等……四〇五四
從子珍……四〇五四
袁鼎等……四〇五四
張鵬翼……四〇五四

弟鵬飛……四〇五六
繼榮……四〇五六
徐汝琦……四〇五六
徐彦琦……四〇五七
徐洪彦……四〇五七
徐日舜……四〇五七
謝之玄……四〇五七
趙文鈐……四〇五七
顧勷……四〇五七
張其勷等……四〇五七
姜君獻等……四〇五七
陳謙……四〇五八

卷八十六　列傳第六十二

張名振……四〇六二
子文魁……四〇七〇
兄名拱……四〇七〇
弟名揚……四〇七〇
名斌……四〇七〇
馬龍……四〇七〇
顧忠……四〇七〇
焦文玉……四〇七〇
楊復葵……四〇七〇
一泓……四〇七〇
平一統等……四〇七一
劉應德等……四〇七一
王朝先……四〇七一
萬時輅……四〇七三
阮進……四〇七三
從子駿……四〇七五
美……四〇七五

騂……四〇七六
驥……四〇七六
孫三魁等……四〇七六
張晉爵……四〇七六
陳九徵……四〇七六
俞師範……四〇七六
劉守賢……四〇七六
張義……四〇七七
周鶴芝……四〇七七
子家正……四〇八〇
弟瑞……四〇八一
林籥舞……四〇八一
趙牧……四〇八一
趙玉成……四〇八一
孫昌文……四〇八一
楊秋……四〇八二
曾德……四〇八二
顔榮等……四〇八二
陳國祚等……四〇八二
湯蘭……四〇八三
弟桂……四〇八三
涂覺……四〇八三
章義……四〇八四
艾元凱等……四〇八四
章雲飛……四〇八四
劉世勳……四〇八四
子炳……四〇八五
沈大成……四〇八五
李向榮……四〇八五
馬泰……四〇八五

張弘謨等……四〇八五
吕金聲等……四〇八六
單登雪等……四〇八六
王天培等……四〇八六
王朝相……四〇八六
何兆龍……四〇八六
高復卿……四〇九一
陳文通……四〇九二
王安邦……四〇九二
廖元……四〇九二
陳倉……四〇九二
林太師……四〇九二
馮生舜……四〇九二
程煌……四〇九二
沈可耀……四〇九二
王廷簡……四〇九二
沈時……四〇九二
張實孚……四〇九二
徐裕……四〇九二
吴懋修……四〇九三
柳國柱等……四〇九三
翁陞初……四〇九三
陳君鑑……四〇九三
王廷棟……四〇九三
王樂天……四〇九三
俞國望……四〇九三
丁日鑲等……四〇九四
徐鳴珂……四〇九四
袁國華……四〇九四
楊三教等……四〇九四

沈爾緒等……四〇九四
董有成……四〇九四
尹燦……四〇九四
喻恭復……四〇九八
趙壽……四〇九九
徐守平……四〇九九
俞茂功……四〇九九
周欽貴……四〇九九
陳憲佐……四〇九九
何德成……四〇九九
王善長……四〇九九
陳天樞……四一〇〇
劉翼明……四一〇〇
陳國寶……四一〇〇
石仲芳……四一〇一
王化龍……四一〇三
顧奇勳……四一〇三
陳瑞……四一〇三
方胤昌……四一〇三
蔡乃漢……四一〇三
董其成……四一一三
張元石……四一一三
周魁軒……四一一三
孫化庭……四一一三
徐小野……四一一三
趙應元……四一一三
楊王休……四一一三
李小亭……四一一三
張興……四一一三
潘之英……四一一三

王俊……四一一三
劉黑虎……四一一三
丁維岳……四一一三
扈大文……四一一三
路伸……四一一三
曹化鯨……四一一三
張鳳翔等……四一一四
羅光耀……四一一四
楊振邦……四一一五
楊國輔……四一一五
張明宇……四一一五
田嵩山……四一一五
李明吾等……四一一六
石應元等……四一一六
陳生白……四一一六
陳鼐臣……四一一六
盧洪業……四一一六
陳弼……四一一六
徐應奇……四一一六
郭德輔……四一一六
潘應祥……四一一六
鍾禮鼎……四一一六
邢思明……四一一六
汪大儒……四一一六
左之青……四一一六
馬標……四一一六
于樂吾……四一一七
李應祥……四一一八
曹良臣……四一一八
梁敏……四一一八

鄭彩……四一一九
劉全……四一二〇
江美鼇……四一二一
吳雄……四一二一
楊權等……四一二二

卷八十七　列傳第六十三

李標……四一二五
子志勳等……四一二六
孔貞運……四一二六
子尚蒙等……四一二七
郭維翰……四一二七
孫自修……四一二七
戴球……四一二七
韓一光……四一二七
王徵……四一二八
李昌裘……四一二八
丁明登……四一二八
錢龍錫……四一二八
錢士升……四一二九
子栻等……四一三〇
范復粹……四一三〇
子廷鳳……四一三一
張四知……四一三一
魏炤乘……四一三一
孟紹虞……四一三三
子同驌等……四一三四
杜士全……四一三四
靳於中等……四一三四
劉廣生……四一三四
子夢謙等……四一三五

曹珖……四一三五
仇維楨……四一三五
李日宣……四一三六
從子一偉……四一三七
朱世守……四一三七
子之琦等……四一三八
涂國鼎……四一三八
子斯邵等……四一三九
李長庚……四一三九
桂文瀚……四一四〇
陳述知……四一四〇
曹若參……四一四〇
孟道翼……四一四〇
孟道弘……四一四〇
熊正南……四一四一
鄔明昌……四一四一
尹奇逢……四一四一
李軫等……四一四一
馮之圖……四一四一
張令聞……四一四一
張桓……四一四一
劉彦……四一四一
詹謹之……四一四一
易士龍……四一四二
韋克濟……四一四二
傅學禹……四一四二
王山玉……四一四二
吴采……四一四二
吴光龍……四一四二
張鵬翔……四一四二

黃正色……四一二
王珙……四一二
李猶龍……四一二
方舟……四一二
李芬……四一三
傅淑訓……四一三
子如金……四一三
沈宜……四一三
雷叔聞……四一三
鄔萃等……四一四
戴羲……四一四
劉在朝……四一四
潘世標……四一四
劉漢……四一四
危思謙……四一四
朱錦標……四一四
馮英……四一四
子道隆……四一五
胡應台……四一五
子伯玉……四一五
廖國遴……四一六
左瑛……四一六
黃學謙等……四一六
蔡承掄……四一六
胡乘龍……四一六
陳有爲……四一六
胡濔……四一六
梅猷早……四一七
龍人儼……四一七
吳國瑞……四一七

黃充……四一四七
劉永發……四一四七
柯日新……四一四七
鄧祥麟等……四一四七
李登選……四一四七
桂居敬……四一四七
黃汝良……四一四七
莊欽鄰……四一四九
王祚遠……四一五〇
謝上選……四一五〇
白貽清……四一五一
鄒忠胤……四一五一
薛寀……四一五一
吴正己……四一五一
毛之儁……四一五二
徐申懋……四一五二
萬德鵬……四一五二
王行可……四一五二
郭尚友……四一五二
郭胤厚……四一五二
劉濬源……四一五三
朱國盛……四一五三
曹思誠……四一五三
王點……四一五四
李嵩……四一五四
傅永淳……四一五四
子維橒……四一五六
劉遵憲……四一五六
張伯鯨……四一五七
子雅度……四一五八

馮元颺……四一五八
弟元飈……四一五八
元颺子愷章等……四一五九
元飈子愷愈……四一五九
商周祚……四一五九
汪慶百……四一六一
族康百……四一六一
姜逢玄……四一六一
子天樞等……四一六二
弟廷枚等……四一六二
胡世賞……四一六二
楊述程……四一六三
黄昌……四一六三
楊齡昌……四一六三
楊世賞……四一六三
聶明楷……四一六三
楊聯芳……四一六三
朱本源……四一六三
王聘臣……四一六三
黎懷智等……四一六三
劉之褒……四一六四
唐國英……四一六四
劉應諭……四一六四
彭明德……四一六四
江騰龍……四一六四
陳必謙……四一六四
吴履中……四一六六
楊汝成……四一六六
張惟機……四一六六
朱積……四一六六

劉世芳……四一六七
程啟南……四一六七
　子嘉績等……四一六八
于仕廉……四一六八
　子厚生……四一六九
陳觀陽……四一六九
阮天淵……四一六九
張星煒……四一六九
王玨……四一六九
荆之琦……四一七〇
吕兆龍……四一七〇
曹宗璠……四一七〇
李恢先……四一七〇
史惇……四一七〇
史元調……四一七一
常自裕……四一七一
　子啟胤……四一七一
林棟隆……四一七一
李紹賢……四一七二
莊祖誨……四一七二
毛士龍……四一七二
　賈毓祥等……四一七三
劉廷諫……四一七三
　顧夢麒……四一七四
　李鍾秀……四一七四
　鄧光復……四一七四
　何呈瑞……四一七四
　高揚……四一七四
　劉源汴等……四一七四
　翟淩雲……四一七四

王調元……四一四
程繼賢……四一四
倫之楷……四一五
張汝賢……四一五
張名世……四一五
張士弟……四一五
張三謨……四一五
李世祺……四一七
姜雲龍……四一七
單恂……四一八
陸燧……四一八
雷迅……四一八
徐世禎……四一八
錢嘉泰……四一八
徐憲卿……四一八
徐大儀……四一九
熊汝學……四二〇
蔡萊……四二〇
史垂譽……四二〇
游允達……四二〇
陳維謙……四二〇
章文標……四二〇
朱世平……四二〇
梁維新……四二〇
吴泰來……四二一
漆園……四二一
吴士魁……四二一
何九達……四二一
但宗臯……四二一
陳其誠……四二一

史乘古等……四一八一
汪心淵……四一八一
王嘉猷……四一八一
李若愚……四一八二
陸獻明……四一八二
子日升……四一八三
馬從龍……四一八三
王謙亨……四一八四
葛如麟……四一八四
畢際亨……四一八四
徐日升……四一八四
王㞳生……四一八四
房泰亨……四一八四
王宮臻……四一八四
邢其諫……四一八四
康湛等……四一八五
徐之儀……四一八五
程泰……四一八五
程先貞……四一八五
蕭時亨……四一八五
張弦……四一八五
馬贊……四一八五
張鵬南……四一八五
張震南……四一八五
王化澄……四一八五
孫文光……四一八五
張丹翎……四一八六
潘士彦……四一八六
張宏弼……四一八六
吴暄……四一八六

孔聞詩……四一八六
弟聞譚……四一八六
孔尚鉞……四一八六
何珠……四一八六
張文燦……四一八六
李之炤……四一八七
宋造……四一八七
宋一騰……四一八七
姜遇武……四一八七
張文芳……四一八七
張鴻翼……四一八七
武侖源……四一八七
張養浩……四一八七
李悅心……四一八七
江孔燧……四一八七
王賜命……四一八七
蘇成性……四一八七
孫肇興……四一八八
王臺……四一八八
牛汝虹……四一八八
冀往聖……四一八八
黄正賓……四一八八
王之璘……四一八九
桂應蟾……四一八九
陳邦策等……四一八九
徐廷宗……四一八九
江大任……四一八九
金孔器……四一八九
馮時來……四一八九
徐鴻起……四一九〇

張星……四一九〇
劉維仁……四一九〇
劉有源……四一九〇
許真儒……四一九〇
汪珂玉……四一九〇
汪漸磐……四一九〇
余紹貴……四一九一
曹志凝……四一九一
寧用轍……四一九一
吕仲修……四一九一
袁業泗……四一九一
子繼樟……四一九二
林先春……四一九二
子迪等……四一九二
陳士梅……四一九二
秦鍾震……四一九二
黄繩卿……四一九三
傅國俊……四一九三
洪時……四一九三
蘇寅亮……四一九三
陳如嵩……四一九三
許逵翼……四一九三
王舉尹……四一九三
陳恪……四一九三
高崇穀等……四一九四
米嘉穗……四一九四
張能恭……四一九四
高佐……四一九四
陰維標……四一九四
陳于階……四一九四

呂邦柱……四一九四
謝兆申……四一九四
楊瑩鍾……四一九四
胡來相……四一九五
陳復亨……四一九五
胡丹詔……四一九五
陳啟新……四一九五
成茂士……四一九五
高螘等……四一九六
史啟元……四一九六
張承烈……四一九六
張爾靜……四一九六
李嗣宗……四一九六
王士英……四一九六
曹鼎臣……四一九六
冒起宗……四一九六
潘允諧……四一九七
岳鍾秀……四一九七
王日中……四一九七
徐炳忠……四一九七
蔡鼎鎮……四一九七
王應禎……四一九七
戚伸……四一九七
吴自勵……四一九七
湯有光……四一九七
吴士講……四一九七
陳系……四一九八
李懋修……四一九八
濮中玉……四一九八
方夢禎……四一九八

許鳴代……四一九八
羅廷策……四一九八
金九陛……四一九八
曾熙丙……四一九八
翁希禹……四一九九
賴良偉等……四一九九

卷八十八　列傳第六十四

侯恂……四二〇三
王繼謨……四二〇五
張致雍……四二〇五
馮瑾……四二〇六
林文譽……四二〇六
張福臻……四二〇六
楊方盛……四二〇七
子嗣先……四二〇八
李杜明……四二〇八
張之珍……四二〇八
孫嗣先……四二〇八
施堯中……四二〇八
任賓臣……四二〇八
王夢尹……四二〇八
李鵬程……四二〇九
王維誠……四二〇九
錢銓……四二〇九
張九州……四二〇九
孫繼志……四二〇九
劉崇文……四二一〇
王世寀……四二一〇
管德升……四二一〇
王家祚等……四二一〇

田夢桂……四二〇
郭之靖……四二〇
邊舉……四二〇
姚思虞……四二〇
何陽春……四二〇
李昌……四二一
申宗霍……四二一
張星燦……四二一
齊之宸……四二一
王巍……四二一
吳周枝……四二一
崔應麒……四二一
崔一淳……四二一
李茬……四二一
張爾庚……四二一
吳從誨……四二一
武應元……四二二
沈浩……四二二
吳廷簡……四二二
王家禎……四二二
子元炌……四二三
馬岱……四二三
成克延……四二三
苗之廷……四二三
劉紹璇……四二三
鄭位……四二四
劉偉施……四二四
杜廷連……四二四
李在公……四二四
王鏷……四二四

趙檖……四二四
王佐……四二四
張自修……四二五
王弘基……四二五
李芳漼……四二五
張祖恒……四二五
劉兆基……四二五
楊調鼎……四二五
陳廷諫……四二五
蕭奕輔……四二五
龔庚……四二六
王駿聲……四二六
鄧騰雲……四二六
鄺洪炤……四二六
梁挺……四二六
胡日乾……四二六
黄公儀……四二七
袁玉佩……四二七
盧上銘……四二七
韓閏昌……四二七
袁爾輝……四二七
林聯綬……四二七
陳時徵……四二八
茹馥……四二八
梁斗輝……四二八
吕孝昇等……四二八
胡一魁……四二八
尹志伊……四二八
李夢賦……四二八
陳璣……四二八

楊鳳翱……四二九
淩雲……四二九
葉維陽等……四二九
巫子肖……四二九
童一賢……四三〇
林士科……四三〇
朱孔美……四三〇
蔡耀初……四三〇
陳禮……四三〇
李麟祥……四三〇
朱紱……四三〇
蔣聯芳……四三〇
龔應雷……四三〇
盧肇華……四三一
洪瞻祖……四三一
魏公韓……四三一
余大成……四三二
楊嗣修……四三二
李鴻……四三二
李雲鴻……四三三
趙明遠……四三三
雷恒……四三三
徐時彩……四三三
李大紳……四三三
杜鉉……四三三
程世眷……四三三
李如霖……四三三
李煥……四三三
禹好善……四三三
李如梴……四三四

張翰沖……四三四
王國勳……四三四
趙濬……四三四
胡琳……四三四
余正元……四三四
陳四可……四三四
洪恩煜……四三四
楊之璋……四三四
田守志……四三四
劉士傑……四三五
張斗……四三五
趙明綱……四三五
郭士標……四三五
馮上賓……四三五
劉鼎……四三五
劉芳遠……四三五
李四端……四三五
楊其廉……四三五
張爾忠……四三六
胡振奇……四三六
王縉……四三六
宋翼明……四三六
族士藻……四三六
劉鳳毛……四三七
王玉先……四三七
傅國……四三七
劉元化……四三七
王詢……四三七
魯應纁……四三七
王萬象……四三七

林文蔚……四二七
張宗英……四二八
謝繼遷……四二八
趙僎……四二八
王昌宏……四二八
周燝等……四二八
賈上進……四二八
于爾直……四二八
遲鑛……四二八
董嗣諶……四二八
兄嗣朴……四二八
朱國梓……四二八
佟子見……四二九
鄭二陽……四二九
董象恒……四三〇
張鵬雲……四三〇
崔源之……四三三
劉令譽……四三三
湯道衡等……四三三
劉鎬……四三三
王公弼……四三三
樊尚燝……四三三
秦所式等……四三四
劉宗祥……四三四
陳良訓……四三四
廖大亨……四三四
張宸極……四三五
周鼎……四三五
蔡官治……四三五
徐一掄……四三六

高顯……四三六
錢選……四三六
周弘圖……四三六
曹夢吉……四三六
劉印……四三六
李楠……四三六
范德顯……四三六
賈鶴年……四三六
趙之勵……四三六
李天篤……四三六
張錫蕃……四三六
韓淑琦……四三七
王建極……四三七
劉運隆等……四三七
張雲龍……四三七
崔允升……四三七
彭三益……四三七
李友梅……四三七
宋國正……四三七
揭惺……四三七
羅祚胤……四三七
支廷諫……四三七
唐揚等……四三七
周應新……四三七
蔡仕……四三八
晋承寀……四三八
党國柱……四三八
蕭譜元……四三八
譚文……四三八
劉芳聲……四三八

傅繼祖……四三八
孔尚標……四三八
馬履雲……四三八
王永年……四三八
張教……四三八
莊天麟……四三八
孟學孔……四三八
武振等……四三八
魏名大……四三八
宋之傑……四三九
梁士純……四三九
高如斗……四三九
巨道凝……四三九
姜銓……四三九
張元初……四三九
黃應祥……四三九
畢大中……四三九
焦應鶴……四三九
劉紃……四三九
王際明……四三九
王暐……四三九
周灝……四三九
牛天錫……四三九
張仲友……四四〇
黎昌期……四四〇
蹇而文……四四〇
孫伸……四四〇
扈鶯羽……四四〇
胡允賓……四四〇
劉永昌……四四〇

劉應元……四二四〇
劉惟馨……四二四〇
邊大綬等……四二四〇
胡士魁……四二四〇
何喬嵩……四二四〇
李嗣泌……四二四〇
王多才……四二四一
劉廷元……四二四一
魏民牧……四二四一
宋文英……四二四一
李用中……四二四一
魯國俊等……四二四一
武應元……四二四一
徐國化……四二四一
蔣三捷……四二四一
潘雲昇……四二四一
陳景……四二四一
文先國……四二四一
馮兆祺……四二四一
郭迎……四二四一
應昌士……四二四二
田之穎……四二四二
路尚綸……四二四二
王良卿……四二四二
曹崇信……四二四二
李日芳……四二四二
曹大行……四二四二
高衍慶……四二四二
杜居陽……四二四二
李香遠……四二四二

鍾鴻穎……四二四二
閻希魯……四二四二
萬曲選等……四二四二
王定國……四二四三
彭應程……四二四三
竇鎧……四二四三
孫紹先……四二四三
虞紹唐等……四二四三
盛廣……四二四三
徐文獻……四二四三
石應岷……四二四三
馬蔚……四二四三
姚思虞……四二四三
劉凝祚……四二四三
王承惠……四二四三

龔勝先……四二四三
王汝楫……四二四四
吴名儒……四二四四
郭一儒……四二四四
張鵬翔……四二四四
郭修身……四二四四
伍中愷……四二四四
陳咨託……四二四四
田舜年……四二四四
張正禄……四二四四
王衮……四二四四
郝士膏……四二四四
杜三策……四二四五
李懋芳……四二四六
丁進……四二四七

林贊……四二四七
王文清……四二四七
劉養貞……四二四八
楊進……四二四八
王裕心……四二四八
王永祚……四二四八
朱一馮……四二四九
子敷慶等……四二四九
黄希憲……四二四九
子友蘇……四二五〇
趙鳴鐸……四二五〇
王聚奎……四二五〇
何謙……四二五〇
陳睿謨……四二五一
子洛稷等……四二五一
尹先民等……四二五一
王揚基等……四二五一
郭景昌……四二五二

卷八十九　列傳第六十五

羅元賓……四二五九
張汝撰……四二五九
沈一恂……四二五九
賞奇璧……四二五九
柴世盛……四二五九
俞國賢……四二六〇
姚允莊……四二六〇
潘宗城……四二六〇
陸大紳……四二六〇
鮑經濟……四二六〇
秦凱……四二六〇

魯元錫……四二六〇
丁師虞等……四二六〇
陳廷俊……四二六〇
張從政……四二六〇
吳延齡……四二六一
徐觀復……四二六一
趙履祥等……四二六一
王心純……四二六一
尹鼎臣……四二六一
潘復敏……四二六一
管學經……四二六一
王嗣奭……四二六一
蔣之驎……
馮文偉……四二六二
呂鳳來……四二六二
許鳴遠等……四二六二
夏萬程……四二六二
江萬紀……四二六二
張展成……四二六二
留長祚……四二六二
李以雅……四二六三
吳南明……四二六三
鮑奇謨……四二六三
徐時泰……四二六三
翁鴻業……四二六四
徐行恕……四二六四
錢朝彥……四二六四
曹國禎……四二六四
陸位……四二六四
胡敬仲……四二六四

蔡道復……四二六四
朱朝瑛……四二六四
朱之裿……四二六四
章閎績……四二六四
章國佐……四二六五
方大賓……四二六五
吴希敏……四二六五
余國禎……四二六五
章可試……四二六五
金肇元……四二六五
盧光諏……四二六五
金江等……四二六五
周於德等……四二六五
周之楨……四二六六
王象晋……四二六六
姚永濟……四二六六
張法孔……四二六六
邵名世等……四二六七
潘融春……四二六七
梁炳等……四二六七
張光縉……四二六七
王于陛……四二六七
潘士遴……四二六八
子堂依……四二六八
胡振芳……四二六八
柯元芳……四二六八
戈用忠……四二六八
鍾懋元……四二六八
施日升……四二六九
陸錫明……四二六九

陸懋功……四二六九
沈胤芳……四二六九
吴文憲……四二六九
徐昌治……四二六九
俞之泰……四二六九
劉渾……四二六九
唐世涵……四二七〇
温育仁等……四二七〇
孫懋杰……四二七〇
沈儆炌等……四二七〇
蔣明鳳……四二七〇
吴士玠……四二七〇
沈戩穀等……四二七〇
張鑛……四二七〇
何萬化……四二七一
子安世……四二七一
江用世……四二七一
蕭象烈……四二七一
熊鳴歧……四二七二
左佩玹……四二七二
田時震……四二七二
子而腴等……四二七二
王運熙……四二七三
陳正言……四二七三
張國樞……四二七三
何景雲……四二七三
王德明……四二七三
萬世芳……四二七三
邊維明……四二七三
李栩……四二七三

鄭明經……四二七三
傅應星……四二七三
何遜……四二七三
魏如京……四二七三
王啟祚……四二七三
魏璧……四二七四
梁可棟……四二七四
魏澹若……四二七四
高掄……四二七四
趙禒……四二七四
董維連等……四二七四
倪光薦……四二七四
袁士美……四二七四
陰鶴鳴……四二七四
孫世貴……四二七四
祕業捷……四二七四
朱佶……四二七四
景星……四二七五
張吉士……四二七五
劉達……四二七五
李用質……四二七五
范士楫……四二七五
吴東璧……四二七五
李湛等……四二七五
孫份……四二七五
賈登瀛……四二七五
戴邦禮……四二七五
石瑩玉……四二七五
李可植……四二七五
孫允升……四二七五

王總衡……四二八〇
韓在……四二八一
李昌齡……四二八一
楊國柱……四二八一
楊梧……四二八一
張炳璿……四二八一
邢大信……四二八一
賈師逵……四二八一
吕涵炳……四二八一
張宏襟……四二八二
劉文龍……四二八二
楊復亨……四二八二
何顯瑞……四二八二
楊之翰……四二八二
秦樂天……四二八二
王家佐……四二八二
秦四器……四二八二
周昌祚……四二八二
李長春……四二八二
王九牧……四二八二
吴璵……四二八二
雷振關……四二八三
劉時中……四二八三
王子曜……四二八三
郝光顯……四二八三
王善士……四二八三
孫必茂……四二八三
李行和……四二八三
李躍龍……四二八三
王湛白……四二八三

曹養鯤……四二八三
馬中驊……四二八三
周志德……四二八四
王耀祖……四二八四
李子藩……四二八四
翟事心……四二八四
王祚……四二八四
謝誥……四二八四
解引樾……四二八四
衛禎固……四二八四
衛先範……四二八四
薛爾昌……四二八五
趙濂……四二八五
解允標……四二八五
趙翔鴻……四二八五
高來鳳……四二八五
衛靖中……四二八五
孫必達……四二八五
衛拱宸……四二八五
孫弼明……四二八五
權時昌……四二八五
路世美……四二八六
劉在朝……四二八六
温珍……四二八六
楊文選……四二八六
賈克忠……四二八六
程雲翼……四二八六
曹暹……四二八六
党國柱……四二八六
李招鳳……四二八六

任義……四二八六
王雲聲……四二八六
李聖翼……四二八七
党琉……四二八七
李景貞……四二八七
楊明盛……四二八七
秦攀龍……四二八七
程紹孔……四二八七
許朝相……四二八七
劉明彥……四二八七
白鍾靈……四二八七
魏天命……四二八七
白玄福等……四二八七
劉爾驥……四二八七
李時馨……四二八七
劉彝鼎……四二八八
馬允際……四二八八
陳灝……四二八八
薛國柱……四二八八
王胤昌……四二八八
李國瑞……四二八八
唐魁……四二八八
王文鳳……四二八八
王秉樞……四二八八
張金榜……四二八八
董俊……四二八八
韓士俊……四二八八
房嘉寵……四二八九
張行敏……四二八九
劉奇德……四二八九

魏知微……四二八九
單士穀……四二八九
尤捷……四二八九
劉昌祚……四二八九
苗可進……四二八九
陳善政……四二八九
郭清霞……四二八九
王愷……四二八九
楊思敬……四二八九
盧訪……四二九〇
王元……四二九〇
魯希聖……四二九〇
盧建中……四二九〇
陸文衡……四二九〇
吴嘉禎……四二九〇
申芝芳……四二九〇
張長城……四二九一
朱壽陽……四二九一
韓逢禧等……四二九一
葉紹袁等……四二九一
費彙興……四二九一
陸汝孝……四二九一
唐昌世等……四二九一
張紀等……四二九二
歸起先……四二九二
陸瑞徵……四二九二
時雍……四二九二
趙洪範……四二九二
徐時勉……四二九二
陸坦……四二九二

王桀……四二九二
曾五典……四二九三
孫以敬……四二九三
袁廷選等……四二九三
曹荃……四二九三
華琪芳……四二九四
趙玉森……四二九五
王永積……四二九五
胡之竑……四二九五
吴其駉……四二九五
劉明翰……四二九五
施元徵……四二九五
王永吉……四二九六
石文器……四二九六
子珂……四二九六
張紹謙……四二九六
魯論等……四二九六
涂世延……四二九七
陳民情……四二九七
曾應瑞……四二九七
李芬……四二九七
李茹春……四二九七
聶文麟……四二九七
劉允銓……四二九八
王廷對……四二九八
胡兆恂……四二九八
王允佐……四二九八
歐陽主生……四二九八
程一品……四二九八
羅尚仁……四二九八

梁誠則等……四二九八
賀良弼……四二九九
袁一龕……四二九九
嚴雲京……四二九九
張問明……四二九九
辛聯魁……四二九九
劉思騰……四二九九
許明佐……四二九九
左應選……四三〇〇
王卲……四三〇〇
鞏皇……四三〇〇
張養……四三〇〇
雷俊士……四三〇〇
吴就恒……四三〇〇
戴運昌……四三〇一
張璞……四三〇一
吴玉……四三〇一
王嘉言……四三〇一
柳錦……四三〇一
高可久……四三〇一
趙文斗……四三〇一
劉光……四三〇一
侯三元……四三〇一
趙士吉……四三〇一
賈亭……四三〇二
劉靖民……四三〇二
張本順……四三〇二
王之翰……四三〇二
郭守邦……四三〇二
范宏嗣……四三〇二

郜衛宸……四三〇二
王椿……四三〇二
衛民牧……四三〇二
許翰儒……四三〇三
張駿烈……四三〇三
周學閔……四三〇三
閻瑞鳳……四三〇三
楊蕙芳……四三〇三
趙弘道……四三〇三
温源……四三〇三
韓啟泰……四三〇三
李棲鵬……四三〇三
張璞……四三〇三
范學淹……四三〇三
介嵩年……四三〇四
侯世汾……四三〇四
裴章美……四三〇四
王國明……四三〇四
郭連城……四三〇四
李可贊……四三〇四
馬耿……四三〇四
劉士鼇……四三〇四
傅作楫……四三〇四
范道行……四三〇五
董直愚……四三〇五
王守履……四三〇五
程正家……四三〇五
馮詔……四三〇五
李養志……四三〇五
朱之弼……四三〇五

左光圖……四三〇五
閻之奇……四三〇六
李初明……四三〇六
王宗昌……四三〇六
蔣燦……四三〇六
倫之模……四三〇六
劉光祚……四三〇六
趙世亮……四三〇六
郭正奇……四三〇六
孫光啟……四三〇七
史標……四三〇七
高鶴鳴……四三〇七
朱光師……四三〇七
林文薦……四三〇七
李嵩年……四三〇七
劉策……四三〇七
何肇元……四三〇七
劉芳久等……四三〇七
曹建章……四三〇七
李日晋……四三〇七
郭浩……四三〇七
李永昌……四三〇七
王皐……四三〇七
譚心學……四三〇七
任偉業……四三〇八
周攀第……四三〇八
朱永康……四三〇八
劉其修……四三〇八
衛一統……四三〇八
楊祖訓……四三〇八

孫有統……四三〇八
朱宗時……四三〇八
張京……四三〇八
胡廷佐……四三〇八
安懋昭……四三〇八
連元……四三〇八
董振鐸……四三〇八
王俊民……四三〇八
王奇瑾……四三〇八
徐維鼎……四三〇九
藺民孚等……四三〇九
李含蛟……四三〇九
徐登進……四三〇九
魯廷芝……四三〇九
黄繼祖……四三〇九
張體乾……四三〇九
石可章……四三〇九
宋調元……四三〇九
王應昌……四三〇九
馮盛舉……四三〇九
馮倬……四三〇九
孟俊明……四三〇九
柳光禮……四三〇九
韓養醇……四三一〇
高拓斯……四三一〇
涂擴然……四三一〇
蘇于令……四三一〇
周祚新……四三一〇
周鼒……四三一〇
羅嬪……四三一〇

趙嗣光……四三〇
劉錫極……四三〇
王祚……四三〇
丘茂華……四三〇
孫繼志等……四三〇
游人達……四三一
董有聲……四三一
王正儒……四三一
康國相……四三一
柯士芳……四三一
趙文耀……四三一
李甲……四三一
張淑俊……四三一
周懋祖……四三一
洪秉誥……四三一
林起元……四三一
魯永庇……四三一
李世程……四三一
周汝熙……四三一
方承珂……四三二
王國樑……四三二
鄭君錫……四三二
閻承寵……四三二
許宏祚……四三二
李藻然……四三二
王之珍……四三二
胡光宇……四三二
邵應聘……四三二
張星……四三二
鄭之光……四三二

邵東昇……四三二
萬民表……四三二
鞏皇圖……四三二
許瓚……四三二
徐中彥……四三三
楊泰峙……四三三
袁夢吉……四三三
李宏基……四三三
韓埴等……四三三
劉昇祚……四三三
白足長……四三三
韓守恒……四三三
王化基……四三三
屠斯立……四三三
張世澤……四三三

李甲林……四三三
孫必達……四三三
張雲翼……四三三
吳達……四三四
孟登第……四三四
張延……四三四
張贇……四三四
范芝……四三四
樊尚文……四三四
歐陽蒸……四三四
孫鵬……四三四
李在公……四三四
榮爾奇……四三四
侯益光……四三四
樊騰霄……四三四

徐可大…………四三一四
吴方思…………四三一四
馮如京…………四三一五
龐泮…………四三一五
吴孟明…………四三一五
子邦輔…………四三一五
兄孟淵等…………四三一六
徐本高…………四三一六
徐大成…………四三一六
李守鑠…………四三一六
文登科…………四三一六
陶紹侃…………四三一六
丘上儀…………四三一七
沈義…………四三一七
陸鳴皋…………四三一七
陳瑞鳳…………四三一七
孫宗岱…………四三一七
韋謙…………四三一七
劉元勳…………四三一七
許雲際…………四三一七
趙連城…………四三一八
管一馴…………四三一八
陳國計…………四三一八
歐陽亮…………四三一八
毛欽明…………四三一八
方輿…………四三一八
梅應明等…………四三一八
黃鼎元…………四三一九
徐大鵬…………四三一九
蔣蘊奇…………四三一九

董守正……四三一九
莫夢琦……四三一九
葉樞……四三一九
魏國選……四三一九
黑雲龍……四三二〇
談震采……四三二〇
子必揚……四三二〇
侯雍……四三二〇
王世德……四三二〇
黃培等……四三二〇
王承恩……四三二一
馬獻圖……四三二一
馮璿……四三二一
李甲……四三二一
李朴……四三二一
李恒烠……四三二二
卓聖……四三二二
倪鸞……四三二二
王世傑……四三二三
張宗仕……四三二三
李士元……四三二三
李秀……四三二三
柳應時……四三二三
沈浩……四三二三
方裕崑……四三二三
劉紀……四三二三
李岪……四三二三
鄭莊……四三二三
王弘基……四三二三
張應運……四三二三

郝允德……四三三
祁生保……四三三
唐調鼎……四三三
王三錫等……四三三
劉兆基……四三三
賈奇珍……四三四
田夢桂……四三四
王政行等……四三四
王翰英……四三四
丘念祖……四三四
竇五龍……四三四
來紹……四三四
馬元臣……四三四
寧承芳……四三四
宋⿺辶至……四三五
魏明命……四三五
蕭時亨……四三五
董道人……四三五

卷九十　列傳第六十六

張文達……四三八
顏繼淵……四三八
任之和……四三八
賈應鶴……四三八
施溥……四三八
王延善……四三八
子餘恪等……四三九
王琦……四三九
陳嘉猷……四三〇
王甲等……四三〇
鄧奇遇……四三〇

魏光龍等……四三〇
閻東井……四三〇
李春蓁……四三一
唐起元……四三一
冀運洪等……四三一
殷淵……四三一
馬騰龍……四三二
楊希震……四三二
魯廷芝……四三二
李化桂等……四三二
劉焜……四三二
程見周……四三二
王良翰等……四三二
張崙……四三三
何大陸……四三三
劉璧星……四三三
張力……四三三
范春駿……四三三
李允樟……四三三
馬行健……四三三
辛廣慈……四三三
李興邦……四三三
鄧之榮……四三四
鞠鳴秋……四三四
郭萬程……四三四
王奇謀……四三四
朱錦……四三四
舒萬化……四三四
沈季佐……四三四
張述……四三五

王象益……四三三五
郭純……四三三五
顧遠……四三三五
厲必中……四三三五
袁斯魯……四三三五
王國興……四三三五
張所藴……四三三五
尹尚志……四三三五
王勳等……四三三五
傅鍾秀……四三三五
子稟初……四三三五
單崇等……四三三五
車宗殷……四三三六
沈文煌……四三三六
葛凝秀……四三三六
安邦輔等……四三三六
王徵俊……四三三六
高宗文等……四三三六
高象先……四三三六
王緒宏……四三三六
程接孟……四三三七
郝士林等……四三三七
武國清等……四三三七
王師帝等……四三三七
諸天祐……四三三八
王甲等……四三四〇
劉温克……四三四〇
李樹聲……四三四〇
李瑁……四三四一
張傑等……四三四一

温元春等……四三四一
李毓梁……四三四一
李應選……四三四一
錢養士……四三四一
程德化等……四三四二
劉光斗……四三四二
李三樂……四三四二
王榮等……四三四二
高應詔等……四三四二
竇維輅……四三四二
陳三益……四三四二
楊鳳彩……四三四二
喬信宸……四三四三
李珍……四三四三
邢晤……四三四三
王之章……四三四三
范世增等……四三四三
蔡東莊……四三四三
丁如浣……四三四三
海寬……四三四三
傅彥……四三四四
唐廷俊……四三四四
韓陳忠……四三四四
申爾忠等……四三四四
賈嘉元等……四三四四
樊中萃……四三四四
張培……四三四四
唐啟中……四三四四
程生春……四三四四
康裕中……四三四四

傅孕笥……四三四四
周鏕……四三四四
從父維持……四三四六
從弟鍾……四三四六
兄銓……四三四七
張明弼……四三四七
吴邦策……四三四七
黎志陞……四三四七
武愫等……四三四七
雷縯祚……四三四七
光時亨……四三四八
子廷瑞……四三四九
項煜……四三四九
蘇京……四三四九
時敏……四三五〇
錢位坤……四三五〇
姜荃林等……四三五〇
王景曦……四三五〇
徐紘……四三五〇

卷九十一　列傳第六十七

儒林一

孫奇逢……四三五一
子立雅等……四三五五
張果中……四三五五
趙御衆……四三五五
李對……四三五五
隰崇岱……四三五五
陳鋐……四三五五
王之徵……四三五六
王體健……四三五六

賈三槐……四三五六
馬爾楹……四三五六
高鐈……四三五六
耿極……四三五六
刁包……四三五六
子再濂……四三五七
王餘佑……四三五七
彭毓宗……四三五八
杜越……四三五八
毛三光……四三五九
殷之紐……四三五九
田極……四三五九
趙景皋……四三五九
霍連……四三五九
孔衍學……四三五九

喬己百……四三五九
黄淳耀……四三六〇
子坠……四三六〇
弟淵耀……四三六一
戴亮……四三六一
沈國模……四三六一
史孝咸等……四三六一
王朝式……四三六二
邵曾可……四三六二
蘇元璞……四三六二
鄭錫元……四三六二
史標……四三六二
邵元長……四三六二
韓孔當……四三六二
俞長民……四三六二

張履祥……四三六二
吳蕃昌……四三六四
從弟謙牧……四三六四
錢寅……四三六四
淩克貞……四三六四
沈磊……四三六四
何汝霖……四三六四
呂璜……四三六四
安道……四三六四
丘雲……四三六四
張嘉玲……四三六四
張圓貞……四三六四
孫台衡……四三六四
沈昀……四三六四
弟蘭彧……四三六五
陳確……四三六五
從子枚……四三六六
蔡遵……四三六六
屠安世……四三六六
鄭宏……四三六六
葉敦艮……四三六六
施博……四三六六
潘平格……四三六七
陶履平……四三六七
陳其蒽……四三六七
趙忠濟……四三六八
王同龎……四三六八
惲日初……四三六八
子桓等……四三六九
楊瑀等……四三六九

陸士楷……四三六九
陸世儀……四三六九
馬負圖……四三七〇
陳瑚……四三七一
顧夢麟……四三七三
王日新……四三七三
楊彝……四三七三
盛敬……四三七三
江士韶……四三七四
芮長恤……四三七四
蔡所性……四三七五
吴光……四三七五
陸卿鵠……四三七六
張怡……四三七六
雷士俊……四三七六
雷子霖……四三七七
李顒……四三七七
李柏……四三八〇
惠思誠……四三八一
白奂彩……四三八一
党湛……四三八二
王化泰……四三八二
張承烈……四三八二
蔡啟胤……四三八二
賈漢英……四三八三

卷九十二 列傳第六十八

儒林二

王夫之……四三八六
兄介之等……四三八七
譚允琳……四三八七

歐陽惺……四三八七
唐端笏……四三八七
顧天錫……四三八八
謝文洊……四三八八
子德宏……四三八九
黄扉……四三八九
邵睿明……四三八九
李萼林等……四三八九
曾日都……四三八九
李其聰……四三八九
傅與……四三八九
高識……四三八九
甘京等……四三八九
鄧觀……四三八九
孔鼎等……四三八九
魯啟聖……四三九〇
王宣……四三九〇
陳畫等……四三九〇
宋之盛……四三九〇
查轍……四三九一
余暐……四三九一
查世球……四三九一
黄采等……四三九一
彭士望……四三九一
從弟士時……四三九三
方嘉渭……四三九三
周分封……四三九三
史簡……四三九三
李騰蛟……四三九三
丘維屏等……四三九三

曾燦……四三九四
彭任等……四三九四
温應摶……四三九四
危習山……四三九四
張自勳……四三九四
張時爲……四三九五
朱用純……四三九六
費經虞……四三九六
子密……四三九七
李生光……四三九八
党成等……四三九八
范芸茂……四三九八
崔嗣達……四三九八
宋時旌……四三九八
胡承諾……四三九九
彭大壽……四三九九
應撝謙……四四〇〇
姚弘仁……四四〇一
淩嘉印等……四四〇一
秦雲爽等……四四〇一
廖泰……四四〇一
子全仁等……四四〇二
詹明章……四四〇二
高世泰……四四〇二
顧樞……四四〇三
錢肅潤……四四〇三
華時亨……四四〇三
華允誼……四四〇三
汪佑……四四〇三
施璜……四四〇四

吳耑……四四〇五
吳曰慎……四四〇五
汪知默……四四〇五
汪恒……四四〇五
洪嘉植……四四〇五
湯之錡……四四〇五
金敞……四四〇六
顧培等……四四〇六
嚴瑴……四四〇六
張夏……四四〇六
堵景濂……四四〇七
王弘撰……四四〇七
兄弘學等……四四〇八
王建嘗……四四〇八
劉懿宗……四四〇八
劉源淥……四四〇八
朱之瑜……四四〇九
子大成等……四四一〇
兄啟明……四四一〇
陳元贇等……四四一〇

卷九十三　列傳第六十九

儒林三

顧炎武……四四一一
弟紓……四四一五
黃宗炎……四四一五
弟宗會……四四一七
錢秉鐙……四四一七
子法祖等……四四一八
楊致和……四四一九
吳龍禎……四四一九

姚子壯……四四一九
金鐘……四四一九
陳世箕……四四二〇
戴弘宗……四四二〇
朱鶴齡……四四二〇
陳啟源……四四二一
顧文亨等……四四二一
惠有聲等……四四二一
柴紹炳……四四二一
孫瑴……四四二三
兄慤……四四二三
喻國人……四四二三
張爾岐……四四二三
黃生……四四二三
薛鳳祚……四四二五
俞汝言……四四二六
陳藎謨……四四二七
萬斯選……四四二七
弟斯大……四四二七
毛乾乾……四四二八
子磐……四四二八
宋應星……四四二八
王錫闡……四四二九
游藝……四四二九
陳胤昌……四四三〇
揭暄……四四三〇
父衷熙……四四三〇
子匡聞等……四四三〇
駱而翔……四四三一
王徵……四四三一

薄玨……四四三一

卷九十四　列傳第七十

文苑一

紀映鍾……四四三六
父青……四四三六
王潢……四四三七
王亦臨等……四四三七
張可仕等……四四三七
朱尚雲……四四三七
張飌……四四三七
宗元預……四四三七
王應憲……四四三七
趙起元……四四三七
王之輔等……四四三八
陳筮姜……四四三八
房宏中……四四三八
李詩……四四三八
文士英……四四三八
魏之璜……四四三八
楊廷俊等……四四三八
汪泌……四四三八
黄士珙……四四三八
郭延庚……四四三八
趙述先等……四四三八
樊圻……四四三八
鄧斌……四四三八
周敏求……四四三九
顧與治……四四三九
崔璨……四四三九
鄧良材……四四三九

周掌文……四三九
吴宏……四三九
張琪等……四三九
方湛藎等……四三九
方夏……四三九
方沂……四三九
胡其毅等……四四〇
胡岳……四四〇
江五岳……四四〇
竇宗泗……四四〇
李源……四四〇
馬伯繩……四四〇
錢府等……四四〇
周斯等……四四〇
陳周……四四〇
趙綸……四四〇
陳洵等……四四〇
孔瑜……四四一
趙彝……四四一
邢昉……四四一
孔尚熹……四四一
夏衷愷……四四一
張司璿……四四一
林古度……四四一
余懷……四四二
楊彭齡……四四二
先著……四四二
龔賢……四四二
劉髡殘……四四二
性枝……四四二

靳應昇……四四二
閻修齡……四四三
張養重等……四四三
岳薦……四四三
沃起龍等……四四三
劉源長……四四三
李挺秀等……四四三
吴瑰等……四四三
郭魯確……四四三
孫文顯……四四三
孫蘭……四四三
張奇……四四四
史以甲……四四四
吴山……四四四
王光魯……四四四
張大倫等……四四四
李潛昭等……四四四
葉彌廣……四四四
文二訓……四四四
徐石麒……四四四
施悦……四四四
郝明龍……四四四
蕭廷珅等……四四五
范荃……四四五
張元珙等……四四五
吕蕁舟等……四四五
魏衛……四四五
張弓……四四五
高廷獻……四四五
王崇謙……四四五

何震……四四五
孫枝蔚……四四五
王大經……四四六
王巖……四四六
劉心學……四四七
張琿……四四七
魯申……四四七
陶季等……四四七
高懋賢……四四七
湯廷頌……四四七
朱克宣……四四七
鄭在湄……四四八
施光祖……四四八
梁如聳……四四八
孫世勳……四四八
喬寅……四四八
孫兆祥……四四八
李盤……四四八
從子沛等……四四八
陸廷掄……四四九
袁繼鳳……四四九
王貴一等……四四九
鄭毓鳳……四四九
顧士吉……四四九
顧大信等……四四九
顧符真……四四九
夏書……四四九
吳嘉紀……四四九
戴勝徵……四五〇
黃雲……四五〇

張一儕……四四五〇
沈聃開……四四五〇
王大成……四四五〇
王衷丹等……四四五〇
王言綸等……四四五〇
盧生……四四五〇
冒襄……四四五一
吴協姞……四四五一
黄一鑑……四四五二
夏官……四四五二
張圯授……四四五二
邵濳……四四五二
淩潞庚……四四五二
陳遠……四四五二
顧國琬等……四四五二
淩录……四四五二
顧熙……四四五二
吴谷王……四四五三
保長治……四四五三
徐可進……四四五三
李玉柱……四四五三
陳宏裔……四四五三
蔣易……四四五三
明河……四四五三
徐枋……四四五三
弟柯……四四五四
許元溥……四四五四
姚宗典等……四四五四
范公柱……四四五四
鄭敷教等……四四五四

彭德先等……四四五四
袁徵……四四五四
文從簡等……四四五四
吴傳鼎……四四五五
韓沐等……四四五五
方夏……四四五五
朱鎰……四四五五
蔣獻陛……四四五五
周埏……四四五五
卞文瑜……四四五五
洪儲……四四五五
讀徹……四四五五
圓通……四四五六
通門……四四五六
李魁春……四四五六
沈欽圻……四四五六
杜雲鳳……四四五六
徐樹丕等……四四五六
葉襄……四四五六
孫傎……四四五七
沈明掄……四四五七
蔣永譽等……四四五七
蔣元允……四四五七
蔡德馨……四四五七
陳元素等……四四五七
張丑……四四五七
徐汝璞等……四四五七
莫叔明……四四五七
施武……四四五七
宋學程……四四五七

陸壽言……四四五七
道源……四四五八
金俊明……四四五八
子侃……四四五八
馮夢龍……四四五八
陳宗之……四四五九
李玉……四四五九
陸槤……四四五九
顧韡……四四五九
徐波……四四五九
沈國元……四四五九
楊補等……四四五九
顧苓……四四五九
周廖……四四五九
張掄……四四五九
黄傳祖……四四五九
汪撰……四四六〇
朱隗……四四六〇
丘岳……四四六〇
周茂蘭……四四六〇
弟茂藻等……四四六〇
周永年等……四四六〇
周延祚……四四六一
李遜之……四四六一
楊無咎……四四六一
欽楫等……四四六一
華渚……四四六一
沈磐……四四六二
王武……四四六二
丘民瞻……四四六二

秦嘉銓……四四六二
許元功……四四六二
鄭元亨……四四六二
周采……四四六二
鄭圃……四四六二
邵彌……四四六二
施醒……四四六二
葉崙……四四六二
葉有馨……四四六二
葉英……四四六二
葉嵩……四四六二
勞澂……四四六三
張爾温……四四六三
王煥如……四四六三
吴鼎芳等……四四六三

吴明初……四四六三
葛晙……四四六三
徐增……四四六三
楊焯等……四四六三
葉闇……四四六三
張蟾……四四六三
慧澄……四四六三
程智……四四六四
顧有孝……四四六四
徐白……四四六四
俞南史……四四六五
周安等……四四六五
徐嵩……四四六五
包捷等……四四六五
張拱乾……四四六五

俞粲……四四六五
顧樵……四四六五
鈕棨……四四六五
朱銘德等……四四六五
戴笠……四四六六
史玄……四四六六
費晢……四四六六
趙渙……四四六六
卜舜年……四四六六
吴翩等……四四六六
潘凱……四四六六
潘爾夔……四四六六
潘陸……四四六六
趙瀚……四四六六
鄒甲芳……四四六六
趙淑……四四六六
沈自友等……四四六七
王載……四四六七
毛瑩……四四六七
李培……四四六七
翁遜……四四六七
任大任……四四六七
胡梅……四四六七
吴與湛……四四六七
張澤……四四六七
王定……四四六七
孫淳……四四六七
陳紹文……四四六八
計大章……四四六八
沈自晋等……四四六八

吳振鯤……四四六八
徐天俊……四四六八
尤本欽……四四六八
戚勳……四四六八
沈應瑞……四四六八
徐韞奇……四四六八
施世傑……四四六八
章夢易……四四六八
沈寵綏……四四六九
仲沈洙……四四六九
仲時鉉等……四四六九
王孫謀……四四六九
沈世懋……四四六九
沈以介……四四六九
鈕貞……四四六九
趙震東等……四四六九
宋國用等……四四六九
潘道謙……四四六九
顧偉……四四六九
際可……四四六九
歸莊……四四七〇
父昌世……四四七〇
叔兄繼登……四四七一
葛芝……四四七一
徐開任……四四七二
梁逸……四四七二
鍾曉……四四七二
奚濤……四四七二
周同谷……四四七二
王良……四四七二

夏世臣……四四七二
呼谷……四四七二
陳蘭徵……四四七二
周如凱等……四四七二
王志長……四四七二
柴永清……四四七三
宋汶……四四七三
呂熊……四四七三
陸友白……四四七三
李子柴……四四七三
毛晉……四四七三
葉樹廉……四四七四
馮班……四四七四
兄舒……四四七五
陸元泓……四四七五
唐瑀……四四七五
陳梅等……四四七五
陳式……四四七五
張璘……四四七六
湯日新……四四七六
包福明……四四七六
薛熙……四四七六
何述稷……四四七六
范賀……四四七六
歸晟……四四七六
趙汝揆……四四七六
顧德基等……四四七六
嚴衍……四四七六
談允厚……四四七六
殷陛……四四七六

嚴鈺……四四七六
李宜之……四四七六
宣坦……四四七七
朱樵……四四七七
蘇融……四四七七
唐節……四四七七
朱子素……四四七七
顧予謙……四四七七
王時敏……四四七七
子挺……四四七八
王鑑……四四七八
蕭雲從……四四七八
查士標……四四七八
江韜等……四四七八
孫逸……四四七九
朱明鎬……四四七九
吴殳……四四八〇
黄鴻儒……四四八〇
張鴻磐……四四八〇
許旭……四四八一
趙學基……四四八一
張深……四四八一
王儀……四四八一
郁法等……四四八一
王育……四四八一
龔挺等……四四八一
曹耀……四四八一
袁嶽等……四四八一
陶鴻祚……四四八一
毛雲漢等……四四八一

周西臣……四四八一
朱汝礪……四四八二
顧元真……四四八二
王爾銓……四四八二
吕于韶……四四八二
紺雪老人……四四八二
沈寓……四四八二
吴騏……四四八二
金是瀛等……四四八二
徐懋勳……四四八三
陳王陛……四四八三
薛正平……四四八三
楊時衡……四四八三
孫鼎徵等……四四八三
張彦之……四四八三
顧在觀……四四八三
趙泂……四四八三
夏治……四四八三
蔣石……四四八三
翁歷……四四八三
李之駒……四四八三
林希灝……四四八三
王應麒……四四八四
王元一……四四八四
莫秉清……四四八四
馬是騏等……四四八四
曹棻……四四八四
曹思邈……四四八四
曹燕……四四八四
計安……四四八四

唐醇等……四四八四
李蒸……四四八四
錢德震……四四八四
范元錫……四四八四
董黃……四四八五
韓范……四四八五
郁彬……四四八五
陶啟昭……四四八五
蘇遯……四四八五
葉舟……四四八五
柏古等……四四八五
蕭詩……四四八五
林子襄等……四四八五
嘗瑩……四四八五
王光承……四四八五
父丕顯……四四八五
弟光烈……四四八六
何安世……四四八六
沈求等……四四八六
王大綬……四四八六
葉有年……四四八六
黃中理……四四八六
陳曼……四四八六
陸起鳳……四四八六
顧用……四四八六
陸景醇等……四四八六
朱錚……四四八六
瞿穀……四四八六
邵梅芬……四四八六
施世則……四四八七

孫逸……四四八七
陸希倕……四四八七
林企俊等……四四八七
通證等……四四八七
王懋忠……四四八七
陳冶……四四八七
熊日蘭……四四八七

卷九十五　列傳第七十一

文苑二

朱二采……四四九一
張以謙……四四九一
史遵等……四四九一
陸苞允……四四九一
何冷……四四九一
呂嘉岳……四四九一
徐騰暐……四四九一
屠錫光……四四九二
劉朝鑑……四四九二
蔣演生……四四九二
葉如璧……四四九二
唐宇昭等……四四九二
是名等……四四九二
王廷璧……四四九二
顧祖禹……四四九二
父柔謙……四四九二
顧宸……四四九三
張列宿等……四四九三
黄家舒……四四九三
許大就……四四九三
馬兆良等……四四九三

徐遵湯……四四九七
許觀……四四九七
梅正平……四四九七
陳明時等……四四九七
周榮起……四四九七
鄧林楨……四四九七
鄧煒……四四九七
蔣世楠……四四九七
於壽格……四四九七
孔興綱……四四九八
高自卑……四四九八
任光裓……四四九八
薛延祚……四四九八
胡繼美……四四九八
孫餘禎……四四九八
冷士嵋……四四九八
徐學古……四四九九
劉孟震……四四九九
朱祜……四四九九
談允謙……四四九九
蕭懋光……四四九九
何絜……四四九九
程世英……四四九九
陳世章……四四九九
於震……四四九九
楊志達……四四九九
宋之統……四五〇〇
姜鶴儕……四五〇〇
楊通睿……四五〇〇
姜大澄等……四五〇〇

賀汝第……四五〇〇
賀復徵……四五〇〇
王鐕等……四五〇〇
潘高……四五〇〇
于梅……四五〇〇
殷南棫……四五〇〇
方文……四五〇〇
方授……四五〇〇
陳朝楝……四五〇〇
潘江……四五〇〇
方思……四五〇一
吴天放……四五〇一
方若洙……四五〇一
楊臣諍……四五〇一
吴道約……四五〇一
陳昉……四五〇一
吴應珙……四五〇一
趙相如……四五〇一
姚亮等……四五〇一
周日赤……四五〇一
張僎……四五〇一
阮濬……四五〇一
吴廷楷等……四五〇一
蔣瑶芝……四五〇三
曹天寵……四五〇三
盛斯唐等……四五〇三
王延造……四五〇三
王延運……四五〇三
陳延……四五〇三
鮑文標……四五〇三

阮魯士……四五〇三
周期應……四五〇三
王翰……四五〇三
楊逢泰……四五〇三
鄭達……四五〇三
孫昌裔……四五〇四
宋儒醇……四五〇四
林若濬……四五〇四
吴爾康……四五〇四
韋尚賓……四五〇四
楊行達等……四五〇四
吴中望……四五〇四
聞可宗……四五〇四
魯懋聲……四五〇四
唐名鴻……四五〇四
葉筠……四五〇四
朱璽……四五〇四
唐亮等……四五〇四
薛喆……四五〇五
王龍文……四五〇五
賈善價……四五〇五
周廷棟……四五〇五
馬孫鳴……四五〇五
趙澄……四五〇五
王清臣……四五〇五
萬壽祺……四五〇五
李向陽等……四五〇五
葛嵩茂……四五〇六
許作楫……四五〇六
王作標……四五〇六

郝繼隆……四五〇六
俞善長……四五〇六
王毓真……四五〇六
許楚……四五〇六
羅斗……四五〇六
汪益亨……四五〇七
程基等……四五〇七
王玄度……四五〇七
洪瀛……四五〇七
鄭旼等……四五〇七
詹方桂……四五〇七
程謙……四五〇七
洪舫……四五〇七
程守……四五〇七
閔麟嗣等……四五〇七
謝紹烈……四五〇七
方世鳴……四五〇七
程邃……四五〇七
汪瑶光……四五〇八
江嘉梅……四五〇八
汪家珍……四五〇八
方兆曾……四五〇八
胡春生……四五〇八
羅煜……四五〇八
董維……四五〇八
羅捧日……四五〇八
汪中柱等……四五〇八
汪鄉……四五〇八
潘彦登等……四五〇八
汪鼎和……四五〇八

張膽……四五〇九
汪荀……四五〇九
汪之瑞……四五〇九
程錫類……四五〇九
謝四新……四五〇九
吴兆……四五〇九
金象乾……四五〇九
汪學聖……四五〇九
楊侃如……四五〇九
吴文冕……四五〇九
孫默等……四五〇九
汪瑞闓……四五〇九
孫國瑜等……四五〇九
余紹祉……四五一〇
子藩卿……四五一〇
吴一俊……四五一〇
汪大業……四五一〇
程昌誼……四五一〇
王斌衡……四五一〇
查思滉……四五一〇
戴思孝……四五一〇
潘顯道……四五一〇
汪應鶴……四五一〇
陳二典……四五一一
張穨等……四五一一
汪偉……四五一一
余國聖……四五一一
張祖房……四五一一
劉振……四五一一
吴肅公等……四五一一

蔡蓁春……四五二二
湯廷對……四五二二
孫于王……四五二二
陳祜……四五二二
吴士品……四五二二
劉仲曜……四五二二
倪正……四五二二
梅士昌……四五二三
昝質……四五二三
梅巨儒……四五二三
徐肇伊……四五二三
劉易……四五二三
沈埏等……四五二三
盛於斯……四五二三
秦鳳儀……四五二三
萬應隆……四五二三
弟麒等……四五二三
王雲鵬……四五二三
汪裕崑……四五二四
左士望……四五二四
朱苞……四五二四
翟尚忠等……四五二四
董基……四五二四
葉令樹……四五二四
胡興道……四五二四
洪載……四五二四
胡蜚英……四五二四
鄭過……四五二四
胡簡文……四五二四
黄可縉……四五二四

劉邦基……四五一四
曹伯淳……四五一四
王文煒……四五一四
杜名齊……四五一五
汪尚謙……四五一五
湯燕生……四五一五
陳輔性……四五一五
李慜……四五一五
李達……四五一五
吴非……四五一五
楊培……四五一五
何煜……四五一五
劉光衍……四五一五
吴鐘……四五一五
江杏……四五一五
傅天榜……四五一五
孔尚大……四五一五
唐昇……四五一六
王運泰……四五一六
戚嘉縉……四五一六
葛天裔……四五一六
陶維熊……四五一六
奚自……四五一六
一雨……四五一六
無依等……四五一六
方名台……四五一六
徐之程……四五一六
寧時……四五一六
雲一穎……四五一六
潘仍桂……四五一六

卷九十六　列傳第七十二

文苑三

劉夢……四五二三
崔元裕……四五二三
李濳……四五二三
丁繹……四五二三
崔昂等……四五二三
魏柏祥……四五二三
張來鳳……四五二三
張蓋……四五二三
趙湛……四五二三
郭璽……四五二三
申涵光……四五二三
劉逢源……四五二四
夏道一……四五二四
劉六德……四五二四
姚丹山……四五二四
成象斑……四五二四
王履和……四五二五
徐景雒……四五二五
王蔚……四五二五
張翼星……四五二五
徐夜……四五二五
張四箴……四五二五
懷晋……四五二五
張泰運……四五二六
張光啟……四五二六
張實居……四五二六
張紱……四五二六
王我聘……四五二六
王琢璞……四五二六
譚其志……四五二六

王日接……四五二六
朱鈺……四五二六
高嗣炅……四五二六
李際明……四五二六
鄭與僑……四五二六
孫景燿……四五二八
任之琦……四五二八
徐伯煌……四五二八
陳宸銘……四五二八
楊澤……四五二八
鄭容等……四五二八
宋可賢……四五二八
陳宸誦……四五二八
楊鳳振……四五二八
李日道……四五二九
馬觀光等……四五二九
屈軼生……四五二九
時綦昌……四五二九
邵逸……四五二九
岳大武……四五二九
秦伯鉞……四五二九
李濠……四五二九
劉舜典……四五二九
張宗旭……四五二九
王用模……四五二九
朱衣……四五二九
趙士喆……四五二九
子濤等……四五三〇
王克震……四五三〇
錢象乾……四五三〇

宿鳳起……四五三〇
宿鳳翀……四五三〇
姜開……四五三〇
孫圖南……四五三〇
趙琳……四五三〇
任唐臣等……四五三〇
周旭……四五三〇
范鍊金……四五三〇
王澤洽等……四五三一
孫忭等……四五三一
崔子忠……四五三一
宋繼澄等……四五三一
董樵……四五三一
楊維櫝……四五三二
臧兆伯……四五三二
劉公言……四五三二
楊涵……四五三二
王璵似……四五三二
李煥章等……四五三二
羅養心等……四五三二
王大猷……四五三二
袁瑾……四五三三
劉芳遠……四五三三
臧允德……四五三三
丁豸佳……四五三三
張衍等……四五三三
洪名等……四五三三
戰維寧……四五三三
厲芳……四五三三
傅山……四五三三

子眉等……四五三五
張臣……四五三六
蕭峯……四五三六
張際……四五三六
張甲……四五三六
趙文徵……四五三六
王适……四五三六
梁檀……四五三六
高應元……四五三六
郝異彦……四五三六
段綷……四五三六
孫綷等……四五三七
趙瑾……四五三七
王介石……四五三七
杜可柱……四五三七
郭連城……四五三七
郭静中……四五三七
張洎……四五三七
白允彩……四五三七
任復亨……四五三七
竇學周……四五三七
張修己……四五三七
陳于帝……四五三七
索述聖……四五三八
楊玉樹……四五三八
張祥鳳……四五三八
徐行……四五三八
王而毅……四五三八
王標……四五三八
趙需……四五三八

衛蒿……四五三八
楊于階……四五三八
王巖楨……四五三八
張根樸……四五三八
陶註等……四五三九
韓霖……四五三九
文養蒙……四五三九
黄希聲……四五三九
胡庭等……四五三九
黄煜……四五三九
易柏……四五三九
武之烈……四五三九
朱位坤……四五三九
白孕昌……四五三九
李培秀……四五四〇
韓仰斗……四五四〇
劉光蔚……四五四〇
宋之弼……四五四〇
張鴻儒……四五四〇
李子金……四五四〇
張昉等……四五四一
高暾……四五四一
張暉吉……四五四一
李慎行……四五四一
徐鄰唐……四五四二
王當世……四五四二
崔干城……四五四二
喬弘杞……四五四二
嘗安……四五四二
王球等……四五四二

馬之馳……四五二
馬之驪等……四五二
梁廷援……四五三
平志奇……四五三
劉叔子……四五三
冉佐……四五三
劉嘗裕……四五三
王履順……四五三
萬宏祐……四五三
雲骨子……四五三
耿華國……四五三
方坦……四五三
趙日躋……四五四
喬騰鳳……四五四
申煒……四五四
李元禮……四五四
卜三奇……四五四
蘇育……四五四
董三槐……四五四
郭新……四五四
程戴洙……四五四
鄭謫仙……四五四
焦復亨……四五四
王受命……四五四
耿山客……四五五
唐業偉……四五五
周家定……四五五
吴楷……四五五
許念芳……四五五
張西銘……四五五

黃曠烈……四五四五
徐貫洢……四五四五
方遴等……四五四五
張洪範……四五四五
陳嘗……四五四五
李青……四五四五
李灌……四五四六
吕得璜等……四五四六
寧浤……四五四六
李穆……四五四六
李文蔚等……四五四六
晉國柱……四五四七
張九秩……四五四七
田文耀……四五四七
程鳳儀……四五四七
孫萃……四五四七
温自知……四五四七
李三畏……四五四七
郭宗昌……四五四七
東蔭商……四五四七
郝光斗……四五四七
王四服……四五四七
關中俊等……四五四七
晉賓王……四五四七
管大音……四五四八
徐象婁……四五四八
王雪蕉……四五四八
沈大聲……四五四八
荀廷詔……四五四八
李永周……四五四八

卷九十七　列傳第七十三

文苑四

萬荆……四五五
劉大猷……四五五
劉丁……四五六
黄文星……四五六
余正垣……四五六
高夢龍……四五六
陳宗虞……四五六
李天贊……四五六
文衡……四五六
徐世溥……四五六
程元極……四五六
唐以煒……四五七
陶應龍……四五七
蘇桓……四五七
李奇等……四五七
胡學浹……四五七
顔埈……四五七
李時應……四五七
舒一邃……四五七
余應荃……四五七
熊廷幹……四五七
熊偉文……四五七
劉九嶷……四五七
胡儫……四五八
舒宏緒……四五八
吴以策……四五八
宋士毅……四五八
徐日曦等……四五八
劉型正等……四五八
漆調祚……四五八

果成……四五八
陳弘緒……四五八
歐陽斌元……四五九
黎祖功……四六〇
陳上善等……四六〇
文德翼……四六〇
弟德昌……四六一
邵鎮之……四六一
石和陽……四六一
周易象……四六一
周之元……四六一
吴一元……四六一
潘厚本……四六一
于千……四六一
胡子祺……四六一
袁懋芹……四六一
程四達……四六一
陳曾……四六一
王綱……四六二
曹棨……四六二
曹復旦……四六二
葉上芝……四六二
程瑛……四六二
璩自璵等……四六二
張雲鶚……四六二
吴起麟……四六二
徐繼發……四六二
張鶚祥……四六二
王宏……四六二
章慥……四六二

鄧炅……四五六三
嚴思綬……四五六三
埋庵和尚……四五六三
李珙……四五六三
崔緝……四五六三
曾秉豫……四五六三
鄧右符等……四五六三
梁份……四五六三
大方……四五六三
余光令……四五六三
鄧裴……四五六四
涂西……四五六四
楊思本……四五六四
鄧篆……四五六四
江佩……四五六四
璩紀等……四五六四
劉大千……四五六四
劉大訔……四五六四
何三近……四五六四
李自登等……四五六四
鄧瑁等……四五六四
傅金城……四五六四
傅占衡……四五六五
父槐……四五六五
韓范……四五六五
湯開先……四五六五
饒昌胤……四五六五
劉命清……四五六五
李日滌……四五六五
王偉士等……四五六五

陳咸韶……四五六五
孔貞文……四五六五
陳蜚英等……四五六五
王瑱……四五六六
蔡國藩……四五六六
張爾祜……四五六六
熊司平……四五六六
姜光琦……四五六六
李國昌……四五六六
胡依光……四五六六
胡觀……四五六六
鄒用昌……四五六六
黄鶴……四五六六
康放仁……四五六六
謝生蘭……四五六七
吴雲……四五六七
管鈺等……四五六七
周岐喈……四五六七
王鞏……四五六七
王尹……四五六七
賀宧……四五六七
王其宴……四五六七
周珝……四五六七
龍鳴台等……四五六七
劉廣廈……四五六八
彭舉等……四五六八
蕭正發……四五六八
王業……四五六八
王萬祺……四五六八
馬猶龍……四五六八

趙嶷……四五六八
郭林……四五六八
蕭子建等……四五六八
羅維善……四五六八
鄧任……四五六八
張敬……四五六九
賴良鳴……四五六九
賀貽孫……四五六九
弟昭孫等……四五六九
陳宗禄……四五六九
賀鳳生……四五六九
劉元珍……四五六九
李川寶……四五七〇
周紹珠等……四五七〇
蕭宏緒……四五七〇
祝應熊……四五七〇
周遜夫等……四五七〇
周玨……四五七〇
黎斐……四五七〇
劉映洙……四五七〇
劉世華……四五七〇
易嗣重……四五七〇
何山……四五七〇
劉而寔……四五七〇
李幼巡……四五七〇
李克……四五七一
陳宏策……四五七一
魏禧……四五七一
父兆鳳……四五七一
弟禮……四五七二

楊文彩等……四五七二
魏書……四五七二
羅牧……四五七三
許騰蛟……四五七三
易學實……四五七三
曾思遜……四五七三
吴人先……四五七三
文在茲……四五七三
周鼎新……四五七三
鄧斗光……四五七三
蔡希舜……四五七三
劉敷仁……四五七三
徐封魏……四五七四
梅逢甲……四五七四
趙金節……四五七四
周家鼎……四五七四
艾然……四五七四
蔡其煐等……四五七四
魏廷謨……四五七四
秦文朴……四五七四
沈韻……四五七四
吕大夔……四五七四
劉受三……四五七四
李占解……四五七四
馬亦昌……四五七四
甘澮寧……四五七五
王道大……四五七五
戴願輝……四五七五
潘守器……四五七五
許子廉……四五七五

尹珩……四五七五
周蓼卹……四五七五
尹煜……四五七五
魏晋封……四五七五
李以篤……四五七五
蕭名韻……四五七五
朱國俊……四五七五
魏閥……四五七五
許上通……四五七五
杜濬……四五七六
弟岕……四五七六
萬爾昌等……四五七六
易爲鼎等……四五七七
李之泌……四五七七
王一翥……四五七七
杜士鶚……四五七七
程雲……四五七七
胡問仁……四五七七
林之華……四五七七
汪國灤……四五七七
曹大濩……四五七七
馮永明……四五七七
萬昌言等……四五七八
李見瑗等……四五七八
魯晟……四五七八
劉鍾蓉……四五七八
曾若渭……四五七八
劉正暹……四五七八
章煥然……四五七八
明炤……四五七八

韓勳……四五七八
趙光早……四五七八
趙文淵……四五七八
沈升……四五七八
李見璧……四五七八
朱正振……四五七八
吴卿……四五七八
佘振遠……四五七九
陳夢弼……四五七九
石礪……四五七九
王甲……四五七九
倪嵩門……四五七九
顧景星……四五七九
張仁熙……四五八〇
袁素亮……四五八〇
吴亮思……四五八〇
李具慶……四五八〇
李春期……四五八〇
董洪勳……四五八一
舒益其……四五八一
陳文濤……四五八一
張復熙……四五八一
劉子杜……四五八一
黄鉉……四五八一
李賓起……四五八一
饒嘉繩……四五八一
寇學海……四五八一
何惺……四五八一
劉必選……四五八一
沈道隆……四五八一

譚渾……四五八二
張良生……四五八二
王啟遠……四五八二
郭鋏……四五八二
劉率國……四五八二
柴一舉……四五八二
方鳳時等……四五八二
郭占春……四五八二
許明登……四五八二
費思居……四五八二
江鶴……四五八二
龔璜……四五八二
蕭煜……四五八二
馬學衣……四五八二
胡維宗……四五八二
成鵬舉……四五八三
劉錫元……四五八三
廖同文……四五八三
錢璜……四五八三
吳長源……四五八三
黃于麻……四五八三
熊宗望……四五八三
謝中恪等……四五八三
張和梅……四五八三
元祚……四五八三
寇宗哲……四五八三
齊東魯……四五八三
黃文旦等……四五八三
李其先……四五八三
劉南召……四五八四

唐烈……四五八四
周宗成……四五八四
劉亨……四五八四
王文南……四五八四
張樹聲等……四五八四
曹國樸等……四五八四
劉國任……四五八四
陳應麟……四五八四
馬崇端……四五八四
張問明……四五八四
王啟茂等……四五八四
袁世明……四五八四
鄭如岐……四五八五
劉在京……四五八五
潘遊龍……四五八五

王席民……四五八五
姚自章……四五八五
楊瑯樹……四五八五
淩哲……四五八五
方鎮……四五八五
郝楷……四五八五
鍾岳靈……四五八五
郭嘉屏……四五八五
張延齡……四五八五
吴道行……四五八五
兄道升等……四五八六
周生文……四五八六
黄象坤……四五八六
李先登……四五八六
廖元度等……四五八六

楊德遠……四五八六
蔣之棻……四五八六
徐摇舉……四五八六
朱之宣……四五八六
楊翔鳳……四五八七
程本……四五八七
嚴首升……四五八七
孫鞏……四五八七
李嘗之……四五八七
瞿龍躍……四五八七
藍田玉……四五八七
裴紹度……四五八七
楊勳……四五八七
闕聞……四五八七
曹宗先……四五八七
王麟次……四五八七
唐九官……四五八七
唐之正……四五八七
沈汝霖……四五八八
劉洪訓……四五八八
向文焕……四五八八
李維嶽……四五八八
郭金臺……四五八八
黄赤子……四五八八
唐鶴彩……四五八八
張燧……四五八八
夏楷……四五八八
郭勸……四五八八
楊升……四五八九
陶窳……四五八九

劉赤……四五八九
陳長瑞……四五八九
琛大……四五八九
大成……四五八九
盧傳來……四五八九
談若人……四五八九
張澮……四五八九
劉文鼎……四五八九
陳震……四五八九
劉象賢……四五八九
龍宏戴……四五八九
龍吟……四五九〇
易貞言……四五九〇
溥良……四五九〇
陳五篋……四五九〇
彭年……四五九〇
譚紹琬……四五九〇
羅衆有……四五九〇
知休……四五九〇
尚友……四五九〇
夏汝弼……四五九〇
弟汝翼等……四五九二
郭履躚……四五九二
包世美……四五九二
阮明炤……四五九二
破門……四五九二
譚瓊英……四五九二
劉宗源……四五九二
張夢桂……四五九二
周士儀……四五九二

劉大鉉……四五九二
袁準……四五九二
李繼體……四五九二
嘗賡……四五九二
劉維贊……四五九二
徐燦……四五九三
張綸……四五九三
田山雲……四五九三
楊四箴……四五九三
陳三績……四五九三
桑日昇……四五九三
易三接……四五九三
高沆等……四五九三
彭文燭……四五九三
蔣又滋……四五九三
陳正誼等……四五九四
謝蕃元……四五九四
胡舜裔……四五九四
何大晋……四五九四
陶顯功等……四五九四
車以遵……四五九四
子萬含……四五九四
王嗣翰等……四五九四
黃昌國……四五九五
曾光祚……四五九五
林龍采……四五九五
車鼎黃……四五九五
蔣大年等……四五九五
張文解……四五九五
周南……四五九五

晏際盛……四五九五
李遇唐……四五九五
鄧林材等……四五九六
鄧祥麟等……四五九六
劉春萊……四五九六
吴文旆等……四五九六

卷九十八　列傳第七十四

文苑五

陸圻……四六〇〇
弟堦……四六〇〇
汪渢……四六〇一
兄澄等……四六〇一
嚴武順等……四六〇一
陸敏樹……四六〇一
周大縝……四六〇二
張元……四六〇二
裘之雄……四六〇二
張嵩等……四六〇二
顧若群……四六〇二
沈叔培……四六〇二
夏基……四六〇二
張遂辰……四六〇二
鄭鉉等……四六〇二
張岐然……四六〇二
江浩……四六〇二
張近道……四六〇二
吴模……四六〇二
胡介……四六〇三
張芬……四六〇三
陸堦……四六〇三

張佑民……四六〇三
李式玉……四六〇三
朱里……四六〇三
王宋……四六〇三
曹谿……四六〇三
吴名溢……四六〇三
徐士俊……四六〇三
王璣……四六〇三
王晫……四六〇三
魯得之……四六〇三
戴觀胤……四六〇四
汪用成等……四六〇四
淩克闇……四六〇四
梁次辰……四六〇四
虞宗玫等……四六〇四
顧圤……四六〇四
沈叔竑等……四六〇四
汪汝謙……四六〇四
陳廷會……四六〇四
張丹等……四六〇五
諸匡鼎等……四六〇五
張賁……四六〇五
徐之瑞……四六〇五
毛先舒……四六〇五
沈謙……四六〇六
孫治……四六〇六
施相……四六〇七
徐介……四六〇七
徐允榔……四六〇七
徐繼恩……四六〇七

錢士璋……四六〇七
卓人月……四六〇七
孫之琮……四六〇七
黄燦等……四六〇八
陸振奇……四六〇八
姚文虞……四六〇八
談遷……四六〇八
張次仲……四六〇八
朱一是……四六〇八
葛定辰等……四六〇八
陸嘉淑……四六〇九
查書繼……四六〇九
查遺等……四六〇九
朱慶徵……四六〇九
周文爚……四六〇九
潘廷章……四六〇九
朱廷樞……四六〇九
查旦……四六〇九
周珽……四六〇九
王甲……四六〇九
陸維桓等……四六〇九
朱萬式……四六〇九
邵以鼎……四六〇九
王祺……四六一〇
沈應元……四六一〇
張允修……四六一〇
周篔……四六一〇
范路……四六一一
李麟友……四六一一
屠廷楫……四六一一

徐善……四六一一
盛遠……四六一一
項奎……四六一一
沈甲……四六一一
智解……四六一二
超源……四六一二
王路等……四六一二
王翃……四六一二
李肇亨等……四六一二
駱雲程……四六一二
王之梁……四六一三
朱扉……四六一三
屠熿等……四六一三
顧玘徵等……四六一三
潘廷璋……四六一三
蔣岍……四六一三
繆詩伋……四六一三
褚醇……四六一三
巢鳴盛……四六一三
褚廷琯……四六一三
褚連時……四六一四
吴純持……四六一四
沈起……四六一四
繆永謀……四六一四
沈進……四六一四
張劭……四六一四
曹重等……四六一四
高時英……四六一四
朱之佐……四六一五
馮延年……四六一五

卜年……四六一五
王起隆……四六一五
沈嗣選……四六一五
孫鍾瑞……四六一五
施静……四六一五
金⿱艹嗣孫……四六一五
姚澣……四六一五
姚佺……四六一五
俞昱……四六一五
王汸……四六一五
蔣之翹……四六一五
通復……四六一六
沈壽祺……四六一六
支如增……四六一六
殳丹生……四六一六

崔金友……四六一六
徐震亨……四六一六
顧艾……四六一六
王之圻……四六一六
王屋……四六一六
曹鑑徵……四六一六
吴昌文……四六一六
法果等……四六一六
曹爚……四六一六
沈湛……四六一六
丁鑛……四六一七
吕諧……四六一七
魏允枬等……四六一七
夏緇……四六一七
李標……四六一七

盛于烷……四六一七
呂茂良等……四六一七
曹度……四六一七
勞以定……四六一七
盤銘……四六一七
錢彥猷等……四六一七
沈機……四六一七
程賸生等……四六一八
胡震亨……四六一八
子夏客……四六一八
錢潤徵……四六一八
徐濟貞等……四六一八
陸廷鴻……四六一八
朱學章……四六一八
周行……四六一八
彭宗因等……四六一九
吴文冕……四六一九
胡山……四六一九
李天植……四六一九
子震……四六二〇
鄭嬰垣……四六二〇
宋咸……四六二〇
倪端等……四六二〇
時一中等……四六二〇
陸錫禮……四六二〇
錢士馨……四六二〇
陸上灡等……四六二一
陸啟浤……四六二一
倪鍾瑞……四六二一
朱國孝……四六二一

過澤充……四六二二
沈濣……四六二二
陸競烈……四六二二
柯宏祚……四六二二
胡嗣璜……四六二二
馮秉恭……四六二二
俞允懷……四六二二
趙洄……四六二二
沈厚淳等……四六二三
屠卜長等……四六二三
彭孫貽……四六二三
陳恂等……四六二三
陳梁……四六二三
查雍……四六二三
鄭濌……四六二三
姚士粦……四六二三
陳許廷等……四六二三
董説……四六二三
夏古丹……四六二三
吴磐……四六二三
温濼等……四六二四
閔聲……四六二四
潘爾淖……四六二四
陳忱……四六二四
董汝煌……四六二四
張道岸……四六二四
韓昌箕等……四六二四
閔齊汲……四六二四
唐鍾英……四六二四
超慧……四六二四

宛山樵……四六二四
韓純玉……四六二四
吴最……四六二四
徐行……四六二四
朱心……四六二五
吴景旭……四六二五
高漣……四六二五
金鏡……四六二五
朱升等……四六二五
唐靖……四六二五
張岱……四六二五
許重熙等……四六二六
周之濬……四六二六
張應鼇……四六二六
趙廣生……四六二七
陳剛……四六二七
董瑒……四六二七
陶湝等……四六二七
趙甸……四六二七
張應燁……四六二七
劉應期……四六二七
張成義……四六二七
沈静……四六二七
孫文……四六二七
徐廷玠等……四六二八
戴易……四六二八
葉雷生……四六二八
周懋穀……四六二八
胡良臣……四六二八
徐緘……四六二八

黄逵……四六二九
宋昰……四六二九
陳長吉……四六二九
張淑……四六二九
劉世鷴……四六二九
諸朗……四六二九
沈之法……四六二九
李乾龍……四六二九
魏方炳……四六二九
錢其恒……四六二九
俞而介等……四六二九
曾益……四六二九
張宗觀……四六二九
朱士稚……四六二九
林稊……四六三〇
任俠……四六三〇
郭鈺……四六三〇
陶復……四六三〇
葉以經……四六三〇
丁甲……四六三〇
姜梗……四六三〇
童鈺等……四六三〇
蔣嶟……四六三〇
後庵……四六三一
徐芳聲……四六三一
蔡仲光……四六三一
蔡宜之……四六三一
翁德洪……四六三二
張杉等……四六三二
來蕃……四六三二

戴鏡曾……四六三二
沈禹錫……四六三二
丁克振……四六三二
來呂禧……四六三二
曹振龍……四六三二
王鴻烈……四六三二
汪珽……四六三三
來曾奕……四六三三
王仝高……四六三三
翁月乾等……四六三三
翁逸……四六三三
張世維……四六三三
陳洪綬……四六三三
丁元公……四六三四
邵以貫……四六三四
張廷賓等……四六三五
吕章成……四六三五
胡敬懋……四六三五
邵泰清……四六三五
陳天恕……四六三五
管譜琴……四六三六
譚宗……四六三六
史在明……四六三六
諸來聘……四六三六
等安……四六三六
陳庠……四六三六
陳元暎……四六三六
吕曾楙……四六三六
徐有聲……四六三六
張斐……四六三六

劉裕龍等……四六三七
黄寧方……四六三七
韓貞武……四六三七
萬泰……四六三七
子斯年等……四六三八
戴思望……四六三八
周容……四六三八
楊秉紘……四六三九
陸觀……四六三九
宗誼……四六三九
董劍鍔等……四六三九
陸山輝……四六三九
聞性道等……四六三九
管櫝……四六三九
張嘉昺……四六三九
張庚星……四六四〇
陳獻球等……四六四〇
包燮……四六四〇
錢豹……四六四〇
陳鳳圖……四六四〇
邵瀚……四六四〇
毛雷龍……四六四〇
董霍……四六四〇
朱維鏞等……四六四〇
朱金芝……四六四〇
從子獻臣……四六四一
紀宗德……四六四一
潘訪岳……四六四一
李蓅……四六四一
謝爲霖……四六四一

王堯臣……四六四一
陸崑等……四六四一
朱鈇等……四六四一
舒崑翁……四六四一
范大捷……四六四二
李志元……四六四二
戴屯翁等……四六四二
張逸……四六四二
俞衷一……四六四二
周鼎……四六四二
李之蓴……四六四二
毛來賓……四六四二
紀歷祚……四六四二
董道權等……四六四二
圓信……四六四二
李鄴嗣……四六四二
余杰……四六四三
周維祚……四六四四
萬斯同……四六四四
周西……四六四五
陳昌統……四六四五
鄭端明……四六四五
艾達時等……四六四五
姚胤昌等……四六四五
謝泰臻等……四六四六
項宣……四六四六
許應禎……四六四六
李旦平……四六四六
周景醇……四六四六
陳王賓……四六四六

鄭承誥等……四六四六
韓協用……四六四六
王用光……四六四六
柯琴……四六四七
葉振熙等……四六四七
葉曉等……四六四七
周長世……四六四七
周志寧等……四六四七
鄔泰……四六四七
鄔逢泰……四六四七
馮庚……四六四七
馬謙……四六四七
何衡……四六四七
董嗣純等……四六四七
葉崇震……四六四八
葛承傑……四六四八
王一流……四六四八
潘最……四六四八
王嘗岫……四六四八
朱光翰……四六四八
姜雲程……四六四八
張鍾參……四六四八
張日譿……四六四八
張日紅等……四六四八
許明佐……四六四八
林漢卿……四六四八
林茂……四六四八
劉士焜……四六四八
林占春……四六四九
徐凝……四六四九

黄宗揚……四六四九
邵建章……四六四九
卓發之等……四六四九
卓汝立……四六四九
蔡巽之……四六四九
侯思炳……四六四九
夏大輝……四六四九
包世昌……四六四九
蔣方蓴……四六四九
丁翼元……四六四九
黄豸聲等……四六四九
包萬有……四六四九
周光世……四六四九
章有成……四六五〇
吴鯤等……四六五〇
滕祥……四六五〇
曹辰……四六五〇
米雲卿……四六五〇
江伯容……四六五〇
趙忠屏……四六五〇
李爲芝……四六五〇
盧懋殿……四六五〇
盧洪瀾……四六五〇
李振聲……四六五〇
盧光晋……四六五〇
李爲森……四六五一
趙瓚……四六五一
王爲佺……四六五一
劉元震……四六五一
吴偉玠……四六五一

龔宗鑑……四六五一
馮光謙……四六五一
徐裳吉……四六五一
徐浩……四六五一
王同庚……四六五一
陳廷宣……四六五一
徐士雷……四六五一
呂之奇……四六五一
徐國珩……四六五一
葉時茂……四六五二
余玨……四六五二
翁祚……四六五二
徐文京……四六五二
徐洪瑆……四六五二
蔣泰賓……四六五二
徐泰徵……四六五二
方震亨……四六五二
徐應芳……四六五二
蔣國光……四六五二
葉石世……四六五二
汪漢……四六五二
鄭禹疇……四六五二
姜燮鼎……四六五二

卷九十九　列傳第七十五

文苑六

黃居中……四六五四
曾燦垣……四六五五
弟祖訓……四六五五
林寵……四六五五
陳衎等……四六五五

吴楷……四六五五
方潤……四六五六
陳克遇……四六五六
林潭等……四六五六
邵標春……四六五六
陳應邦……四六五六
徐延壽等……四六五六
焚琴子……四六五六
孫學稼……四六五六
林涵春……四六五七
王侯聘……四六五七
盧灼……四六五七
周鴻漸……四六五七
王繼褒……四六五七
陳鴻……四六五七
趙珣……四六五七
藍璉……四六五七
陳發曾……四六五七
薛銓……四六五七
林承霖等……四六五七
黄士尊……四六五八
蔡在新……四六五八
高兆……四六五八
彭善長等……四六五八
陳日浴……四六五八
許瑨等……四六五八
許友……四六五八
林蕙……四六五九
齊莊等……四六五九
張留……四六五九

陳聖教……四六五九
陳涓……四六五九
楊維熊……四六五九
王鼎九……四六五九
劉鐊……四六五九
胡深……四六五九
陳星羲……四六五九
鄭允成……四六五九
陳肇曾……四六五九
陳奎輝……四六六〇
梁春暉等……四六六〇
謝杲……四六六〇
陳名賓等……四六六〇
夏春暉……四六六〇
夏紹芳……四六六〇
葉仕蘭……四六六〇
施朗先……四六六一
郭鼎京……四六六一
翁白……四六六一
王誠……四六六一
黄士舉……四六六一
陳志遴……四六六一
陳登元……四六六一
吴孔錡……四六六一
鄭旼……四六六一
鄭國佐……四六六一
林雍等……四六六一
周鳴鐸……四六六二
鄧逖……四六六二
高國定……四六六二

林春芳……四六二
林喬材……四六二
郭大可……四六二
郭彦……四六二
林東向……四六二
高瑞伯……四六二
周鼎臣……四六二
五泉廬逸士……四六二
朱山……四六二
毛元吉……四六二
曾餘周……四六二
薛鎔……四六三
劉堯章……四六三
林丙春……四六三
葉甲……四六四
鄭郊等……四六四
曾鯨……四六四
戴揚烈……四六四
戴貞會……四六四
柯牲……四六四
陳玉崑……四六四
陳曾則……四六四
黄綺……四六四
黄鍾選……四六四
華師……四六四
陳衷銑……四六四
顧招……四六四
林浤……四六五
潘晋台……四六五
謝宫錦……四六五

賴裴成……四六六
王繼日……四六六
李如龍……四六六
潘遠……四六六
江賦……四六六
陳有祚……四六六
余思復……四六六
吳一瀚……四六七
王鏡……四六七
上官世安……四六七
雷羽上……四六七
兄翀……四六七
雷駿鳴等……四六八
伊勳等……四六八
伍行等……四六八
黃戴玄……四六八
伍日望……四六八
裴汝申……四六八
巫任忠……四六八
陳甡等……四六八
温夢良……四六八
李作朋……四六八
王璞……四六八
任元忠……四六九
李世熊……四六九
邱義……四七六
梁耀祖……四七六
袁恢先……四七六
邱嘉彩……四七七
李向奎……四七七

陳忠……四六七七
鄭倫……四六七七
寧教……四六七七
丁之賢……四六七七
朱國漢……四六七八
陳贄……四六七八
謝之遷……四六七八
寧崑……四六七八
王賡……四六七八
童士輝……四六七八
黄文炤……四六七八
陳有年……四六七九
蘇文昌……四六七九
林如源……四六七九
陳顯謨……四六七九
黄道杲……四六七九
郭之禩……四六七九
張慶樂……四六七九
林高駿……四六七九
鄭宇明……四六八〇
陳暉……四六八〇
諸葛昺……四六八〇
圓珏……四六八〇
王傳……四六八〇
阮旻錫……四六八〇
池顯方……四六八一
林霍……四六八一
莊潛……四六八一
黄繼冕……四六八一
梁岐超……四六八一

張贊宗……四六八一
梁興玉……四六八一
洪承畯……四六八一
洪承埏……四六八二
傅景星……四六八二
李樹官……四六八二
楊必祐……四六八二
蘇淮……四六八二
張士榔……四六八二
劉若……四六八二
陳幼嘉……四六八二
王夢弼……四六八二
王上中……四六八二
傅濟翁……四六八二
紀文疇……四六八二

子許國……四六八三
保國……四六八三
洪思……四六八三
李茂春……四六八四
林賓……四六八四
黄以陞……四六八四
楊喬岳……四六八四
黄仲英……四六八四
王鑾……四六八四
施礎等……四六八四
李贊元……四六八四
王仍輅……四六八四
弟仍縉……四六八五
章坤……四六八五
林錫羲等……四六八五

孫賓利……四六八五
許智……四六八五
程之正……四六八五
江于修……四六八五
黃驤陛等……四六八五
蔡而熤……四六八五
藍維善等……四六八六
楊祺……四六八六
胡元琚……四六八六
陳有度等……四六八六
林廷擢……四六八六
戴作材……四六八六
陳天叙……四六八六
林邁佳……四六八六
陳國典……四六八六
陳重器等……四六八六
李廷熙……四六八六

卷一百　列傳第七十六

文苑七

屈大均……四六八九
曾叔祖起鵬等……四六九〇
黃登……四六九〇
陳虬起……四六九〇
朱匡……四六九〇
季佺……四六九〇
馮珧……四六九〇
陳誠孫……四六九〇
陳誠……四六九〇
黎淳先……四六九〇
陳恭尹……四六九〇

龐嘉耋…………四六九一
湛萃…………四六九二
王邦畿…………四六九二
子隼…………四六九二
彭孟陽等…………四六九二
李成憲…………四六九三
王鳴雷…………四六九三
方國驊等…………四六九三
梁啟運…………四六九三
趙焞夫…………四六九四
羅謙等…………四六九四
陳世和…………四六九四
吳猷…………四六九四
彭睿瓘…………四六九四
徐瑨…………四六九四
李芬…………四六九四
李雲龍…………四六九四
子雲子等…………四六九四
王瑯等…………四六九五
謝楸…………四六九五
岑徵…………四六九五
賴鏡…………四六九五
彭滋…………四六九五
胡仲康…………四六九五
曾起莘…………四六九五
子琮…………四六九六
從弟起霖…………四六九六
族暐…………四六九七
道獨…………四六九七
麥侗…………四六九七

崔某……四六九七
陳李香……四六九七
李廷輔……四六九七
許某……四六九七
李某……四六九七
李某……四六九七
余某……四六九七
許某……四六九七
陳某……四六九八
程可則……四六九八
蘇某……四六九八
李某……四六九八
蔣某等……四六九八
茅兆汾等……四六九八
羅某……四六九八
黎國賓等……四六九八
關天放……四六九八
梁瓊……四六九八
李某……四六九八
張聖睿……四六九八
朱某……四六九八
胡某……四六九八
梁某……四六九九
盧某……四六九九
陸某……四六九九
陳某……四六九九
崔某等……四六九九
許某……四六九九
劉彥梅……四六九九
曾某……四六九九

尹某……四六九九
温某……四六九九
黄某……四六九九
朱衡……四六九九
周某……四六九九
麥定元……四六九九
梁聲……四七〇〇
李廷標……四七〇〇
高嘉學……四七〇〇
羅龍祥……四七〇〇
李蜚粵……四七〇〇
林夢錫……四七〇〇
何國相……四七〇〇
何王捷……四七〇〇
黄燦……四七〇〇
謝儼……四七〇〇
劉雲漢……四七〇〇
衛文英……四七〇〇
許古仁……四七〇〇
葉符……四七〇〇
許穎……四七〇〇
林上達……四七〇一
林璇……四七〇一
許城……四七〇一
陳灩……四七〇一
張審鵠……四七〇一
謝禹臣……四七〇一
衛兆桂……四七〇一
崔植……四七〇一
衛灝昌……四七〇一

李夢會……四七〇一
梁憲……四七〇一
謝楷……四七〇一
衛廷昌……四七〇一
張蓋都……四七〇一
謝振翮……四七〇一
梁逢聖……四七〇二
韓嘉謀……四七〇二
古汝等……四七〇二
梁同庵等……四七〇二
李某……四七〇二
語山……四七〇二
道丘……四七〇二
潘楫清……四七〇三
湯晉等……四七〇三
楊大進……四七〇三
伍佳郎……四七〇三
莫上……四七〇三
易奇際……四七〇四
子訓等……四七〇四
林皋等……四七〇四
吳馴……四七〇四
黃尚源等……四七〇四
嚴而慊……四七〇五
李士貴……四七〇五
黎邦瑊……四七〇五
鄧璁……四七〇五
何絳……四七〇五
兄衡……四七〇五
陶璜……四七〇五

梁璉等……四七〇六
歐主遇……四七〇六
梁祐逵……四七〇七
李祈年……四七〇七
薛始亨……四七〇七
弟起蛟……四七〇七
陳其秩……四七〇七
羅寧默……四七〇七
梁文灟……四七〇七
李文爍……四七〇八
蔡巃等……四七〇八
林子瑫……四七〇八
黎景義……四七〇八
佘帝選……四七〇八
嚴鶴年……四七〇八
胡天嘉……四七〇八
張在瑗等……四七〇八
吴鳴鳳……四七〇八
潘鳳升……四七〇八
羅殿式……四七〇八
梁國楨等……四七〇九
張穆……四七〇九
陳萬幾……四七〇九
王鴻暹等……四七〇九
劉政……四七一〇
陳舜法……四七一〇
吴而達……四七一〇
黎光祖……四七一〇
楊晉……四七一〇
族守清等……四七一〇

何源澎……四七一〇
高儼……四七一一
陶天球等……四七一一
莫以寅……四七一一
譚庸……四七一一
廖明士……四七一一
黄居石……四七一二
區懷瑞……四七一二
弟懷年……四七一二
楊從堯……四七一二
勞士傑……四七一二
蘇光栻……四七一二
馮光璧……四七一二
邱天民等……四七一三
蕭堅操……四七一三
韓宗騋……四七一三
族弟宗禮……四七一四
萬某……四七一四
劉胤初……四七一四
田星……四七一四
陳廷策……四七一四
薛學參……四七一四
薛虞畿……四七一四
林吾翰……四七一四
姚喜臣等……四七一四
孫耀祖……四七一五
詹韶……四七一五
陳國英……四七一五
李以貞……四七一五
黄淵……四七一五

藍嗣蘭……四七一五
謝宗鍹……四七一五
陳守鑌……四七一五
蔡文蘭……四七一五
陳者高……四七一五
鄭之桂……四七一五
曾開……四七一六
蔣山……四七一六
王道遠等……四七一六
雷鳴春……四七一六
林闇修……四七一六
鐵牛和尚……四七一六
唐泰……四七一六
弟華……四七一七
方世瑜……四七一七
趙廷琯……四七一七
楊守禮等……四七一七
朱昂……四七一七
王琦……四七一七
郭子建……四七一七
楊維峻……四七一七
張國正……四七一八
辛恪……四七一八
嚴士龍……四七一八
張智霈……四七一八
段敏政……四七一八
李恪……四七一八
包璿……四七一八
段珮……四七一八
李思揆……四七一八

孔之裔……四七一八
鄒應龍……四七一八
李元捷……四七一八
藍和等……四七一八
張琮……四七一八
陳璧光等……四七一九
何孟龍等……四七一九
陸天麟……四七一九
周師稷……四七一九
馬明陽……四七一九
王佑命……四七一九
陳王廷……四七一九
陳士恪……四七一九
劉聯聲……四七一九
俞觀等……四七一九
姜維藩等……四七二〇
鄧洪如……四七二〇
張如鳳……四七二〇
偰應東……四七二〇
劉芳遠……四七二〇
曹亮……四七二〇
張相度……四七二〇
李任明……四七二〇
楊運升……四七二〇
張撰……四七二〇
施心極……四七二〇
趙璡……四七二〇
孫德曙……四七二〇
李有溪……四七二一
知空……四七二一

余日新……四七二
高桂枝……四七二
何蔚文等……四七二
劉宏文……四七二
孫桐……四七二
李夢頎……四七二
張啟賢……四七二
楊愉……四七二
趙鼇等……四七二
萬李全……四七三
辛和國……四七三
葉奕……四七三
楊彬……四七三
陳甲才等……四七三
張以恒……四七三
於遷……四七三
徐必昇……四七三
江彧……四七三
赤嵩……四七三
朱文……四七三
趙士禋……四七三
楊光夔……四七三
彭維琨……四七三
李敦慈……四七三
胡奉旌……四七三
黃都……四七三

卷一百一　列傳第七十七

忠義一

徐三痶腳……四七二九
蔣爾恂……四七三〇

王道士……四七三〇
韓五桂等……四七三〇
李筱周……四七三〇
李潛……四七三〇
劉養威……四七三一
何陽春……四七三一
劉佚客……四七三一
張治邦……四七三一
王成宇……四七三一
冉才美等……四七三一
趙良玉等……四七三一
韓上桂……四七三一
子騏超等……四七三一
汪鍾鳴……四七三二
錢國瑞……四七三二
張守約……四七三二
趙爾圻等……四七三二
劉爲衡……四七三二
朱國彦……四七三二
丁啟宗……四七三二
張祖恒……四七三二
馬德良等……四七三三
桑開基……四七三三
唐文運……四七三三
黄豹文……四七三三
王與胤……四七三三
子士和……四七三三
吕宫……四七三三
馮時英……四七三三
牟華野等……四七三三

唐賓……四七三四
周永明……四七三四
孫國顯……四七三四
劉武聚……四七三四
趙振極……四七三四
陳主忠……四七三四
丁桐……四七三四
朱啟明等……四七三四
王曦如……四七三四
孔興聖……四七三五
光岳奇……四七三五
劉芳聲……四七三五
王勵……四七三五
周啟魯……四七三五
袁登觀……四七三五
王劭等……四七三五
王業新……四七三五
李篤之……四七三五
陳希程等……四七三五
毛秉正……四七三五
高沖斗……四七三六
丁之箕……四七三六
丁煒然等……四七三六
劉爾調……四七三六
蘇州璞等……四七三六
王永祈……四七三六
邵周達……四七三六
張日新……四七三六
張雲龍等……四七三七
胡來順……四七三七

王翰英……四七三七
劉潤……四七三七
王嘉護……四七三七
趙允成……四七三七
張毓謙……四七三七
楊師德……四七三七
李丕修……四七三七
劉嘉禎……四七三七
范謙亨等……四七三七
山永俊……四七三七
沈迅……四七三八
弟伢……四七三八
來儀等……四七三九
李承胤……四七三九
李景隆……四七三九
七乞兒……四七三九
宋偉……四七三九
子佳蔭……四七四〇
桑拱陽……四七四〇
景星……四七四〇
趙天騏……四七四〇
韓所得等……四七四〇
孫國楨……四七四〇
文襄等……四七四〇
閻之徽……四七四〇
荆爾梴……四七四〇
劉見龍……四七四〇
葉成才等……四七四〇
石巃……四七四一
房建極等……四七四一

韓友范……四七四一
秦四器……四七四一
王被徵……四七四一
姬生……四七四一
王六泰……四七四二
王鼎安等……四七四二
王雲聲……四七四二
席增光……四七四二
趙世英……四七四二
單允昌……四七四二
倪國寶……四七四二
胡多見……四七四二
張行敏……四七四二
唐之英……四七四三
陳朝紀……四七四三
朱光見等……四七四三
陳則從……四七四三
王耀祖等……四七四三
彭之燦……四七四三
從子通……四七四三
牛德富……四七四三
岳兆鳳……四七四四
王永隆……四七四四
阮泰……四七四四
李豫……四七四四
張國光……四七四四
古爲己……四七四四
理安和等……四七四四
郭孟秀……四七四四
高廷寶……四七四四

李弘宗等……四七四五
冉中儉等……四七四五
張瑾……四七四五
吴汝琦……四七四五
鄭之俊……四七四六
張垣等……四七四六
劉國會……四七四六
劉燧……四七四六
張琇……四七四六
姚兆豸等……四七四七
萬以忠……四七四七
王道濟……四七四七
程富……四七四七
潘中立……四七四七
莊仲祥等……四七四八
高甲……四七四八
程懋衡等……四七四八
程履端……四七四八
張克祥等……四七四八
王養心……四七四八
羅霖……四七四八
安廣居……四七四八
孫源文等……四七四八
平若衡等……四七四八
計翼照……四七四八
任聃年……四七四八
江陰賣餅叟……四七四九
許琰……四七四九
尹明微……四七四九
顧延灝……四七四九

湯傳楹……四七四九
洞庭山樵……四七四九
陳大同等……四七四九
龔立本等……四七五〇
屈坦之……四七五〇
祝舜齡等……四七五〇
戴允曦……四七五〇
顧國縉……四七五〇
陳濬……四七五〇
顧明德……四七五〇
劉世芳……四七五〇
陳公誥……四七五一
姜金國……四七五一
周日耀……四七五一
方承宣……四七五一
吴蒯……四七五一
徐顯問……四七五一
劉必登等……四七五一
葛天裔等……四七五一
汪鯉……四七五一
汪有震……四七五一
楊無蟄……四七五二
高翰沖……四七五二
王載鴻……四七五二
趙炯然……四七五二
吴煜……四七五三
何剛……四七五三
從兄安民……四七五四
何蜚……四七五四
任民育……四七五四

曲從直等……四七五五
段振文……四七五五
王纘爵……四七五五
子兆豸……四七五五
周志畏……四七五六
從弟志嘉……四七五六
胡傳……四七五六
羅伏龍……四七五六
倪國祥……四七五六
楊時熙等……四七五六
黄鋐……四七五六
吴道正……四七五七
王志端等……四七五七
李自明等……四七五七
陶孔教……四七五七
周之逵……四七五七
談三傑等……四七五七
保薦等……四七五七
陸人龍……四七五七
劉爾郊……四七五七
華壯輿……四七五七
高鏐……四七五七
何文郁……四七五七
魏欏等……四七五八
高孝纘……四七五八
唐迅之等……四七五八
王士琇等……四七五八
宋祥遠等……四七五八
韓默等……四七五八
張映發等……四七五八

鄒蘇……四七五八
趙璘……四七五八
饒余等……四七五八
陳三益等……四七五九
吴昞等……四七五九
何攀龍等……四七五九
閻汝哲等……四七五九
劉慶遠等……四七五九
朱虎變等……四七五九
劉成治……四七六〇
劉邦弼……四七六一
黄端伯……四七六一
吴嘉胤……四七六二
子欽章等……四七六三
龔廷祥……四七六三
劉萬春等……四七六三
黄鍾斗……四七六四
陳爊等……四七六四
韓國柱……四七六四
黄龍躍……四七六四
陳于階……四七六四
方樹節……四七六四
徐九錫……四七六四
劉鉽……四七六五
龔業新……四七六五
吴可箕……四七六五
程傑……四七六五
黄金璽……四七六五
潘履素……四七六五
應之爾等……四七六五

徐必選……四七六五
陳士達……四七六五
方岳鍾……四七六六
董啟明……四七六六
細柳巷瓦匠……四七六六
曹存性卒……四七六六
柳昌祚卒……四七六六
牧馬卒……四七六六
姚忠……四七六六
馮小瑠……四七六六
囂囂和尚……四七六六
愧二……四七六七
印公等……四七六七
曾淳化……四七六七
劉方茂……四七六七
魯兆龍……四七六七
顧德元……四七六七
趙弼經……四七六八
朱祚元等……四七六八
許士楷等……四七六八
史直……四七六八
歐敬竹……四七六八
石士鳳……四七六八
貢獻祚……四七六八
董元哲……四七六九
陶鼎……四七六九
陶士立……四七六九
陶承先等……四七六九
張纘等……四七六九
吳渭等……四七六九

薛奇……四七六九
吴守棅……四七六九
張明書等……四七六九
吴初蟾等……四七六九
許王家……四七七〇
宋學張……四七七〇
顧若齊……四七七〇
許暐……四七七〇
顧所受……四七七〇
殷獻臣……四七七〇
孫嗣芳等……四七七〇
劉宜言……四七七〇
劉一紀等……四七七〇
伍俊……四七七一
金逸甫……四七七一
金先聲……四七七一
王統……四七七一
蔣垣等……四七七一
陸玠……四七七一
王逢……四七七一
范祖生……四七七一
劉座等……四七七一
顧充永等……四七七一
素純……四七七一
文震亨……四七七二
從子乘秉等……四七七二
尹曄……四七七二
楊懷玉……四七七二
馮延亡……四七七三
劉斆等……四七七三

汪俊耆……四七三
錢禧等……四七三
毛允益等……四七三
沈貞之……四七四
綫廷獻……四七四
金必達等……四七四
張國學等……四七四
蘇州儒士等……四七四
蘇州老人……四七四
顧貞直等……四七四
王希……四七四
周邦彦等……四七四
周之蘭……四七四
閻應元……四七四
許用德等……四七七
陳明遇……四七七
邵康公……四七八
程璧……四七八
王之任……四七八
馮厚敦……四七八
潘文先……四七八
沈鼎科……四七八
戚勳……四七八
戚京……四七九
袁一義等……四七九
顧叔薦……四七九
夏維新……四七九
王華……四七九
吕九韶……四七九
楊樾等……四七九

蔣神乾……四七七九
姚赤文……四七七九
王錫黼……四七七九
黃允茂……四七七九
王允貞等……四七七九
馮鋏等……四七七九
謝永剛等……四七七九
周應元……四七七九
顧齊程……四七八〇
王永光等……四七八〇
陳廷獻等……四七八〇
黃鳳歧……四七八〇
張之英等……四七八〇
月禪等……四七八〇
金允鏜等……四七八〇
高明德等……四七八〇
章懋賢等……四七八〇
張維禎等……四七八〇
王清芳……四七八〇
黃楷……四七八〇
邢漢……四七八〇
董臣虞等……四七八〇
李問政等……四七八〇
方有聲等……四七八〇
章重光等……四七八〇
陳式玉等……四七八〇
馬遇伯……四七八一
曹有章……四七八一
耿鳴雷等……四七八一
沙志賢等……四七八一

顧大本……四七八一
趙應選……四七八一
劉因可……四七八一
宋玥……四七八一
程永清……四七八一
朱隆祧……四七八一
黄楚勳……四七八一
王從讓等……四七八一
王廷材等……四七八一
祝有明等……四七八一
沈鳳章等……四七八一
夏嘉祚等……四七八一
王明儒等……四七八二
陳永譽等……四七八二
張鼎等……四七八二
祝有春等……四七八二
曹燧……四七八三
王宗賢等……四七八三
耿潤玉等……四七八三
周高起……四七八三
吴積鈺……四七八三
朱倫召等……四七八三
馮士仁……四七八四
徐亮工……四七八四
徐登階等……四七八四
于皂隷……四七八四
黄憲等……四七八四
周日休……四七八四
煎海和尚……四七八四
張達……四七八四

周新所等……四七八五
顧杲……四七八五
高明詔等……四七八六
周天霞等……四七八六
周起瑛等……四七八六
鮑大全等……四七八六
華葆素……四七八六
華應鶴等……四七八六
嚴紹賢……四七八六
嚴一騏……四七八六
徐念祖……四七八七
翁元益……四七八七
嘗壽凝……四七八七
徐禎稷等……四七八七
奚士龍等……四七八七
章元復……四七八七
蔡樅等……四七八七
吴中秀……四七八七
朱家臣等……四七八七
姚臺等……四七八八
錢穀……四七八八
董夢金……四七八八
陸厚元……四七八八
簪乞某……四七八八
顏起鳳……四七八八
申浦……四七八八
吴期伸……四七八八
林鍾等……四七八八
儲邦輔等……四七八八
李允新等……四七八九

徐驥……四七八九
朱巨卿……四七八九
朱甲……四七八九
沈寧祖……四七八九
蘇湸等……四七八九
殷登……四七八九
沈夢丹……四七八九
蔡九韶等……四七八九
楊謨……四七八九
從子焜……四七八九
周鍭……四七九〇
王明灝……四七九〇
王崇圖……四七九〇
王榮圖……四七九〇
王汝紹……四七九〇
徐搏……四七九〇
湯士龍……四七九〇
鄒淑……四七九〇
冷之曦……四七九二
賀向峻……四七九二
汪參……四七九二
史虞侯……四七九二
袁先……四七九三
王允升……四七九三
史澤……四七九三
蔣舒……四七九三
蔣雲卿……四七九三
康三省……四七九三
狄奇節……四七九三

卷一百二　列傳第七十八

忠義二
嚴栻……四七九七
子熊……四八〇一
胡來貢……四八〇一
陳志仁……四八〇一
杜興龍……四八〇一
李顯光……四八〇一
歸紹隆……四八〇一
宋奎光……四八〇一
胡志學……四八〇一
陳震之……四八〇二
何鳳翔……四八〇二
芮觀……四八〇二
王英……四八〇二
金鑛……四八〇二
程嵋……四八〇二
陸三錫……四八〇二
錢飛……四八〇二
何雲鵬……四八〇二
項志甯……四八〇二
顧維寰等……四八〇二
王道焕……四八〇二
桑升吉等……四八〇二
張芳潤……四八〇三
陳治統……四八〇三
何述禹等……四八〇三
袁克舉等……四八〇三
畢九龍……四八〇三
顧鎧等……四八〇三
徐懌等……四八〇三

徐守質等……四八〇三
吴懷南……四八〇三
宋奎然等……四八〇三
沈璜……四八〇三
吴栻……四八〇四
許士儉……四八〇四
郭際南……四八〇四
陳秉鉞……四八〇四
郭肇慶……四八〇四
汪熙中……四八〇四
薛維奎等……四八〇四
張國寶等……四八〇四
吴鑑……四八〇四
潘承祚……四八〇五
王喜武……四八〇五
蕭家駿……四八〇五
吴銘訓……四八〇五
黄應熊……四八〇五
陳孝基……四八〇五
任世德……四八〇五
沈煌等……四八〇五
陳清……四八〇五
沈龍含等……四八〇五
王有明……四八〇五
陳啟瀛……四八〇六
丁士俊……四八〇六
馬桂徵……四八〇六
顧觀光……四八〇六
陳孟台……四八〇六
陳宗道……四八〇六

葉敷奏等……四八〇六
張衡遠……四八〇六
周莊四義士……四八〇六
張起生……四八〇六
葉樹人……四八〇六
王上壽等……四八〇六
仲時鋏……四八〇七
邵世俊等……四八〇七
徐賢……四八〇七
陳裕容……四八〇七
王志學等……四八〇七
王佐才……四八〇七
楊永言……四八〇八
陳宏勳……四八〇八
陳大任等……四八〇八
張陽豫……四八〇八
孫志尹……四八〇八
周室瑜……四八〇九
子朝鑛……四八〇九
吴其沆……四八〇九
朱集璜……四八〇九
陶琰等……四八〇九
朱國輔等……四八〇九
朱漢徵等……四八一〇
柴塀等……四八一〇
周道行……四八一〇
周錫等……四八一〇
徐閏宏等……四八一〇
桂琳等……四八一〇
朱維宗等……四八一〇

周復培等……四八一一
孫道民等……四八一一
高國柱等……四八一三
趙伯玉等……四八一四
一登等……四八一七
潘康侯等……四八一七
金駿聲等……四八一七
莊士翔等……四八一八
張錫眉……四八一八
龔用圓等……四八一九
馬元調等……四八一九
夏雲蛟等……四八一九
王雲程……四八一九
嚴愛棠……四八一九
油坊匠……四八一九
唐景耀等……四八二〇
陳謙光等……四八二〇
唐浵禹等……四八二〇
李磨鏡等……四八二三
巢之梁……四八二三
張龍文……四八二三
須成孫等……四八二三
何敬義等……四八二三
包行素……四八二三
毛瑞之……四八二三
丁先……四八二三
錢晉謙等……四八二三
孔興賓等……四八二三
王文聰……四八二三
徐元……四八二四

馬純仁……四八二四
詹明宇……四八二四
劉鳳池……四八二四
李長似……四八二四
劉鼎甲……四八二四
劉定應……四八二四
趙士林……四八二四
楊師禄等……四八二四
瞿德毅……四八二五
朱朝紳……四八二五
劉士鵬……四八二五
姚義士……四八二五
侯義士……四八二六
王湛……四八二六
兄淳等……四八二七
王會華等……四八二七
王國璠……四八二七
黄通理等……四八二七
魏虎臣……四八二七
蘇應昌……四八二七
趙學基等……四八二七
張啓……四八二八
侯龍泉……四八二八
田稼……四八二九
葛麟……四八二九
從弟敏等……四八三〇
朱興公……四八三一
吴中奇……四八三一
莫大猷……四八三一
管元聲……四八三一

錢振先等……四八三一
顧棻……四八三一
王日如……四八三一
錢圭……四八三二
陳克昌等……四八三二
盧象觀……四八三二
兄象晋……四八三三
從弟象同等……四八三三
陳安……四八三四
吴敞瑩……四八三四
張琳……四八三五
蔣永儒……四八三五
丁丕選……四八三五
吴遴……四八三五
朱邦彦……四八三五
陳僎等……四八三五
陳貞禧……四八三五
吴國士……四八三五
儲啟祚……四八三五
王德源……四八三五
蔣永儼……四八三五
王孝源等……四八三五
儲謙等……四八三五
毛重恭等……四八三五
張緒吉……四八三六
陳寅……四八三六
許樹遠等……四八三六
周濂儒……四八三六
潘敏成等……四八三六
吴蜚……四八三六

黃守正……四八三六
潘朝選等……四八三六
吴洪化……四八三六
李文注等……四八三六
蕭鄰之……四八三七
李皜……四八三七
陸志……四八三七
儲京祚等……四八三七
蔣暉……四八三七
鍾楚石等……四八三七
孔師……四八三七
朱襄孫等……四八三八
吴之蕃……四八三八
張斌臣等……四八三九
王若之……四八三九
李大載等……四八三九
高孝貽……四八四〇
子驥英……四八四〇
楊謨……四八四〇
王台輔……四八四〇
石屋僧……四八四一
張東啟等……四八四一
許生……四八四一
王謀……四八四一
吴匏山等……四八四二
朱鎔如等……四八四二
顧大任……四八四二
子頊……四八四二
毛爾張等……四八四二
顧咸正……四八四三

子天逵等……四八四三
弟咸受等……四八四三
劉曙……四八四四
子蕃等……四八四四
欽浩……四八四五
汪敬……四八四五
喬塏……四八四五
徐汝純……四八四五
董巽甲……四八四五
董剛……四八四五
張謝石……四八四五
徐佑……四八四五
袁楠……四八四五
朱仲貞……四八四五
陳安邦……四八四五
葉鶴林……四八四五
管定……四八四五
洪中孚……四八四五
毛雲台……四八四五
朱啟宸……四八四六
沈臺……四八四六
沈彰……四八四六
朱彦選……四八四六
楊芳……四八四六
彭鶴齡……四八四六
馬都……四八四六
笪有德……四八四六
華賢祥……四八四六
朱玄端……四八四六
吴鴻……四八四六

孫龍……四八四六
吴成林等……四八四六
許德溥……四八四七
王熊……四八四七
李一乾等……四八四七
李幹才……四八四八
樂大章……四八四八
宋吕……四八四八
邵德舜……四八四八
李蘷雅……四八四八
華允誠……四八四八
許學等……四八四九
劉永錫……四八四九
陳三島……四八五〇
濟南老人……四八五〇
吴古懷……四八五〇
子越彦……四八五一
張秉純……四八五一
徐正大等……四八五一
錢明學……四八五一
王之慶……四八五一
姜之齊等……四八五二
李盛英等……四八五二
胡士昌……四八五二
周泗……四八五二
劉守中等……四八五二
趙大中……四八五二
趙鶴……四八五二
徐逵……四八五二
趙崇炫等……四八五三

劉天寵等……四八五三
劉大京等……四八五三
楊維嶽……四八五三
夏烺等……四八五四
程鳳翥……四八五四
朱稽逸……四八五四
温璜……四八五四
子天璧……四八五五
唐良懿……四八五五
歐陽鉉……四八五五
程遇德……四八五五
程繼約……四八五五
江玉冰……四八五六
黄明邦……四八五六
丘嶽……四八五六
吴道會……四八五六
方國焕……四八五六
馬嘉……四八五六
黄士良……四八五六
俞元禧……四八五六
吴應箕……四八五六
子孟堅……四八五七
族弟應筵等……四八五七
姜可法等……四八五七
陳尚義……四八五七
丁燿……四八五八
兄燁……四八五八
龐昌胤……四八五八
孫象壯等……四八五八
趙宗普……四八五八

吳源長……四八五八
裘有緯……四八五九
杜鶴年……四八五九
吳日暠……四八五九
梅衢華……四八五九
張弘化……四八五九
陳衷壹……四八五九
張生……四八六〇
謝一魯……四八六〇
吳邦畿……四八六〇
劉鎮等……四八六〇
沈士柱……四八六〇
弟士尊……四八六一
沈壽岳……四八六一
子麟生等……四八六一
楊昌祚……四八六二
徐之慶……四八六二
湯斯祐……四八六二
湯纘禹等……四八六二
田徵瑞等……四八六二
查如龍……四八六二

卷一百三　列傳第七十九

忠義三

傀懋熹……四八六五
族人元楷……四八六五
張應樞……四八六六
王士和……四八六六
子宗翰……四八六六
章晋錫……四八六七
彭君選……四八六七

吴應鉉等……四八六七
陳英南……四八六七
江豫等……四八六七
江日采等……四八六七
韓元亨……四八六七
王英士等……四八六七
吴南淑……四八六七
林化熙……四八六七
蔡光璧……四八六八
任彦龍……四八六八
鄭大生等……四八六八
鄭羽儀……四八六八
劉鼎列……四八六九
元綸……四八六九
吴禮韋……四八六九
趙昂……四八六九
鼓崎樵人……四八六九
石魁……四八六九
陳韜……四八六九
李長林等……四八六九
陳曾遠……四八六九
林喬升……四八六九
樵夫某……四八六九
林主信等……四八六九
趙子章……四八六九
劉永祚……四八七〇
杭彦清……四八七〇
汪宗明……四八七〇
林應星……四八七〇
洪孔煃等……四八七〇

傅起燿……四八七〇
陳起龍……四八七一
金麗澤……四八七一
徐世名等……四八七一
徐明彬……四八七二
吴威烈……四八七二
楊履圜……四八七二
父聯芳……四八七二
蔡立……四八七二
潘啟烺……四八七二
賴嵩……四八七二
吴士楫……四八七三
林質……四八七三
黄擔……四八七三
洪有楨……四八七三
楊淶……四八七四
傅象晋……四八七四
林師稷……四八七四
子拱星……四八七四
卓震……四八七五
鄭大奏……四八七五
劉有基……四八七五
高天爵……四八七五
陳六翰……四八七五
葉翼雲……四八七六
陳鼎……四八七七
陳上義……四八七七
劉應璋……四八七七
陳濂……四八七七
黄壽徵……四八七七

黎崇宣……四八七八
區瑞……四八七八
盧兆熊……四八七八
張日振……四八七八
勞士傑……四八七八
梁希皐……四八七八
韓晃等……四八七八
夏懋學……四八七八
姚霽雲……四八七九
黃安……四八七九
陳可晰等……四八七九
屈時進……四八七九
華首……四八七九
彭燿……四八七九
子睿壎……四八八〇
陳嘉謨……四八八〇
廖翰標……四八八〇
章希熊……四八八〇
孟應春……四八八〇
虞贊堯……四八八〇
蔡守璋……四八八〇
陳廷圖……四八八〇
鄒超楚……四八八〇
梁萬爵等……四八八〇
王道淑等……四八八一
衛冕……四八八一
周于德……四八八一
張可久……四八八一
戴大霖……四八八一
金澤……四八八一

王猷……四八一
謝允斯……四八一
蕭舜華……四八一
李信等……四八一
曹甲……四八二
張贇……四八二
吴元昌……四八二
林呈祥……四八二
陳良言等……四八二
龐延曾等……四八二
淩騰龍……四八二
曹麟……四八二
韓乃聰……四八二
黄賢……四八二
李士貴……四八二
闕鉞……四八二
馮我賓……四八二
謝礦……四八三
張璧……四八三
吴履泰……四八三
王世臣……四八三
張兆鵬……四八三
蔡從龍……四八三
崔上臣……四八三
胡輝祖……四八三
鄺露……四八四
子升等……四八四
丁有儀……四八四
陳曇等……四八四
李爾龍……四八四

樊泰……四八八五
張朝鼎……四八八五
孔大業……四八八五
蔡履泰等……四八八五
歐光宸……四八八六
弟光宙……四八八六
周冕等……四八八六
黄世臣……四八八六
仇自奇……四八八六
鄭雲錦……四八八七
宋祖誥……四八八七
巫如衡……四八八七
子學展……四八八八
周震……四八八八
趙三薦……四八八八
孟泰……四八八八
蔣秉芳……四八八九
劉飛漢……四八八九
歐陽習羽良……四八八九
汪若澍……四八八九
陳善……四八八九
許士驥……四八八九
鄒國棟……四八八九
吴文和等……四八八九
李豫新等……四八九〇
顧夔等……四八九〇
戴宸眷……四八九〇
馬圖瑞……四八九〇
文光裕……四八九〇
鄧生馨……四八九〇

張之紀……四八九〇
劉連玉……四八九〇
唐良傑等……四八九〇
郭志……四八九〇
許于京……四八九〇
孫長林……四八九〇
吴振元……四八九〇
靈川樵叟……四八九〇
盧瑜……四八九一
子明撰等……四八九一
姚應元等……四八九一
謝鐍……四八九一
宋甲……四八九一
樓得月……四八九一
吴起元……四八九一
余猶龍……四八九一
童欽舜……四八九二
李上林……四八九二
王需之……四八九二
李先芳等……四八九二
傅昌明……四八九二
陳黼宸……四八九二
張何明……四八九二
楊朝翰……四八九二
朱賓遠……四八九二
李琇……四八九二
陳璉玿……四八九三
阮家玉……四八九三
明朝佐……四八九三
李悉達……四八九三

楊朝藩……四八九三
趙士烙等……四八九三
郭圖南……四八九三
保愛賢……四八九三
劉鼎……四八九三
包逸……四八九四
楊國訓……四八九四
楊祖詒等……四八九四
張試……四八九四
劉鏜……四八九四
王翊贊……四八九四
寇覲明等……四八九四
丁運亨……四八九四
沈嗣振……四八九四
馬甲……四八九五
張登元……四八九五
陳正猷……四八九五
王景昌……四八九五
劉德本……四八九五
閃連城……四八九五
祝維霍……四八九五
王顯隆……四八九五
馮時可……四八九五
林桂印……四八九五
鄒嘉顯……四八九五
李玉奎……四八九五
藺德美……四八九五
薛大觀……四八九五
劉之謙等……四八九六
單武襄……四八九七

張儒節……四八九七
林啟俊……四八九七
子淑……四八九八
陳佐才……四八九八
奄和尚……四八九八
李小六……四八九八
王二發……四八九八
尹士鑣等……四八九九
陳綱……四八九九

卷一百四　列傳第八十

忠義四

盛彌俊……四九〇四
陳一泰……四九〇四
張轂……四九〇四
柯士琮……四九〇四
彭臺……四九〇四
熊日鴻……四九〇四
龔甲……四九〇四
章宏本等……四九〇四
孟蘭芷……四九〇四
楊太沖……四九〇四
陳昌猷等……四九〇五
周必顯……四九〇五
陳嘉容等……四九〇五
冷甲……四九〇五
王之鉉……四九〇五
徐思燁……四九〇五
張大烈……四九〇五
袁瑶等……四九〇五
羅日崇……四九〇五

高鈺等……四九一二
劉吉復等……四九一二
吴士玉……四九一三
楊逢春……四九一三
黎仰明……四九一三
周輅……四九一三
湯應暘……四九一三
魏先達……四九一三
吴堯益……四九一三
徐日光……四九一三
王龍光……四九一三
江鏊……四九一三
鄭惠……四九一三
周日庠……四九一四
楊鎮……四九一四
張志道……四九一四
徐以翰……四九一四
夏九功……四九一四
李時興……四九一四
鍾必顯……四九一四
解應雷……四九一四
陳王明……四九一五
錢應華……四九一五
歐陽吉等……四九一五
黄藎卿……四九一五
鄧武泰等……四九一五
吴璧……四九一五
梁于涘……四九一六
朱大夏等……四九一六
劉廷兆……四九一六

胡從治等……四九一六
高飛聲……四九一七
子宗蔚……四九一七
桂有烇……四九一七
王春元等……四九一七
楊迺武……四九一七
子遴等……四九一八
詹大有……四九一八
張法……四九一八
戴紳……四九一八
劉翼泰……四九一八
王應蕃……四九一八
江琳……四九一八
鄭汝釗……四九一八
劉應欽……四九一八
陳懷忠……四九一八
陳吉……四九一八
劉調鼎等……四九一八
胡三極等……四九一九
鄒宗榮……四九一九
楊鼎熙……四九一九
朱家瑞……四九一九
林逢春……四九一九
黎士奇……四九一九
林大典……四九一九
江長吉……四九一九
趙雲……四九二〇
黄祚明等……四九二〇
黄德官等……四九二〇
黄孺渾……四九二〇

劉文衡等……四九〇
王大年等……四九〇
歐陽富……四九〇
曹清源……四九〇
彭萬垣……四九〇
劉文赤……四九〇
蕭孔錫……四九〇
吴名標……四九一
兄名魁……四九一
程顯等……四九一
陳一湛等……四九一
程士豹等……四九一
王其定等……四九一
李邦美等……四九一
陳渙……四九一
弟澡……四九二
趙師世等……四九二
劉芳遠……四九二
伍承參等……四九二
劉寶珩……四九二
王作人……四九二
郭治隆……四九二
王其寅……四九二
鄒志明等……四九二
歐陽曉……四九二
伍春華……四九二
李慕魁……四九二
尹啟吉……四九二
萬文英……四九二
弟文蔚……四九二

唐倜……四九二三
姚仲光……四九二三
俞道淳……四九二三
徐更生……四九二三
周建子……四九二三
姚應亨……四九二四
周可期等……四九二四
李翔……四九二四
黃嘉縉等……四九二五
楊應和……四九二五
從兄居久……四九二五
潘一謀……四九二五
孔人玉……四九二五
江以京……四九二五
徐光祚……四九二五
老山徐氏……四九二五
傅性純……四九二五
白朝亡……四九二六
王家楨……四九二六
吴世安……四九二六
徐日隆……四九二六
黃槐開……四九二六
唐周慈……四九二七
族父鎔……四九二七
黎遂球……四九二七
子延祖等……四九二八
羅明受……四九二八
歐寵賢等……四九二八
阮大年等……四九二八
劉師雄……四九二九

馬懋功……四九二九
姚生文……四九二九
盧兆熊……四九二九
林琠等……四九二九
龍嘉震……四九二九
王明汲……四九二九
胡重明……四九三〇
吴國球……四九三〇
程必進等……四九三〇
郭寧登……四九三〇
胡縝等……四九三〇
塗君鼎等……四九三〇
彭靄等……四九三〇
胡有紞……四九三〇
劉起鳳……四九三一
聶昊等……四九三一
蕭瑛等……四九三一
鍾良則……四九三一
林全春等……四九三一
趙光裕等……四九三一
黄廷柱……四九三一
謝武烈……四九三一
王省素等……四九三一
劉日佺等……四九三一
萬興仁……四九三一
萬興明……四九三一
馬芝……四九三一
楊萬言……四九三一
楊述鴻等……四九三一
龍承乾……四九三一

董讚卿……四九三
馮復京……四九三
余學義……四九三
歐陽麗天等……四九三
胡杭……四九三
謝明登……四九三
郭其昌……四九三
鍾和……四九三
金之傑……四九三
袁汝健……四九三
吴時珍……四九三
莊日敬……四九三
王統等……四九三
劉思光等……四九三
黄登甲……四九三
錢崑……四九三
吴璧……四九三
尹政言……四九三
曾世榮……四九三
張大誥等……四九三
宋時珩等……四九三
謝石瑗……四九四
周葵等……四九四
李逢月等……四九四
穆光祖……四九五
邢仕礪等……四九五
宋本忠……四九五
程之邁……四九五
劉獻之……四九五
吴明卿等……四九五

曾代現等……四九三五
魏一柱……四九三六
盧珽……四九三六
殷國楨……四九三六
曾子鉞等……四九三六
盧南金……四九三七
趙日覲……四九三七
陳大生……四九三七
林亮……四九三七
李慤……四九三七
獨孤繼郁……四九三七
萬鵾……四九三八
胡濬……四九三八
子守愚等……四九三八
萬時升……四九三八
陳國維等……四九三八
鄒萬璣等……四九三九
張大耀等……四九三九
昌時泰……四九三九
劉子頊等……四九三九
姜楷……四九三九
姚英浩……四九三九
田時稔等……四九三九
辜奇鵬……四九三九
郭賢操……四九四〇
子良錫等……四九四一
胡戒等……四九四一
桂登魁……四九四一
曹光甯等……四九四一
賴士奇……四九四一

從弟士聖等……四九四二
蕭秉鎮……四九四二
嚴一躍等……四九四二
黄應泰……四九四二
彭錕……四九四二
楊燧等……四九四三
張壽眉……四九四三
李大宏……四九四三
劉泰兆……四九四三
魏殷臣……四九四三
曾奉初……四九四三
李應開……四九四三
李芳春……四九四四
兄喬春……四九四四
孔大德……四九四四
蔣正元……四九四四
陳涇復……四九四四
孔衍緒等……四九四四
但銑……四九四四
朱寵……四九四四
鄧雲程……四九四五
擔水夫某……四九四五
王大善……四九四五
孫大錡……四九四五
方應尊……四九四五
陳守芬……四九四五
胡大興……四九四五
張聯芳……四九四五
王會篇……四九四五
劉一匡……四九四五

趙繼抃……四九四六
汪柱等……四九四六
趙之城……四九四六
王士芳……四九四六
孫嗣濟……四九四六
陳王言……四九四六
蒙上和等……四九四六
蒙正發等……四九四六
黃色中……四九四六
陳瑞……四九四六
項順心等……四九四七
張士璜……四九四七
吴世奇等……四九四七
賀昌明……四九四七
劉諫……四九四七
黃卷……四九四七
劉恩才……四九四七
甘召循……四九四七
陳捷等……四九四七
徐兆昇……四九四八
徐開元……四九四八
劉咸慶……四九四八
李鍾申……四九四八
鄭如簡……四九四八
潘有穀……四九四八
曹清源……四九四八
王選之……四九四八
劉芳蘭……四九四八
鄭歧喬等……四九四八
楊六美等……四九四八

劉時行……四九四八
乞人某……四九四八
覃天明……四九四八
唐自華……四九四九
竇萬楝……四九四九
何察等……四九四九
李蛟楨……四九四九
張爾晟……四九四九
彭日浴……四九四九
羅其綸……四九四九
孫一脈……四九四九
劉士焜……四九五〇
于斯行……四九五〇
秦廷珪等……四九五〇
彭世連等……四九五〇
彭大士……四九五〇
翟文衡……四九五〇
楊美奂等……四九五一
謝甲……四九五一
胡懋進……四九五一
李賢文……四九五一
陳五聚等……四九五一
王二南……四九五一
吴學……四九五一
洪懋孝……四九五二
傅拔英……四九五二
李興瑋……四九五二
聞大成……四九五三
方士宏……四九五三
華明弼……四九五三

朱仁藩……四九五三
鄒世簡……四九五三
劉國祚……四九五三
蔣應釁……四九五三
項元宸……四九五三
李之駒……四九五三
党應秋……四九五四
莫讓師……四九五四
胡若宏……四九五四
吴之瑜……四九五四
戴希嘉……四九五四
劉斯澤……四九五四
左德球等……四九五四
鍾肇元等……四九五四
狄琨……四九五四
邱式耔……四九五四
丁萬機等……四九五五
劉興秀……四九五五
江起龍……四九五五
雷大壯……四九五五
許應聘……四九五五
鄧光遠……四九五六
魏士沖……四九五六
朱萬化……四九五六
鄒鶴齡……四九五六
胡自讓等……四九五六
羅于廷……四九五六
全上選……四九五六

卷一百五　列傳第八十一

忠義五

卓爾康……四九六〇
沈士藻……四九六一
陳弘先等……四九六一
高公輔……四九六一
錢中選……四九六一
徐懷川……四九六一
陳祥麟……四九六一
李挺……四九六一
張四維……四九六一
陳應鵾……四九六一
王國章……四九六一
馬明錫等……四九六一
李奇玉……四九六二
顧鳳正……四九六二
顧明德……四九六二
沈延慶……四九六二
吴重光……四九六二
陸士鉉……四九六二
朱廷章……四九六二
顧宗俊……四九六二
陳龍正……四九六二
葉樹聲……四九六三
唐元竑……四九六三
陳瑄……四九六三
陸培……四九六三
范明隆……四九六四
范明望……四九六四
楊宏聲……四九六四
朱良諫……四九六四
嚴于鈇……四九六四

沈乘……四九六五
方天春等……四九六五
袁甲……四九六五
潘與範……四九六五
王道焜……四九六五
子均……四九六六
姜國驤等……四九六六
顧咸建……四九六六
陶曾齡……四九六七
湯明俊等……四九六八
祝淵……四九六八
董仁……四九六八
王毓蓍……四九六九
潘集……四九六九
王樂水……四九六九
周卜年……四九七〇
鄭醫官等……四九七〇
葉天華等……四九七〇
屠象美……四九七〇
劉履丁……四九七一
陶廷煒……四九七一
鍾鼎臣……四九七二
張龍德等……四九七二
孫元暘……四九七二
鄭雪昉……四九七二
王象賢等……四九七三
張翌等……四九七三
高孟超……四九七三
郭昌齡……四九七三
高穎琦等……四九七三

張次柳等……四九七三
湯成先等……四九七三
陳惘等……四九七三
孫明傑……四九七三
周敬濂……四九七三
常三益等……四九七三
項嘉謨等……四九七三
錢應金……四九七四
葉森……四九七四
盛士表……四九七四
吴天泰……四九七四
妙諦……四九七四
吴亶……四九七四
單士相……四九七四
汪士奎……四九七四
錢棟……四九七四
錢栴……四九七五
子熙等……四九七五
弟棻……四九七五
陳鶴鳴……四九七五
錢一選……四九七五
朱曾省……四九七五
沈龍翼……四九七五
錢繼祉等……四九七五
卞洪載……四九七五
朱國望……四九七六
俞元良……四九七六
兄元明等……四九七六
姜國臣……四九七六
陸藎誼……四九七六

美思……四九七六
陸韜……四九七七
潘起龍等……四九七七
朱大綱等……四九七七
朱朝琮……四九七七
沈陵……四九七八
蔡國瑛……四九七八
許定義等……四九七八
郜鼎等……四九七八
周宗彝……四九七八
弟啟琦……四九七八
穎石……四九七九
李明巒等……四九七九
唐自彩……四九七九
從子階豫……四九八〇
過俊民……四九八〇
夏璜……四九八〇
朱治升……四九八〇
白瓊……四九八〇
俞可章等……四九八〇
俞一觀等……四九八〇
馮學經……四九八一
戴重……四九八一
子本孝等……四九八二
鄭大璟……四九八二
潘國瓚……四九八二
嚴啟隆等……四九八二
王元震等……四九八二
蔡允心……四九八二
韓范等……四九八二

錢元……四九八二
錢瓚……四九八三
張君極等……四九八三
蔡子標……四九八三
族孺法……四九八三
沈玫……四九八三
蔡璠……四九八三
北來二十二義士……四九八三
徐啟睿……四九八五
趙毅……四九八五
沈宗埰……四九八六
兄宗垓……四九八六
龐培元……四九八六
沈儒通等……四九八六
行謐……四九八六
查美繼……四九八七
楊定國……四九八八
郝愈……四九八八
翁遜……四九八八
楊守程……四九八八
任之豪等……四九八八
蕭山三義……四九八八
八十九……四九八九
吴從魯……四九八九
張名翰……四九八九
嚴于麟……四九八九
陸孝蓋……四九八九
朱奇生等……四九八九
朱應聘……四九八九
茹明焕等……四九八九

邵大有……四九〇
李謙行……四九〇
陶子詵……四九〇
俞士彥等……四九〇
高岱……四九〇
子朗……四九〇
葉汝荁……四九〇
朱瑋……四九一
范史直等……四九一
韓晃……四九一
陳廷俊……四九一
傅日炯等……四九一
周駿聲……四九二
方炯等……四九二
張甲……四九二
陶元康……四九二
張仲選……四九二
吕曾榯等……四九二
倪文徵……四九二
張槤……四九三
李桐……四九三
子文昪等……四九三
族文爟等……四九三
朱懋華……四九四
張作相……四九四
李遹觀……四九四
趙甲……四九四
趙景麟……四九四
葉向榮……四九四
子永堪……四九五

倪泰亨等……四九九五
周之翰等……四九九五
李汝斌……四九九五
王如春……四九九五
潘大成……四九九五
陳道立……四九九五
馮宏德等……四九九五
王之栻……四九九五
兄之柯……四九九六
吕如賓……四九九六
王家臣……四九九六
趙有念……四九九六
王應麟……四九九六
朱君正……四九九六
朱憲宗……四九九六
子晟等……四九九六
紀成佺……四九九七
徐志進等……四九九七
施建元……四九九七
汪宗月等……四九九七
徐起家……四九九七
柴國楹……四九九七
袁應麟……四九九七
章一焯……四九九七
王景鸞……四九九七
陳期奎……四九九七
章良際……四九九七
許帝臣等……四九九八
鄒欽堯……四九九八
鄒之琦……四九九八

章靖難……四九九八
鄭思恭……四九九八

卷一百六　列傳第八十二

忠義六

周元懋……五〇〇〇
弟元初等……五〇〇〇
續孔教……五〇〇一
樓士鶴……五〇〇一
張學田……五〇〇一
李裴……五〇〇一
沈齊賢……五〇〇二
于大昭等……五〇〇二
葉尚高……五〇〇二
陳繼新……五〇〇三
林珽……五〇〇三
楊鯍奇等……五〇〇三
謝龍震……五〇〇三
鍾皂隸……五〇〇四
沈八……五〇〇四
商周胤……五〇〇四
陸宇鼎……五〇〇四
弟宇燝……五〇〇五
兄宇熺……五〇〇五
全美閑等……五〇〇五
陳琦……五〇〇六
毛聚奎……五〇〇六
吴岳生等……五〇〇七
華夏……五〇〇七
林時躍……五〇〇九
淩之驃……五〇一〇

王家勤……五〇一〇
兄家亮等……五〇一一
李萿……五〇一一
趙驥等……五〇一一
杜懋俊……五〇一一
施邦炌……五〇一一
父翰……五〇一一
杜兆茁……五〇一一
趙翁……五〇一一
屠獻宸……五〇一二
子孝麟……五〇一三
兄鼎忠等……五〇一三
董德欽……五〇一三
兄德鏞……五〇一三
李文纘……五〇一四
從弟文縉等……五〇一四
紀曆祚……五〇一四
陳聚奎……五〇一四
史謀……五〇一五
陳峽……五〇一五
潘國緒……五〇一五
沈之泰……五〇一六
弟之益……五〇一六
湯使聘……五〇一六
徐泰……五〇一六
婁文煥……五〇一六
盛道祿……五〇一七
俞文淵……五〇一七
陳砥流……五〇一七
鄒延琦……五〇一七

路邁……五〇一七
鄒延玠……五〇一七
俞子久等……五〇一八
吴維修……五〇一八
楊逢辰……五〇一八
許煌……五〇一八
許旌祖……五〇一八
莊保生……五〇一八
毛遠……五〇一八
張天儀……五〇一八
鮑承恩……五〇一八
許布臣……五〇一八
吴庸之……五〇一八
梁華南……五〇一九
朱鴻儀……五〇一九
沈鍾成……五〇一九
體凡……五〇一九
魏耕……五〇一九
錢纘曾……五〇二〇
潘龍基……五〇二〇
朱子巍……五〇二〇
錢價人等……五〇二〇
朱錫如……五〇二〇
楊春華等……五〇二〇
李達……五〇二〇
羅積生……五〇二一

卷一百七　列傳第八十三

忠義七

吴錫玉……五〇二四
黄克善……五〇二四

陳桂棟……五〇二五
賈東才等……五〇二五
戴紳……五〇二五
袁斌……五〇二五
李蕙春……五〇二五
張甲……五〇二五
邢仕勵等……五〇二五
周憲……五〇二五
郭之麟……五〇二五
胡繼昌……五〇二六
李謚等……五〇二六
鄒胤孝……五〇二六
余士瑺……五〇二六
彭永春……五〇二六
郭民勵……五〇二六
董四明……五〇二六
徐可行……五〇二六
傅弘祖……五〇二六
李獨明等……五〇二六
夏象乾等……五〇二七
孫光前……五〇二七
李全昌……五〇二七
柳鴻……五〇二七
孫大華……五〇二七
馬驄等……五〇二七
成啟……五〇二七
王國輔……五〇二七
程九萬等……五〇二七
賈域等……五〇二七
王家鐸等……五〇二七

石思琳等……五〇二八
何文升……五〇二八
汪必進等……五〇二八
王治心……五〇二八
柳鳴鳳……五〇二八
王東日……五〇二八
朱兆祥……五〇二八
孟振邦……五〇二八
金應臚等……五〇二八
方都韓……五〇二八
張麟祖……五〇二八
蔣奕芝等……五〇二八
何霖等……五〇二九
蔡復元……五〇二九
胡士恂等……五〇二九
葉道美……五〇二九
王用憲……五〇二九
孫光裕等……五〇二九
胡鯤化等……五〇二九
蔡可獻……五〇二九
王國軫……五〇二九
孫自綸……五〇二九
徐永泰……五〇三〇
夏斗光等……五〇三〇
許心亮……五〇三〇
海珠……五〇三〇
石磷等……五〇三〇
李應元……五〇三〇
趙景和……五〇三〇
劉景堯……五〇三一

戴震……五〇三一
丘嶲……五〇三一
吴維城等……五〇三一
彭機三……五〇三一
馬乾……五〇三二
馬汝榜……五〇三二
陳梓……五〇三二
揭三龍……五〇三二
饒世淳……五〇三二
曹茂吾……五〇三二
項人龍等……五〇三二
郭輔畿……五〇三二
張朝鼎……五〇三三
章希熊……五〇三三
賴心台……五〇三三
黄一淵……五〇三三
許元會……五〇三三
王音……五〇三三
子京……五〇三三
沈奇勳等……五〇三三
梁暾……五〇三四
何琛等……五〇四
李田等……五〇三四
謝鑛……五〇三四
沈如懋……五〇三四
李世輔……五〇三四
王昌言……五〇三六
龍孔蒸……五〇三六
弟孔然……五〇三六
洪業嘉……五〇三六

歐陽鎮等……五〇三六
李有斐……五〇三七
劉湛……五〇三七
龔國瑄等……五〇三七
王尚行……五〇三七
張弘抱……五〇三七
吳之瑜……五〇三七
彭鄘……五〇三七
黄燦然……五〇三七
殷尚聲等……五〇三七
盧聲先……五〇三八
江起鼇……五〇三八
舒心忠等……五〇三八
楊惕知……五〇三八
謝士鏞等……五〇三八
蘇良楨等……五〇三八
吕應相……五〇三八
孟鳳竹……五〇三八
唐鍾祚……五〇三八
劉履吉……五〇三九
李壽椿等……五〇三九
周士元……五〇三九
吳廷憲……五〇三九
廖標……五〇三九
王奕昌……五〇三九
子孫蘭……五〇四〇
王承憲……五〇四〇
弟承瑱等……五〇四〇
王家祥等……五〇四一
司慎……五〇四一

向六箏……五〇四一
徐高遷……五〇四一
陳大經……五〇四一
阮呈鳳等……五〇四一
陳爰謀……五〇四一
李光芳……五〇四一
王鳴鳳……五〇四一
高其勳……五〇四一
何宗鳳……五〇四一
李開芳……五〇四二
邵元齡……五〇四二
伍傑……五〇四二
單國祚等……五〇四二
任士茂等……五〇四二
楊焕祚……五〇四二
蘇時譽……五〇四二
楊羽揚……五〇四二
胡其高等……五〇四二
張所知……五〇四二
方元祖等……五〇四二
段伯炌……五〇四二
李師泌……五〇四二
馮世寵……五〇四三
王士傑……五〇四三
段見錦等……五〇四三
陳誨等……五〇四三
高拱極等……五〇四三
李國材等……五〇四四
陳子宸等……五〇四四
高桂芳……五〇四四

卷一百八　列傳第八十四

孝友

党國虎……五〇五三
李復新……五〇五三
周繼聖……五〇五三
任遇亨……五〇五四
張維德……五〇五四
吴威克……五〇五四
蔡至中……五〇五五
黃向堅……五〇五五
父孔昭……五〇五五
顧廷琦……五〇五六
李炌……五〇五六
劉龍光……五〇五六
父廷諤……五〇五六
錢美恭……五〇五七
父士驌……五〇五七
厲世昌……五〇五七
莫之永……五〇五七
范鉉……五〇五八
趙萬全……五〇五八
顧大觀……五〇五八
王原……五〇五八
冷日升……五〇五九
林偉……五〇五九
湯之京……五〇六〇
劉啟印……五〇六〇
伍就湯……五〇六〇
伍飛翰……五〇六〇
賴道寄……五〇六〇
雷俊……五〇六〇
陳有祐……五〇六〇

樊翾……五〇六〇
官懋勳……五〇六一
蕭明燦……五〇六一
沈萬育……五〇六一
李景濂……五〇六一
楊紹祖等……五〇六一
李應麒……五〇六二
盧必陞……五〇六二
嚴書開……五〇六三
族廷瓚……五〇六四
林佳……五〇六四
羅奇傑……五〇六四
孫博雅……五〇六四
李明性……五〇六五
洪孔煃……五〇六五
舒加冠……五〇六五
桂貴……五〇六五
黃景臻……五〇六六
許達……五〇六六
李晋福……五〇六七
張福……五〇六七
陳德……五〇六七
方祖……五〇六七
沈年……五〇六七
彭君宜……五〇六八
胡嘉瑞……五〇六八
朱五十……五〇六八
王世寧……五〇六八
章華……五〇六八
胡端友……五〇六九

王承祖……五〇六九
孔長春……五〇六九
華可道……五〇六九
蕭京……五〇六九
齊洪超……五〇七〇
吴有性……五〇七〇
張璐……五〇七〇
張志聰……五〇七〇
林瀾……五〇七〇
徐國麟……五〇七〇
全楨……五〇七〇

卷一百九　列傳第八十五

隱逸一

楚壯士……五〇七五
朱之元……五〇七六
黄良……五〇七六
謝璣……五〇七六
秀熙……五〇七六
陳璿……五〇七六
程莘樂……五〇七六
金吕等……五〇七六
徐開吕……五〇七六
方時俊……五〇七六
何炎等……五〇七六
羅孚尹等……五〇七七
胡虞逸……五〇七七
吴琦……五〇七七
徐研……五〇七七
李若傑等……五〇七七
朱胤昌……五〇七七

楊炯伯……五〇七七
王瑄……五〇七七
高勅……五〇七七
王晉錫……五〇七七
笪宗鏡……五〇七七
張士驌……五〇七七
讀體……五〇七七
周鼎昌……五〇七八
彭銓……五〇七八
鍾鼎等……五〇七八
湯泰亨……五〇七八
鍾龍期……五〇七八
史顯典……五〇七八
伊密之……五〇七八
宋之銃……五〇七八
陳丹等……五〇七八
吴國俊……五〇七八
于汝經……五〇七八
胡蛟之……五〇七九
徐一鵬……五〇七九
孔興伯……五〇七九
夏士豪……五〇七九
孫越……五〇七九
王錫襟……五〇七九
湯之孫等……五〇七九
如是……五〇七九
張達……五〇七九
陳所學……五〇七九
夏芳鮮……五〇七九
薛畹……五〇七九

顔天表……五〇七九
鄭繼藩……五〇八〇
夏疇……五〇八〇
崔植……五〇八〇
田治……五〇八〇
季生……五〇八〇
大健……五〇八〇
秦旹霖……五〇八〇
于美鍾……五〇八〇
周士甲……五〇八〇
劉元祥……五〇八〇
馬宇陽……五〇八〇
蔣清……五〇八〇
賀迓衡……五〇八一
姜大玿等……五〇八一
孫宏孝……五〇八一
荆象衡……五〇八一
于鑨……五〇八一
湯勵行……五〇八一
吴拱宸……五〇八一
鄔繼思……五〇八一
茅大用……五〇八一
楊龐……五〇八一
董虎山……五〇八一
沙一卿……五〇八一
彭遠……五〇八一
于鑛……五〇八一
馮宇昭……五〇八一
高東生……五〇八二
史元衮……五〇八二

鄧汶……五〇八二
孫太初等……五〇八二
祁天永……五〇八二
吳洪裕……五〇八二
潘紹顯等……五〇八二
儲福疇等……五〇八二
黃麟聚……五〇八二
王士嶷……五〇八二
翟振龍……五〇八二
李亦人等……五〇八二
孫夢簡……五〇八三
史君奭……五〇八三
史潔珵……五〇八三
陳貞祥等……五〇八三
吳喬森等……五〇八三
任大烈……五〇八三
路迪……五〇八三
鄧秉貞……五〇八三
吳永祺……五〇八三
吳固本……五〇八三
王鳴九……五〇八三
路登庸等……五〇八三
何士林……五〇八三
儲弼明……五〇八三
李盛時……五〇八三
張天挺……五〇八四
惲于邁……五〇八四
張戩……五〇八四
巫大章……五〇八四
孫駿聲……五〇八四

黄章……五〇八四
李高桂……五〇八四
錢桂森……五〇八四
莊元登……五〇八四
卞焕文……五〇八四
唐獻恂等……五〇八四
許之溥……五〇八四
陳敬等……五〇八四
管默思……五〇八五
徐純忠……五〇八五
徐臨等……五〇八五
静孑……五〇八五
大愚……五〇八五
張玉……五〇八五
周天游……五〇八五
葉大疑……五〇八五
華允訥……五〇八五
鄒元檄……五〇八五
陳昂……五〇八六
薛瑾等……五〇八六
周惠申……五〇八六
王永嘉……五〇八六
秦德涯……五〇八六
錢仲選……五〇八六
秦德湛……五〇八六
邵應奎……五〇八六
辛陞等……五〇八六
李仍枝……五〇八六
樂莘等……五〇八六
張遯……五〇八七

秦孝維……五〇八七
陶一夔……五〇八七
王世楨……五〇八七
朱寅……五〇八七
楊維甯……五〇八七
許甲……五〇八七
身本……五〇八七
雌雌兒……五〇八七
打卦者……五〇八八
剌船鬍……五〇八八
劉蓼雪……五〇八九
朱士烈……五〇九〇
程如嬰……五〇九〇
湯肇元……五〇九〇
陳宗虞……五〇九〇
徐登階……五〇九〇
黄鍾……五〇九〇
丁文瑗……五〇九〇
徐孔芳……五〇九〇
陸蘇……五〇九〇
陳潔……五〇九一
陳景……五〇九一
程萬里等……五〇九一
葛天民……五〇九一
邢衡……五〇九一
陳廷策……五〇九一
高愈簡……五〇九一
湯仲曜……五〇九一
夏世楨……五〇九一
季永禹……五〇九一

譚琦……五〇九一
劍庵……五〇九一
孝丐……五〇九一
侯溥……五〇九二
朱廷楫……五〇九二
趙時……五〇九二
韓馨……五〇九二
張奕……五〇九二
陸志熙……五〇九二
胡汝潛……五〇九二
王屏……五〇九二
劉羽儀……五〇九二
朱永譽……五〇九二
朱鶴等……五〇九二
周宸錫……五〇九三

吴時琚……五〇九三
陸燕喆……五〇九三
金璵……五〇九三
金瑞華……五〇九三
王永熙……五〇九三
顧熙……五〇九三
吴時德……五〇九三
顧大綱……五〇九三
蘇開……五〇九三
王德貞……五〇九三
沈頲……五〇九三
金汝瑚……五〇九三
葉向日……五〇九三
嚴祇敬等……五〇九四
夏髯叟……五〇九四

智旭……五〇九四
德濟……五〇九四
曹楝……五〇九四
張珍等……五〇九四
楊肇祉……五〇九四
顧國本……五〇九四
張我成……五〇九四
袁扉……五〇九四
王峋……五〇九四
蔣鉉……五〇九四
趙維垣……五〇九五
徐秉淳……五〇九五
吳簦……五〇九五
丁周召等……五〇九五
郭庶……五〇九五
吳梅……五〇九五
夏九功……五〇九五
顧其蘊……五〇九五
陳匡國等……五〇九五
陳濟楨等……五〇九五
沈璜……五〇九五
陳鏞……五〇九五
王弘度……五〇九五
莫怡……五〇九五
丘三進……五〇九六
張舜臣……五〇九六
德玄……五〇九六
大拙……五〇九六
顧伶……五〇九六
紙衣翁……五〇九六

唐老老……五〇九六
雪平……五〇九七
朱國章……五〇九七
徐元……五〇九七
龔廷焕……五〇九七
歸士瑄……五〇九七
時叡……五〇九七
朱爲紘等……五〇九七
陳如鎏……五〇九七
陸鉞……五〇九七
鄒聞望……五〇九七
褚道潛……五〇九七
韓雪……五〇九八
王維甯……五〇九八
葛鼐等……五〇九八
周鑑……五〇九八
張立廉等……五〇九八
陸世鎏……五〇九八
魏文心……五〇九八
周鈿……五〇九八
支萬春……五〇九八
李嘉慶……五〇九八
徐開法……五〇九八
吕天裕……五〇九八
陳用牧……五〇九九
周鐸……五〇九九
顧葉墅……五〇九九
顧蘭服……五〇九九
歸子裕……五〇九九
夏元圭……五〇九九

朱述善……五〇九九
方南龍……五〇九九
顧升輔……五〇九九
金遴……五〇九九
周揖……五〇九九
王掄春……五〇九九
吴元沖……五〇九九
諸士儼……五〇九九
朱汝礪……五〇九九
王洄……五一〇〇
鄭伯昌……五一〇〇
陳奇謨……五一〇〇
葉宏儒……五一〇〇
朱以寧……五一〇〇
丘萬垓……五一〇〇
方成龍等……五一〇〇
曹夢元……五一〇〇
朱尚……五一〇〇
陳觀……五一〇〇
蔡方熺……五一〇〇
任騏等……五一〇〇
顧洲……五一〇〇
衛卷……五一〇〇
本僼……五一〇〇
智水……五一〇一
錢琳……五一〇一
龐宇俶等……五一〇一
黄光昇……五一〇一
吴允夏……五一〇一
鄒潔……五一〇一

徐錚……五一〇一
周宸錫……五一〇一
沈皇玉……五一〇一
吳文燦等……五一〇一
葉華……五一〇一
吳欽明……五一〇一
顧家爌……五一〇一
湯豹處……五一〇二
朱鎰……五一〇二
吳奇等……五一〇二
葉舒芑……五一〇二
炤影……五一〇二
蔡海寧……五一〇二
華山僧……五一〇二
哭道士……五一〇二
錢嘉泰……五一〇二
黃甘節……五一〇二
顧其康等……五一〇三
楊灝……五一〇三
施于德等……五一〇三
王二麻……五一〇三
劉四公……五一〇三
趙自新……五一〇三
周傑……五一〇三
周敏成……五一〇三
華乾龍……五一〇四
金達盛等……五一〇四
陸羲賓……五一〇四
顧士槤……五一〇四
陳三錫……五一〇四

郭士髦等……五一〇四
費參……五一〇四
朱金瑞……五一〇四
吕毖……五一〇四
陸世榆……五一〇四
陸發等……五一〇四
張于允……五一〇四
行悦……五一〇五
申艇……五一〇五
吴自惺……五一〇五
趙世鼎等……五一〇五
盛萬紀……五一〇五
封昞……五一〇五
蘇震……五一〇五
陸琳……五一〇五
朱湘……五一〇五
奚昌祚……五一〇五
沈卜琦……五一〇五
金汝鉉等……五一〇五
蘇滰……五一〇五
周詩……五一〇五
范光裕等……五一〇六
陳忠等……五一〇六
金氏傭……五一〇六
赤足僧……五一〇六
明道人……五一〇六
唐鉉……五一〇六
弟鎔……五一〇六
徐纘高……五一〇六
周維熊……五一〇六

唐鳴求……五一〇六
陳爾振……五一〇七
龔志楷等……五一〇七
唐孟融……五一〇七
朱履升……五一〇七
徐開……五一〇七
何澗等……五一〇七
吴懋謙……五一〇七
沈楫……五一〇七
周兆龍……五一〇七
李世邁……五一〇七
潘懋穀……五一〇七
盛國芳等……五一〇七
徐佺……五一〇七
金凝……五一〇七
范啓宗……五一〇七
楊時儼……五一〇八
袁龢等……五一〇八
徐崑璣……五一〇八
胡元諒……五一〇八
周楨……五一〇八
周規……五一〇八
謝球孫……五一〇八
周雅廉……五一〇八
盛翼進等……五一〇八
慧解……五一〇八
宏歇……五一〇八
郭開泰……五一〇八
王昌紀……五一〇九
孫芝秀等……五一〇九

陸景俊……五一〇九
杜啟徵等……五一〇九
張勃……五一〇九
王本中……五一〇九
趙道人……五一〇九
孫彥朝……五一〇九
黄思誠……五一〇九
陳謨……五一〇九
黄隱君……五一〇九
馬靖……五一〇九
陸慶臻……五一〇九
袁天麟……五一一〇
沈穀……五一一〇
陶獨……五一一〇
無名生……五一一〇
瞿時行……五一一〇
顧鐸……五一一〇
謝良瑜……五一一〇
馬賓……五一一〇
張大來……五一一〇
謝承貴……五一一〇
姜生齊……五一一〇
姜雪蒼……五一一〇
彭了凡……五一一一
王錫命……五一一一
鄭壽……五一一一
王中美等……五一一一
張奇帶……五一一一
韓爾藝……五一一一
彭濼……五一一一

季來之……五二一
盧餤……五二一
劉仲一……五二一
吴世式……五二一
范可裕……五二一
石函玉……五二二
溥畹……五二二
李又白……五二二
錢岳……五二二
孫閎奎……五二二
保萬齡……五二二
李翀……五二二
汪行芳……五二二
馮一蛟……五二二
無住……五二二
李生……五二二
宋蘇等……五二二
姜長榮……五二三
陳景星……五二三
徐明德……五二三
司應轂……五二三
陳明治……五二三
劉奮翀……五二三
孫光國……五二三
江之淵……五二三
董宗楊……五二三
王之蓋……五二三
王捷……五二三
陸逖……五二三
高踰駢……五二三

王應中……五一三
武玄默……五一三
廟灣十老……五一四
李淦……五一四
徐州瞽……五一四
祖嵩……五一五
孔尚則……五一五
吴邦倚……五一五
大樗……五一五
張景厚……五一五
史還厚等……五一五
朱燃……五一五
謝文衡……五一六
劉本灝等……五一六
楊端尚……五一六
蔣日章……五一六
方遠……五一六
弟勳……五一六
王國光……五一六
張翀……五一六
盛民光等……五一六
李引年……五一六
周允升……五一六
張肇元……五一六
王正純……五一七
李東生……五一七
楊鴻烈……五一七
陳焕……五一七
任柔節……五一七
劉芳節等……五一七

李長庚……五一一七
曹永鼎……五一一七
徐履方……五一一七
張問政……五一一七
譚策等……五一一七
任之俊……五一一七
潘世美……五一一七
王加龍……五一一八
石門……五一一八
任天毓……五一一八
徐自昇……五一一八
王顯龍……五一一八
黄應健……五一一八
柯滙等……五一一八
劉廷展……五一一八
劉從周……五一一八
陸品……五一一八
錢若愚等……五一一八
曹大復……五一一八
尹君奇……五一一八
韋尚賓……五一一八
余有珩……五一一八
段一定……五一一九
鄭萬合……五一一九
董中義等……五一一九
方氏子等……五一一九
昝弘祖……五一一九
方應徵……五一一九
蔣延祐……五一一九
汪之順……五一一九

范又蠡……五一九
任之熢……五一九
許雯……五一九
王彭年……五二〇
劉漢……五二〇
周康祀……五二〇
鄧廣森……五二〇
張載……五二〇
戴孟葊……五二〇
胡吴祚……五二〇
張廷玠……五二〇
謝國楨……五二〇
左鋭……五二〇
洪明瑞……五二〇
馬之瑜……五二〇
吴世宦……五二〇
王繼統……五二〇
夏承春……五二〇
孫如蘭……五二〇
曹維周……五二一
吴梅榔……五二一
陳文露……五二一
高映斗……五二一
劉餘芳……五二一
劉漢幟……五二一
馬開先……五二一
章于國……五二一
阮聖士……五二一
詹之申……五二一
章乾端……五二一

吴莊……五一二
余孔敬……五一三
龍應鼎……五一三
周孔修……五一三
周室珍……五一三
周自新……五一三
張宏開……五一三
陳善……五一三
吕堦……五一三
張純仁……五一三
蔣汝煦……五一三
吴一夔……五一三
吴亶明……五一三
賀朝官等……五一三
王學箕……五一三
强鵬鳴……五一三
俞一震……五一三
孫烈……五一三
孫鳴鳳……五一三
濮陽士京……五一三
梅枝起……五一三
麻三莒等……五一三
吴一元等……五一三
查志成……五一四
陳眉……五一四
吴元功……五一四
包克剛……五一四
曹希冕……五一四
包應暘等……五一四
楊烜……五一四

大嵩……五二四
吴偉儒……五二四
胡殿邦……五二四
江有衢……五二四
朱鴻祚……五二四
周萬年……五二五
戴玄鑑等……五二五
李一堂……五二五
方志勵……五二五
程衮……五二五
項士文……五二五
邵堯……五二五
項士國……五二五
吴昌祚……五二五
傅光斗……五二五

魯若參等……五二五
郝一楷……五二五
吕璜等……五二五
方一貫……五二五
章正之……五二五
王心睿……五二六
李嘉……五二六
陳錦褒……五二六
鮑師榜等……五二六
曹甸……五二六
桂定淮等……五二六
柯青等……五二六
王之璘……五二六
甯三晋等……五二六
江允鶚……五二六

甯倜……五一二六
錢衡範……五一二六
余璽等……五一二六
戴君榮……五一二六
陳自洵等……五一二七
金學重……五一二七
柯士藻等……五一二七
江桓……五一二七
李蒼堂……五一二七
鮑光義……五一二七
陳淑思……五一二七
采薇子……五一二七
方允煥……五一二七
汪弘淦……五一二八
程櫝等……五一二八
江國茂……五一二八
程觀生……五一二八
鮑登明……五一二八
程自玉……五一二八
吴雯炯……五一二八
吴道配……五一二八
余晟……五一二八
汪溥……五一二八
閔鼎等……五一二八
吴周等……五一二八
汪鯉……五一二八
姚濳……五一二九
吴快士……五一二九
黄家祉……五一二九
鮑正元……五一二九

葉魯白……五二九
程文翊……五二九
羅正邦……五二九
黃律等……五二九
汪元履……五二九
汪宗孝……五二九
孫勝鼎……五二九
王甲……五二九
汪雲外……五二九
程一林……五三〇
朱元泰……五三〇
朱之讓等……五三〇
巴文……五三〇
王日省……五三〇
程國俊……五三〇
孫丕垣……五三〇
吴文冕……五三〇
曹鳴鶴……五三〇
吴顥……五三〇
董維嶽……五三〇
胡之震等……五三〇
戴元侃……五三一
查濳……五三一
余紹楨……五三一
吴雲……五三一
程宏遂……五三一
潘光卿……五三一
王環石……五三一
王文化……五三一
吴寅等……五三一

章佐聖……五一三二
汪文錫……五一三二
謝喆……五一三二
舒斌……五一三二
王楫……五一三二
汪洪道……五一三二
周士暹……五一三二
胡恢先等……五一三三
王樾……五一三三
夏佺等……五一三三
戈琮……五一三三
夏君信……五一三三
李應琴等……五一三三
史大綱……五一三三
行果……五一三三

卷一百十　列傳第八十六

隱逸二

朱光祚……五一三五
齊汝漢……五一三六
黄鼐……五一三六
楊珽……五一三六
張銓等……五一三六
白玨……五一三六
白紳等……五一三六
丁際遇……五一三六
桑鳳苞……五一三七
魏廷基……五一三七
賈維鉉……五一三七
崔啟亨……五一三七
韓原濬……五一三七

韓鼎業……五一三七
張星炳……五一三七
明見……五一三七
李先生……五一三七
需弗山人……五一三七
張甲……五一三七
李友嵩……五一三八
高笠先生……五一三八
李友太……五一三八
梅應卜……五一三八
李近斗……五一三八
玄任……五一三八
劉星……五一三八
景州二生……五一三八
賈潤……五一三九
王家基……五一三九
王應命……五一三九
盛存仁等……五一三九
張茂華……五一三九
孫瑋……五一三九
褚士奇……五一三九
霍璉……五一三九
邵汝德……五一三九
左椝……五一四〇
李春早……五一四〇
麽渾……五一四〇
梁士濬……五一四〇
安策……五一四〇
馬國琳……五一四〇
牧犢翁……五一四〇

王祚昌……五一四〇
趙之道……五一四一
張鎮……五一四一
范苯……五一四一
王之屏……五一四一
孔興肅……五一四一
李明柱……五一四一
龐炳……五一四一
趙守律……五一四一
王鶴鳴……五一四一
張鵬玒……五一四一
齊應選等……五一四二
陳大綸……五一四二
聶繪于……五一四二
李愷……五一四二
殷之紐……五一四二
王俞巽……五一四二
石崑岡……五一四二
張化行……五一四二
杜驥……五一四二
王元衡等……五一四二
盛期……五一四二
高標……五一四三
安守夏……五一四三
張士龍……五一四三
武崑源……五一四三
扈顯祖……五一四三
藍近儀……五一四三
傅啟祐……五一四三
楊桂枝等……五一四三

孔貞璠……五一三
孔貞灼……五一三
王遹祖……五一三
喬應觀……五一四
王應聘……五一四
劉芳聲……五一四
孫建泰……五一四
李之房……五一四
李貞吉……五一四
周甲……五一四
宋霦……五一四
劉大亨……五一四
王道明……五一四
劉爲霖……五一四
于來徵……五一四
朱文繡等……五一四
孫瀛洲……五一四
劉有源……五一五
孫允泰……五一五
楊仕僎……五一五
孫善……五一五
孫無瑕等……五一五
傅聯科……五一五
郭文郁……五一五
陳甲……五一五
楊士烈等……五一五
趙櫆……五一五
焦日培……五一五
王時英……五一五
孫坦……五一五

韓茂材……五一四五
劉必顯……五一四六
王啟叡……五一四六
于雲翼……五一四六
徐處闇……五一四六
安嘉會……五一四六
于秉雍……五一四六
安毓慤……五一四六
安嘉胤等……五一四六
田倬……五一四六
張士霖……五一四六
張之鼇……五一四六
陳王政……五一四六
常銘盤……五一四六
李日升……五一四六
徐之儀等……五一四七
孫昌祚……五一四七
趙見庚……五一四七
毛如瑜……五一四七
李之碩……五一四七
高嗣齊……五一四七
史以明……五一四七
張震南……五一四七
淵源……五一四七
杜若穀……五一四七
張次昂……五一四七
王元羔……五一四七
吴茂華……五一四七
吴汝弼……五一四七
王丕襄……五一四八

季方壺等……五一四八
李一壺……五一四八
吴鑽姬……五一四八
何爾震……五一四八
楊起鳳……五一四八
王道增……五一四八
酒道人……五一四九
曲唱……五一四九
楊道績……五一四九
于鱗翔……五一四九
楊師亮……五一四九
曲庶……五一四九
曲諧……五一四九
毛霦……五一四九
趙甲……五一四九

劉甲……五一四九
孫出聲……五一四九
任復……五一四九
趙遂掄……五一四九
宋德慎……五一四九
崔沖鶴……五一五〇
王纘……五一五〇
何一鳳……五一五〇
魏一品……五一五〇
孫昌祚……五一五〇
馮士份……五一五〇
王所諮……五一五〇
李涵……五一五〇
張繼倫……五一五〇
丘信嘗……五一五〇

臧新德……五一五〇
王壏……五一五〇
趙清……五一五〇
周起渭……五一五〇
安賓王……五一五〇
李時泰……五一五一
華陰道人……五一五一
賈應吉……五一五一
張鵬翼……五一五一
李自生……五一五一
李茂實……五一五一
王昌祐……五一五一
吉士……五一五一
賈中……五一五一
秦邑歧……五一五一
李丕猷……五一五二
王維藩……五一五二
原宗憲……五一五二
雷門英……五一五二
高調鼐……五一五二
梁調元……五一五二
袁鏘珂……五一五二
王師帝……五一五二
侯甸……五一五二
韓士英……五一五二
荆爾梃……五一五二
趙興運……五一五二
郭向宸……五一五二
任賢……五一五二
介元善……五一五三

王昰……五一三
裴嶰……五一三
賈鋻等……五一三
王允言……五一三
王新周……五一三
湯雲龍等……五一三
劉三宣……五一三
劉漢昇等……五一三
庾邦正……五一三
王笏……五一三
陳昌言……五一三
姬顯廷……五一四
田雨時……五一四
羅人文……五一四
張鈐……五一四

吴道默……五一四
郭爾翼……五一四
趙廷抃……五一四
王顯名……五一四
王之相……五一四
馬調理……五一四
秦之璧……五一四
路濟瀛……五一四
曹偉……五一五
温鯍桂……五一五
劉澤民……五一五
郭名都等……五一五
趙禕……五一五
水圖先生……五一五
陳謐……五一五

李中馥……五一五五
高肖柴……五一五五
王屏朱……五一五五
杜亦衍……五一五五
嚴國魁……五一五五
閻國相……五一五五
郝德新……五一五六
楊耀祖……五一五六
劉道亨……五一五六
張天斗……五一五六
張令德……五一五六
張其綱……五一五六
張重德……五一五六
李重熙……五一五六
李光壂……五一五六
張壯行……五一五七
許澄……五一五七
孟紹謙……五一五七
馬茉史……五一五七
侯邦寧……五一五七
耿天眷……五一五七
周有鳳……五一五七
孟鼐……五一五七
崔允豪……五一五八
梁廷援……五一五八
杜化雨……五一五八
王時中……五一五八
薛宗周……五一五八
劉原俊……五一五八
高翼之……五一五八

劉景曜……五一五八
閻坦……五一五八
羅萬象……五一五八
劉璞……五一五八
孫六鳳……五一五八
張鳳質……五一五九
侯抒悾……五一五九
李發愚……五一五九
王玉璣……五一五九
余正華……五一五九
阮漢聞……五一五九
劉爲翰……五一五九
程德化……五一五九
韓紹愈……五一五九
韓暄……五一五九
任居温……五一六〇
葉茂春……五一六〇
蕭騰鳳……五一六〇
蕭永嗣……五一六〇
馬耀圖……五一六〇
明和尚……五一六〇
大鐵椎……五一六〇
路坦然……五一六〇
李之焜……五一六〇
申弼……五一六〇
申居朋……五一六〇
許經邦……五一六〇
任道重等……五一六〇
郭士標……五一六一
郭應期……五一六一

楊燧……五一六一
陳明聖……五一六一
高暾……五一六一
張暉吉等……五一六一
趙作生……五一六一
某夫婦……五一六一
喬弘杞……五一六二
王道普……五一六二
陳元貞……五一六二
陳四可……五一六二
田兆新……五一六二
張鏡……五一六二
王侗初……五一六二
陳嘉謨……五一六二
楊汝清……五一六二
張星文等……五一六二
王基固……五一六二
楊煌……五一六二
王星奎……五一六二
張振猷……五一六二
龔業新……五一六三
彭暉……五一六三
周暹……五一六三
王作礪……五一六三
王佑……五一六三
趙一廉……五一六三
史鑑明……五一六三
許惟清……五一六三
梁甲……五一六三
彭遐齡……五一六三

杜象海等……五一六三
祝堯民……五一六三
王孔炤……五一六四
迮俊之……五一六四
張還初……五一六四
鍾國士……五一六四
薛次孟……五一六四
張炳璿……五一六四
張惇……五一六四
楊敏芳……五一六四
于養麟……五一六四
竇成璽……五一六四
靳毛頭……五一六四
楊自謙……五一六五
滎頡……五一六五
孫振……五一六五
王養民……五一六五
雲霞逸人……五一六五
喬若櫝等……五一六五
張乃第……五一六五
王思宗……五一六五
魏淵淵……五一六五
孔傑儒……五一六五
楊篙……五一六五
張鼎新……五一六五
盛以慥……五一六五
盛騰藻……五一六六
廖隆遇……五一六六
樊源……五一六六
李嗣蕃……五一六六

郭肯獲等……五一六六
楊芳譽……五一六六
雷鳴陛……五一六六
王化溥……五一六六
衛昌開……五一六六
劉士藻……五一六六
楊治法……五一六六
李湛本……五一六六
孫沅等……五一六六
强秉乾等……五一六七
强景琦……五一六七
張惟一……五一六七
王良化……五一六七
宋振麟……五一六七
王嘉徵……五一六七
董官策……五一六七
單興詩……五一六七
任傑等……五一六七
張俊蹟……五一六七
樊鳳沖……五一六七
李養伸……五一六七
白曰可……五一六七
白羽宸……五一六七
齊國儒……五一六七
劉絡……五一六八
馬尧……五一六八
胡能定……五一六八
栗挺周……五一六八
張煒……五一六八
白爾瑜……五一六八

胡環……五一六八
路道庸……五一六八
沈爾錦……五一六八
袁養浩……五一六八
孟龍……五一六八
王扶朱……五一六八
許從孟……五一六九
李敏盛……五一六九
耕雲子……五一六九

卷一百十一　列傳第八十七

隱逸三

張逍遥……五一七四
熊日馮……五一七四
彭遠……五一七四
塗廷正……五一七四
塗大酉等……五一七四
徐鑠……五一七五
李謙……五一七五
喻指等……五一七五
王光承……五一七五
尺霄子……五一七五
高橋僧……五一七五
鄧履中……五一七五
伍達德……五一七五
喻成憲等……五一七五
高良貴等……五一七五
丁開相等……五一七五
游允通……五一七五
徐應芬……五一七五
彭摶……五一七六

陳焯……五一八〇
劉良……五一八〇
蕭韶……五一八〇
陶賢受……五一八〇
馮大年……五一八一
張之彦……五一八一
鄧珅……五一八一
涂白……五一八一
黄欽……五一八一
塗大雋……五一八一
吴之瑜等……五一八一
黄亨會……五一八一
黄流等……五一八一
陳一翰等……五一八一
孔本開……五一八一
黄震……五一八一
揭璧……五一八一
黄立方……五一八二
魏能容……五一八二
高山……五一八二
鄧化日……五一八二
傅金門……五一八二
王錫玉……五一八二
吴裕……五一八二
陳穎士……五一八二
丁若洙……五一八二
吴安國……五一八二
鄒徵……五一八二
陳智濟……五一八二
謝士鶚……五一八二

王拱盤等……五一八二
傅鎮中……五一八三
唐堂……五一八三
鄒定本……五一八三
傅振鉉……五一八三
王耀德……五一八三
黃何等……五一八三
劉應調……五一八三
王誌等……五一八三
余道行……五一八三
羅邦儲……五一八三
王璽……五一八三
蕭作新……五一八四
劉摯倫……五一八四
王培青……五一八四
蕭超芳……五一八四
朱燦……五一八四
龍鳴台……五一八四
趙嶷……五一八四
蕭吉先……五一八四
李朝朗……五一八四
張茂異……五一八四
劉元泌等……五一八四
曾文饒……五一八四
蔣志遠……五一八四
曾禕……五一八四
張熙之……五一八四
鍾掄芳……五一八五
彭向瀅……五一八五
周懋極……五一八五

許儔……五一八五
顧令譽……五一八五
顧長源等……五一八五
朱之球……五一八五
黑秙……五一八五
羅天機……五一八五
朱世灝……五一八五
賀善來……五一八五
尹啟震……五一八五
俞塞……五一八六
姚士廉……五一八六
謝天詔……五一八六
劉世斗等……五一八六
文子悱……五一八六
曾益其……五一八六
崔曉……五一八六
楊以偉等……五一八六
李沾……五一八六
徐光登等……五一八六
歐陽光榜……五一八六
蕭時叙……五一八七
祝應鼇……五一八七
胡舜芳……五一八七
錢天祉……五一八七
蕭鼎璧……五一八七
段林材等……五一八七
易天斗……五一八七
周玨……五一八七
邊繼登……五一八七
程濬遠等……五一八七

袁都等……五一八七
張臣誥……五一八七
徐士達……五一八八
朱光祺……五一八八
嚴雲台等……五一八八
蔡登庸……五一八八
李棟……五一八八
李丐……五一八八
趙島……五一八八
陳備……五一八八
高岱……五一八八
湯蒼……五一八八
張應聘……五一八八
孟光第……五一八九
吴如揆……五一八九
周政一……五一八九
李楚生……五一八九
孟繩祖……五一八九
唐言……五一八九
李侍義……五一八九
余開衡等……五一八九
李玉……五一八九
朱希光……五一八九
戒生等……五一八九
余自强……五一八九
方鎮……五一八九
王國梓……五一九〇
張元旦……五一九〇
覺空……五一九〇
李栒機……五一九〇

杜和尚……五一九〇
奚鼎鉉……五一九〇
程文英……五一九〇
傅傭……五一九〇
鄭光郢等……五一九〇
徐祖齡……五一九〇
補帽匠……五一九一
亂峯……五一九一
歐陽方旦……五一九一
吴與泌……五一九一
張士美……五一九一
吕楚音……五一九一
楊簡……五一九一
匡琳玉……五一九一
儲稠若……五一九一
陳侯周……五一九一
周宏德……五一九一
饒來中……五一九一
饒嘉亮……五一九一
楊大勳……五一九一
陳定中等……五一九一
饒定中……五一九二
舒益生……五一九二
蔣文……五一九二
嚴慥……五一九二
洪樞……五一九二
胡維新……五一九二
隗翼……五一九二
張宏齋……五一九二
田惠錫……五一九二

汪滿東……五一九二
呂希尚……五一九二
王昭素……五一九三
程良規……五一九三
屠體中……五一九三
殷海鶴……五一九三
李世芳……五一九三
高峯……五一九三
陳王孫……五一九三
盧天樹……五一九三
賈鶴年……五一九三
李鴻起……五一九三
聶登衡……五一九三
陳王前……五一九三
費中權……五一九三
彭石浪……五一九三
鄖陽四卒……五一九四
徐琨……五一九四
王南國等……五一九四
劉鋭……五一九四
雷如昆……五一九四
咼重望……五一九四
孟翼聖……五一九四
王夢齡……五一九四
鄭以量……五一九四
李岱毓……五一九五
輝霞……五一九五
棲鶴仙客……五一九五
黃會極……五一九五
丘之敦……五一九五

劉滙海……五一九五
方月斯……五一九五
慧山……五一九五
九真子……五一九五
劉培泰……五一九五
李長庚……五一九五
曾登遴……五一九六
李甲……五一九六
周籥……五一九六
李珙……五一九六
郭維岱……五一九六
羅作士……五一九六
王應龍……五一九六
陳弘範……五一九六
一足……五一九六
陳獻悳……五一九六
酆之馨……五一九六
易仁壽等……五一九六
楊鼎呂……五一九六
周鉉……五一九七
周堪禹……五一九七
周大猷……五一九七
郭宏碧……五一九七
行發……五一九七
霜林……五一九七
王吉生……五一九七
蕭瑢……五一九七
王嗣芳……五一九七
陳所學……五一九七
荏庵……五一九七

周正昌……五一九七
譚紹元……五一九七
陳紫繩……五一九七
盧逸人……五一九七
童萬選等……五一九八
魏止敬……五一九八
雙肩……五一九八
陳國實……五一九八
陳維國等……五一九八
郭半仙……五一九八
髮頭陀……五一九八
毛自得……五一九八
羅維都等……五一九八
彭鶴年……五一九八
郭維楫……五一九八
杜維耀……五一九九
藍焕文……五一九九
任維新等……五一九九
趙應發……五一九九
王大光……五一九九
孫大祚等……五一九九
潘亮淵……五一九九
張一公……五一九九
張半仙……五一九九
朱雲蕤……五一九九
劉半仙……五一九九
諶會堂……五一九九
聶雲鳳等……五一九九
舒養粹……五一九九
趙天夔……五二〇〇

唐仕傑……五二〇〇
林老人……五二〇〇
向廷諍……五二〇〇
王奇……五二〇〇
滿能施等……五二〇〇
吴慎修……五二〇〇
李跨鼇……五二〇〇
歐陽瑾等……五二〇〇
黄圖亨等……五二〇〇
李國相……五二〇〇
文之勇……五二〇一
伍星章等……五二〇一
劉近魯等……五二〇一
金簡……五二〇一
李報瓊……五二〇一
熊男公……五二〇一
石隱……五二〇一
蕭士熙……五二〇一
可度……五二〇一
陳紹夔……五二〇一
曹國光……五二〇一
楊兆昇……五二〇一
謝永泰……五二〇一
李君培……五二〇一
謝如玠等……五二〇二
李千鍾……五二〇二
歐加任……五二〇二
王文儼……五二〇二
智纘……五二〇二
譚楚頎……五二〇二

譚楚順……五二〇二
羅宓明……五二〇二
段廷賢……五二〇二
張大顯……五二〇二
徐日選……五二〇二
水源山僧……五二〇二
陳文政……五二〇二
廖希魁……五二〇三
蔣日英……五二〇三
周如清……五二〇三
李大柏……五二〇三
張星……五二〇三
謝君堯等……五二〇三
陳純恕等……五二〇三
康保民等……五二〇三
胡文隆……五二〇三
成章……五二〇三
楊鍾良……五二〇三
唐華等……五二〇三
雷起四……五二〇三
何之漢……五二〇三
徐自化……五二〇四
周思兼……五二〇四
陳嘉礎……五二〇四
吴楷……五二〇四
蕭洪治等……五二〇四
曹希魁……五二〇四
智映……五二〇四
寧朝柱……五二〇四
朱復熹……五二〇四

何自志等……五二〇四
羅英……五二〇四
何鳴鳳……五二〇五
簡文灝……五二〇五
張明欽……五二〇五
劉立聘……五二〇五
王玠……五二〇五
羅從義……五二〇五
劉邦基……五二〇五
彭大方……五二〇五
魏楚朝……五二〇五
趙觀衡……五二〇五
安其文等……五二〇五
劉乙芳……五二〇五
鄒士璨……五二〇五
郭自成……五二〇六
李宗唐等……五二〇六
艾友南……五二〇六
艾奉嘗……五二〇六
李作梅……五二〇六
楊素等……五二〇六
楊應尊……五二〇六
李際春……五二〇六
龍襲……五二〇六
張大翔……五二〇六
胡正學……五二〇六
朱襟漢等……五二〇七
如定……五二〇七
瑮山……五二〇七
蔣士會等……五二〇七

劉世英……五二〇七
林應元……五二〇七
全江……五二〇七
康斌……五二〇七
李昌……五二〇七
曹立卿……五二〇七
程光祚……五二〇八
余仕璋……五二〇八
今璽……五二〇八
朱渠……五二〇八
王元……五二〇八
王叔林……五二〇八
霍敷功……五二〇八
劉戩……五二〇八
綦天佑……五二〇八

王長德……五二〇八
李開一……五二〇八
但友進……五二〇八
三學……五二〇八
熊蘭徵……五二〇八
楊維新……五二〇八
沈巨儒……五二〇九
向陞第……五二〇九
金玉振……五二〇九
鄧旭……五二〇九
何天章……五二〇九
曾心一等……五二〇九
郭益顯……五二〇九
紫石……五二〇九
覃自重等……五二〇九

張仙……五二〇九
楊應麟……五二〇九
何道者……五二〇九
卞運昌……五二〇九
何如偉……五二〇九
黄逐……五二〇九
陶來御……五二一〇
高應辰……五二一〇
趙熠……五二一〇
夏迪……五二一〇
陳應橡……五二一〇
施奇才……五二一〇
陸金陽……五二一〇
羅漁父……五二一〇
雍也仁……五二一〇
劉啟生……五二一〇
余崇化等……五二一〇
羅太清等……五二一〇
王書……五二一〇
楊日昇……五二一〇
祝登雲……五二一一
李以甯……五二一一
王清宣……五二一一
李占春……五二一一
侯政勤……五二一一
映澈……五二一一
傅維清……五二一一
蹇甲……五二一一
李國柱……五二一一
王道昌……五二一一

樊星煒……五三一
楊全……五三一
胡偉然……五三一
何於陛……五三二
楊茂峨……五三二
萬慎等……五三二
周晋中……五三二
王向之……五三二
李韻……五三二
朱志韓……五三二
周之翰……五三二
楊鴻基……五三二
李崇祜等……五三二
陳敦彦……五三二
蔣其古……五三二
趙允賢……五三二
李華然等……五三二
羅奇才……五三二
萬谷暘……五三三
虞尚貴……五三三
張咸……五三三
吴應琦……五三三
尹迪簡……五三三
朱祚遠……五三三
艾夫子……五三三
荀蔚……五三三
王統……五三三
羅峰……五三三
程之縉……五三三
馮應等……五三三

卷一百十二　列傳第八十八

隱逸四

徐逸度……五二九
張中發……五二九
陸奇……五二九
李元素……五二九
淩萃徹……五二九
章士斐……五三〇
丁文策……五三〇
虞鈖等……五三〇
吴文翰……五三〇
翁玥……五三〇
朱之京……五三〇
張白牛……五三〇
仲恒……五三〇
江之浙……五三〇
吴憲……五三〇
張兟光……五三〇
温明俊……五三〇
李穎……五三〇
王至健……五三一
金德麟……五三一
奚藴隆……五三一
葛衣和尚……五三一
顯鵬……五三一
閉户先生等……五三一
蔣聖鄰……五三一
徐孝直……五三一
羅孫善……五三一
丁巽……五三一

高澈……五三四
王不矜等……五三四
江臯……五三四
史亶……五三四
許天賁……五三四
王之輔……五三四
吴天泰……五三四
姚清……五三四
鍾山……五三五
葛兆魁……五三五
何浩然……五三五
胡璋等……五三五
沈麐……五三五
支紹昌……五三五
唐璵……五三五
董升……五三五
沈德孚……五三五
沈濡……五三五
李應文……五三五
陸敷樹等……五三五
朱之鑑……五三五
朱天麒……五三五
溥映……五三五
程法孔……五三六
唐元鳴等……五三六
車以載……五三六
沈廷鈺……五三六
鄭輿誦……五三六
項隆錫……五三六
馮允秀……五三六

徐頴……五二六
嚴建……五二六
徐昌治……五二六
鄭宏……五二七
朱載黄……五二七
朱甲……五二七
馮洪業……五二七
葉方宸……五二七
姚世勳等……五二七
李長苞等……五二七
陳舒……五二七
過銘簠……五二七
周洪起……五二七
王端……五二七
沈日晃……五二八
楊九垓……五二八
陸濬源等……五二八
范琦……五二八
孫之琮……五二八
黄鼎……五二八
沈日星……五二八
李慶元……五二八
張著……五二八
蔣琢……五二八
陸之瀚……五二八
華允楨……五二八
潘鼎……五二九
陳子英……五二九
潘之章……五二九
董式……五二九

沈葵明……五二九
閔廣生……五二九
蔡四輔……五二九
徐鍾彦等……五二九
許用賓……五二九
夏開先……五二九
淩文煙……五二九
錢老人……五二九
吴振鯤……五二九
潘振……五三〇
鄭惠采……五三〇
沈綸等……五三〇
嚴有穀……五三〇
胡璞……五三〇
嵇友孫……五三〇
潘古琳……五三〇
賴修……五三〇
徐蕃國等……五三〇
高琦……五三〇
沈國正……五三〇
沈述裘……五三〇
金瀚……五三〇
唐達……五三〇
陳璡……五三〇
吴興武……五三一
郎起龍……五三一
韓先生……五三一
俞日新等……五三一
趙時和……五三一
何能仁……五三一

何國仁……五三一
趙鎮……五三一
何治仁……五三一
屠景俊……五三一
裘全隆……五三一
錢鼎臣……五三一
胡宇令……五三二
王命鈺等……五三二
許弘……五三二
戴國宰……五三二
俞大綬……五三二
葉良玉……五三二
陳弘先……五三二
余德龍……五三二
朱用調……五三二
王志學……五三二
張騏……五三二
余煜……五三二
胡士諤……五三二
史長春……五三二
劉憲孟……五三三
童汝槐……五三三
沈登先……五三三
程應臣等……五三三
孫黯……五三三
陳介……五三三
陶志梅……五三三
朱師賓……五三三
鍾漢璋……五三三
三江所二老……五三三

寂光……五三三
蔡一鵷……五三四
來驤……五三四
徐啟祚……五三四
王文祚等……五三四
張翼飛……五三四
俞之琦……五三四
韓日嶸……五三四
王之鼐……五三四
任四邦……五三四
陳至謐……五三四
卜斯盛……五三四
陳青綬……五三四
蔣大忠……五三四
孫子旦……五三四
吴晞淵……五三五
鄭光祚……五三五
胡鸓……五三五
翁瀛……五三五
趙履先……五三五
趙文杞等……五三五
倪襄……五三五
徐如斗……五三五
張奇……五三五
徐邁……五三五
徐承清……五三五
徐中樞等……五三五
盧用義……五三五
沈三復……五三五
章爾弘……五三五

呂曾模……五三六
章咸亨……五三六
張中……五三六
張應宿……五三六
陳甫仲等……五三六
費禕祥……五三六
全天麟……五三六
李梃等……五三六
倪理園……五三六
沈士穎……五三六
余派……五三六
黄鼎鎬……五三六
毛雲鷲等……五三六
邱楝隆……五三七
丘鳳霄……五三七
胡其標……五三七
張機……五三七
董文相……五三七
高宇啟等……五三七
毛玉鉉……五三七
董允明……五三七
徐大器……五三七
李奎……五三七
朱獻臣……五三七
聞世麟……五三七
范洪震等……五三七
宗正……五三八
倪虯……五三八
全美楠……五三八
董師儒……五三八

林時雍……五三八
聞胤嵩等……五三八
檗山……五三八
木皙……五三八
馮元仲……五三九
鄭啟……五三九
沈濬……五三九
馮時等……五三九
魏維文……五三九
周而復……五三九
應雄……五三九
葉國楨……五三九
沈遴奇……五三九
葉重熙等……五三九
俞慈成……五四〇
張鴻道……五四〇
董又嘉……五四〇
顏棲筠等……五四〇
鄔銓明等……五四〇
周次貞……五四〇
孫士華……五四〇
薛士珩……五四〇
薛士學……五四〇
洪崑……五四〇
張鳴喈……五四〇
朱錫禄……五四〇
從子之任等……五四一
徐光綬等……五四一
徐光胤……五四一
周齊等……五四一

陳佳胤……五二四一
無名和尚……五二四一
趙承𩴾……五二四一
姜正學……五二四一
應期致……五二四一
陳明琯……五二四一
馮喆……五二四二
馮兆用……五二四二
胡北平等……五二四二
蔡道軌……五二四二
牟熙……五二四二
任燾……五二四二
覺商……五二四二
王贊伯……五二四二
蔣景高……五二四二
胡萬陽……五二四二
王國章……五二四二
陳應春……五二四二
錢三汲……五二四二
華光家……五二四二
謝長倩等……五二四二
金鳴卿……五二四三
江萬紀……五二四三
徐甲……五二四三
于時化……五二四三
鄭則亭等……五二四三
王欽豫……五二四三
周道麟……五二四三
楊毓岳……五二四三
林德晶……五二四三

包厥初……五二四三
錢日斌……五二四四
鮑德純等……五二四四
陳之陛等……五二四四
吴英芳……五二四四
王道一……五二四四
周顯殷……五二四四
張鵬來……五二四四
包經邦等……五二四四
蔡孚祥……五二四四
虞奕芝……五二四四
吴溶……五二四四
曹時震……五二四五
胡山……五二四五
李磐石……五二四五
童庚年……五二四五
樓鳳來……五二四五
陸良俊……五二四五
郭治邦……五二四五
趙袞卿……五二四五
徐士雲……五二四五
應炅等……五二四五
倪世起……五二四五
王之璽……五二四五
徐希頤等……五二四五
張廷化……五二四五
魯人騤……五二四六
汪爾敬……五二四六
方履謙……五二四六
詹惟祥……五二四六

楊萬邦……五二四六
邵之立等……五二四六
王應宮等……五二四六
李玢等……五二四六
慶州老人……五二四六
鄭心開……五二四七
陳廷煁等……五二四七
陳匡生……五二四七
陳聖佐……五二四七
陳溯……五二四七
陳克亨……五二四七
道盛等……五二四七
歐琪……五二四七
邵璋等……五二四七
孫士遴……五二四七
高士侶……五二四八
陳士暘等……五二四八
黄正……五二四八
曾人翰……五二四八
張振玉等……五二四八
王挺……五二四八
高位等……五二四八
嚴尚英……五二四八
何其偉……五二四八
吴之穎等……五二四八
項元……五二四八
何師亮等……五二四九
游文熊……五二四九
游時祺……五二四九
鄭應綸等……五二四九

林春秀……五二四九
鄢正亨……五二四九
陳兆鼎……五二四九
東皐屠者……五二四九
黄賢京……五二四九
林嘉采……五二四九
許明廷……五二四九
曾福……五二五〇
朱和……五二五〇
黄楨等……五二五〇
超宏……五二五〇
劉佑子……五二五〇
趙玉成……五二五〇
謝錫彤……五二五〇
劉祖謙……五二五〇
黄擔……五二五〇
高日章……五二五〇
林昂霄……五二五〇
超印……五二五〇
莫大依……五二五〇
李元樞等……五二五〇
鄭垂青……五二五一
謝世昌……五二五一
林炅等……五二五一
如容等……五二五一
朱贄等……五二五一
慈晾……五二五一
林汝楫等……五二五一
李天元等……五二五一
戴實華……五二五一

林元珍……五二五一
鄭惟忠……五二五一
陳廷懿……五二五一
薛登龍……五二五一
賴以璧……五二五一
陳名……五二五二
車丁當……五二五二
羅如奎……五二五二
施中……五二五二
朱益采……五二五二
陳希瑾……五二五二
吳鄉等……五二五二
徐謙……五二五二
余翁聞……五二五二
張蚩蚩……五二五二
蔡懋德……五二五二
道霈……五二五三
張廷琛……五二五三
陳正智……五二五三
李從素等……五二五三
畫網巾先生……五二五三
長髮乞人……五二五四
張能恭……五二五五
龔宜……五二五五
蕭士駿……五二五五
雷民望……五二五五
江兆興等……五二五五
謝國昌……五二五五
黃國重……五二五五
劉維樞……五二五五

艾如藻……五三五
謝九晃……五三五
熊超……五三五
沈士鑑……五三六
黄達等……五三六
雷元明……五三六
伍福綏……五三六
陰宜登等……五三六
王甲……五三六
王躍鯉……五三六
藍紉等……五三六
丘夢彩等……五三六
劉丹……五三七
丘之麟……五三七
黄中立……五三七
九一和尚等……五三七
吴賓王等……五三七
李棄……五三七
潘峋嶁……五三七
兄秉彝等……五三八
何南鳳……五三八
梁殿華……五三八
崔世德……五三八
崔應敕等……五三八
謝獎……五三八
麥向高等……五三八
淩王弼……五三八
林載説……五三八
張愚公……五三八
崔振……五三八

陳主遇等……五三五九
羅璟……五三五九
黎日盛……五三五九
羅大賓……五三五九
何仁隆……五三五九
何子延……五三五九
林子玿……五三五九
羅炳漢……五三五九
碧溪卧叟……五三六〇
岸庵……五三六〇
周覺……五三六〇
陳昌第等……五三六〇
謝重華……五三六〇
彭焻……五三六〇
李楠……五三六〇
龍炌……五三六〇
吴京……五三六〇
湛子雲……五三六〇
吴琜……五三六一
鄭士璧……五三六一
戴光震……五三六一
黃逵卿……五三六一
從兄鵬卿等……五三六一
李擢仙等……五三六一
梁應秋……五三六一
陳應緯……五三六一
趙夢獬……五三六二
梁日輝……五三六二
林堯徽等……五三六二
黃雲……五三六二

何壯英……五二六二
何九淵……五二六二
錫眵……五二六二
李仁等……五二六二
張鄧二老……五二六二
張國鑰等……五二六二
劉甲……五二六三
鄒衍中等……五二六三
李長庚……五二六三
郭朝翰……五二六三
李日太等……五二六三
張文明……五二六三
符伯清……五二六三
馬良生等……五二六三
黎士楚等……五二六四
謝鏜……五二六四
何士偉等……五二六四
陳之鵬等……五二六四
梁偉棟……五二六四
張琇……五二六四
梁瑗……五二六四
李福祺……五二六四
無家……五二六四
王澤深等……五二六四
劉傳暹……五二六五
董芳聲……五二六五
陳聯第……五二六五
黎民鐸……五二六五
吴日上等……五二六五
林希高……五二六五

王諧弼等 …… 五二六五
謝大賓 …… 五二六五
王元振等 …… 五二六五
林佳相 …… 五二六六
丁春台 …… 五二六六
林嵩 …… 五二六六
趙必先 …… 五二六六
吴烶等 …… 五二六六
蕭墱等 …… 五二六六
鄭良守等 …… 五二六六
陳表 …… 五二六六
賴可元等 …… 五二六六
羅淑余 …… 五二六七
吴夢龍 …… 五二六七
鄒雪丹 …… 五二六七
張昊等 …… 五二六七
林翁 …… 五二六七
彭炳等 …… 五二六七
王之驥 …… 五二六七
彭鍾鶴 …… 五二六七
王晉等 …… 五二六七
黄應禧 …… 五二六八
何南鳳 …… 五二六八
林廷芳等 …… 五二六八
王若水 …… 五二六八
李子升等 …… 五二六八
吴懷 …… 五二六八
朱甲 …… 五二六八
張聖德等 …… 五二六八
廖綏祚 …… 五二六九

歐起洙……五二六九
李時霖等……五二六九
鐵船……五二六九
何齋……五二六九
李茂……五二六九
李茂先……五二六九
廖標……五二六九
敬天顔等……五二六九
龐人統……五二六九
黄位文等……五二六九
曹應元……五二七〇
楊先芳等……五二七〇
譚應發等……五二七〇
謝天禎……五二七〇
王居仁……五二七〇
楊文林……五二七一
李化鵬……五二七一
唐岱等……五二七一
段定輿……五二七一
妙隨……五二七一
李爲棟……五二七一
李澄……五二七一
不夜……五二七一
桂贈魁等……五二七一
方正陽……五二七二
劉本元……五二七二
張升象……五二七二
佴溥……五二七二
合一……五二七二
塗大輅等……五二七二

闞應乾……五二七二
馬信……五二七二
李鎮明等……五二七二
任允懷等……五二七二
朱奕文……五二七二
王璇……五二七二
李一鵬……五二七二
偰應東等……五二七三
楊濟舟……五二七三
王文達等……五二七三
趙必登……五二七三
徐頌岳等……五二七三
陳經國……五二七三
馬紹巖等……五二七三
净空……五二七三
傳裔……五二七三
弘締等……五二七四
朱邵……五二七四
莫與齊……五二七四
顧如龍……五二七四
潘應咸等……五二七四
孫逢昇……五二七四
劉琪等……五二七四
高大隆……五二七四
周企濂等……五二七四
敖孫枝……五二七四
敖起書……五二七四
何占魁等……五二七四
王三德……五二七五
黃弘乾……五二七五

李英才……五二七五
何秉淳等……五二七五
趙昆元……五二七五
胡士廉……五二七五
月幢……五二七五
衛啟運……五二七五
楊毓秀等……五二七五
伍以文等……五二七五
史文鼐等……五二七五
汪克昌……五二七五
劉繼慶……五二七六
袁良佐……五二七六
胡士芳……五二七六
鄒繼聖……五二七六
鐵道士……五二七六
銅袍道人……五二七六
武恬……五二七六
唐文顯……五二七七
狗皮道人等……五二七七
江本實……五二七七
李甲……五二七七
上官嘗明……五二七七
周德鋒……五二七七
譚守誠……五二七八
鬼道士……五二七八
康世爵……五二七八
田好謙……五二七八
李應仁等……五二七八
麻舜裳……五二七八
張雲起……五二七九

文可尚……五三七九
胡克巳……五三七九
王鳳岡等……五三七九
孔枝秀等……五三七九
林寅觀等……五三七九
蔣漸達等……五三七九

卷一百十三　列傳第八十九

列女一

左懋第母……五三八三
鞏永固女……五三八三
富氏……五三八三
魯宮婢張氏……五三八四
某帥二婦……五三八四
梁氏……五三八五
淄川二烈……五三八五
張氏……五三八五
侯氏……五三八五
高闢索……五三八六
杜氏……五三八六
田氏……五三八六
韓居觀妻……五三八六
李氏……五三八六
平陽女子……五三八六
王之藩妻……五三八六
江都程氏六烈……五三八七
王氏等……五三八七
李氏等……五三八七
錢淑賢等……五三八七
江都孫氏婦女……五三八七
張氏等……五三八八

小玉等……五二八八
李氏婦……五二八九
張氏婦……五二八九
董氏……五二八九
孫天祿女……五二八九
顧氏等……五二八九
儀真四貞烈……五二八九
李鐵匠妻……五二九〇
韓氏等……五二九〇
蔣氏女……五二九〇
謝皂隸妻……五二九〇
許氏等……五二九〇
宋蕙湘……五二九〇
南京田家婦……五二九〇
沈聖揆妾等……五二九一
賴度妹……五二九一
程氏……五二九一
賈氏……五二九一
徐德聘妻等……五二九一
陳氏等……五二九一
孔應珂妻等……五二九一
史可模妻……五二九二
史可法妾……五二九二
六合劉氏……五二九二
馬氏等……五二九二
馬純仁妻……五二九三
劉氏等……五二九三
馬葵陽女……五二九三
錢氏等……五二九三
衛琴娘……五二九三

來氏等……五二九四
王氏三女等……五二九四
鄒延玠妻……五二九四
祁氏等……五二九五
施氏等……五二九五
吴三畏女等……五二九五
黄晞妻……五二九五
許君實子婦等……五二九六
錢秉鐙妻……五二九七
沈氏……五二九七
周氏等……五二九七
鄒華明妻等……五二九七
臨頓路麵店婦……五二九八
吴江二許氏……五二九八
吴甲女等……五二九八
香娘……五二九九
王微……五二九九
蘇州義妓……五三〇〇
葛嫩……五三〇〇
朱媚兒……五三〇〇
顧炎武母……五三〇〇
范氏等……五三〇一
嘗熟許氏……五三〇二
陶氏等……五三〇二
駱氏等……五三〇二
顧氏等……五三〇三
徐氏等……五三〇三
吴氏等……五三〇三
懷甯劉氏……五三〇三
游氏等……五三〇三

張氏等……五三〇四
王氏……五三〇四
當塗陶氏……五三〇四
謝氏等……五三〇四
鄒氏等……五三〇四
曹世榮女等……五三〇四
管氏等……五三〇五
陳氏等……五三〇五
畢著……五三〇五
沈隱隱……五三〇六
趙氏……五三〇六
程氏等……五三〇六
梅氏……五三〇六
劉淑英……五三〇七
鄒涵光……五三〇七
饒宇棨妻……五三〇八
張氏等……五三〇八
丁氏等……五三〇八
甘氏等……五三〇八
謝氏等……五三〇八
朱氏……五三〇八
陳氏……五三〇九
胡氏等……五三〇九
張氏等……五三〇九
孫氏……五三〇九
傅氏……五三〇九
李氏等……五三〇九
袁氏……五三〇九
史企勉妻等……五三〇九
程氏等……五三〇九

徐氏……五三〇九
毛氏……五三〇九
塗氏等……五三〇九
黄氏等……五三〇九
魏氏等……五三一〇
王去華……五三一〇
周玖等……五三一〇
孫氏等……五三一一
曾氏等……五三一一
黄氏……五三一一
譚氏……五三一一
周氏等……五三一一
高氏等……五三一一
郭光福女等……五三一一
徐氏等……五三一一
沈沅妻等……五三一一
顔氏等……五三一一
蕭氏等……五三一一
朱氏等……五三一一
彭氏等……五三一一
王氏……五三一二
何氏……五三一二
曾氏……五三一二
李氏等……五三一二
謝氏……五三一二
楊氏等……五三一二
歐氏……五三一二
蕭氏……五三一二
扶氏……五三一二

卷一百十四　列傳第九十

列女二

李因……五三一四
黄媛介……五三一四
仁和錢氏陳氏……五三一四
莊氏等……五三一五
黄氏等……五三一五
胡縉妻等……五三一五
俞氏等……五三一五
陳氏等……五三一五
陳氏等……五三一六
項淑美……五三一六
慈谿王氏……五三一六
歙縣葉氏……五三一六
高氏……五三一七
盧氏等……五三一七
蔣氏……五三一七
吴黄……五三一七
塘橋女子等……五三一七
曹氏等……五三一八
吕氏等……五三一八
吴氏……五三一八
周氏等……五三一八
俞氏等……五三一八
何氏等……五三一九
陸氏……五三一九
丘氏等……五三一九
沈名玉女等……五三一九
梁氏等……五三一九
沈氏等……五三一九
柏氏等……五三一九

商景蘭……五三二〇
妹仲商……五三二〇
女德淵……五三二〇
山陰余氏雙烈……五三二〇
倪氏……五三二一
山陰陳氏……五三二一
周氏等……五三二一
陳潛夫妻……五三二二
陳元淑……五三二二
高朗妻……五三二二
沈氏……五三二二
謝氏等……五三二二
王自超妻……五三二三
王玉映……五三二三
吴之葵……五三二三
金四姐……五三二三
章憲妻……五三二三
沈雲英……五三二四
蕭山張氏……五三二五
俞氏等……五三二五
許甲妻等……五三二五
象山婦……五三二五
諸暨黄氏……五三二六
蔣氏等……五三二六
毛有俶妻……五三二六
王氏等……五三二七
文鶯……五三二七
黄宗羲母……五三二七
葉氏……五三二八
徐氏等……五三二八

金氏等……五三八
呂氏……五三八
甬上四烈婦……五三八
錢肅遴妻……五三九
王翊女……五三九
華氏等……五三九
江氏……五三〇
張肯堂妾方氏……五三〇
周氏等……五三〇
李氏等……五三〇
于氏……五三〇
趙氏……五三〇
戴氏等……五三〇
許氏等……五三〇
趙氏等……五三一

卷一百十五　列傳第九十一

葉氏……五三一
沈氏等……五三一
葉氏等……五三一
周氏……五三一
陳氏等……五三一
余氏等……五三一
蔣氏等……五三一
樓氏等……五三一
應氏等……五三一
翁氏……五三一
祝氏……五三一
王英女等……五三一
徐氏等……五三一
葉氏等……五三一

列女三

黄道周妻…………五三三五
吴三女等…………五三三五
鄧文昌妻…………五三三五
喜妹…………五三三六
林鼎湟妻等…………五三三六
周玉簫…………五三三六
王鏡妻…………五三三六
王家政妻等…………五三三六
鄭貢甫妻等…………五三三七
勝娘…………五三三七
政和謝氏…………五三三七
壽甯江氏…………五三三七
沙縣廖甲妻…………五三三七
長汀胡氏等…………五三三七
甯化謝氏…………五三三七
伊好姑…………五三三七
永定烈婦…………五三三七
泰寧三烈婦…………五三三八
李聚娘等…………五三三八
張延祚妻…………五三三八
鄭成功妻妾…………五三三九
高士機妻等…………五三四〇
鄭克壓妻…………五三四〇
沈瑞妻…………五三四一
黄棄娘…………五三四一
鄭宜娘…………五三四一
鄭月娘等…………五三四一
四葉氏…………五三四二
義娘…………五三四二

二楊氏……五三四二
陳正公女……五三四二
楊氏……五三四二
陳子壯母……五三四二
黎彭齡妻……五三四二
熊開元妻……五三四二
賴萬生妻等……五三四三
湛翼卿女……五三四三
王桂卿……五三四三
劉應昌女……五三四三
龍昇妻……五三四四
李氏……五三四四
趙青鏤……五三四四
趙大奇妻……五三四四
趙大勳妻……五三四五
梁任昌妻等……五三四五
黎駃妻等……五三四五
李氏六女等……五三四五
畢氏女等……五三四六
黄肇楊妻等……五三四六
劉應昌女等……五三四六
金娘……五三四六
陳昌第女……五三四六
李漆妻……五三四七
蔡甸妻……五三四七
霍玉真……五三四七
熊鳴盛妻……五三四七
周化龍妻……五三四七
湘鄉彭氏……五三四七
郭純貞……五三四八

杜小英……五三四八
胡均嶢妻……五三四八
杜湘娥……五三四八
易登衢妻……五三四九
伍鳳鳴妻等……五三四九
楊枝棟妻……五三四九
徐青鸞等……五三四九
眭炯耀妻等……五三四九
鄭啟秀……五三四九
于元燁母……五三四九
張國祚二妾……五三五〇
蔣拯世妻等……五三五〇
蔣學典妻等……五三五〇
平樂婦……五三五〇
何孟坤女……五三五〇
文秉世妻……五三五〇
葛若蕙妻等……五三五〇
許若瓊……五三五〇
李麗華……五三五一
嚴蘭珍……五三五一
齊飛鸞……五三五一
王鳴珂妻……五三五一
劉時雨妻等……五三五一
辜氏女……五三五一
羅拱明妻……五三五一
藍燦妻……五三五一
劉應選妻……五三五一
李愛芳女等……五三五二
汪禹澤妻等……五三五二
顧天澤妻等……五三五二

綿州劉氏四烈婦……五三五二
王宗道妻……五三五二
劉光裕孫女等……五三五二
李明哲妻……五三五二
張禄中妻……五三五三
賈胤昌母等……五三五三
趙公選妻等……五三五三
蒲先春妻等……五三五三
楊日昇妻……五三五三
王廷輔妻等……五三五三
黄輝孫女……五三五三
陳宸女等……五三五三
王宸妻等……五三五三
楊若梓妻等……五三五三
王傑妻等……五三五三
周五姑……五三五四
李爲鼐妻等……五三五四
謝皇鏄妻……五三五四
譚性妻……五三五四
荆娘……五三五四
戚成勳妻……五三五四
魏尚元女等……五三五四
焦桐妻……五三五四
敖乾恒母等……五三五四
楊霏璧妻等……五三五四
甘俸爵妻等……五三五五
文曉女等……五三五五
汪學仲妻……五三五五
何甲妻……五三五五
王世琮妻等……五三五五

劉鼎漢妻等……五三五五
熊文豹女等……五三五五
宜賓樊氏諸烈……五三五五
劉之綸妻……五三五六
劉堯銓妻等……五三五六
范璵妻等……五三五六
陳三姑……五三五六
蘇亮工妻等……五三五六
帥振邦母……五三五六
祝之茂妻等……五三五六
楊明新妻等……五三五六
新喜……五三五七
閔翼聖妻等……五三五七
楊成名妻等……五三五七
王自敏妻等……五三五七
何騰蛟妻妾……五三五七
閔於行女……五三五八
胡甲妻等……五三五八
吴中芸妻等……五三五八
邱禾嘉妻等……五三五八
張承祖妻……五三五八
陳謨妻等……五三五八
陳五藻妻等……五三五八
劉廷獻妻等……五三五八
傅億妻……五三五九
盧雲龍妻等……五三五九
解從富妻……五三五九
解從應妻……五三五九
居之敬妻等……五三五九
李大中妻……五三五九

王配京妻等……五三五九
羅天文妻……五三五九
周天昌女……五三五九
李源妻……五三五九
李選妻……五三五九
楊維熊妻等……五三六〇
李獻忠妻等……五三六〇
張羅英妻等……五三六〇
姚時熙妻……五三六〇
楊克勤妻……五三六〇
楊仁海妻等……五三六〇
李祚昌妻等……五三六〇
苗元昌妻等……五三六一
瞿鳴鑾妻等……五三六二
張夔龍妻等……五三六二
張繼樞女等……五三六二
彭氏……五三六二
吳國慶妻等……五三六二
史書妻等……五三六二
阮元聲妻等……五三六二
王家冠妻等……五三六二
王思揆母……五三六二
李在門妻……五三六三
陳竭忠妻等……五三六三
李轍妻等……五三六三
李圖功妻……五三六三
劉開熙妻……五三六三
葵姑……五三六三
雷上聲妻等……五三六三
李謙益妻……五三六三

紅裙女等……五三六三
楊氏……五三六四
何天衢妻等……五三六四
朱際昌妻等……五三六四
王維漢妻……五三六四
劉襄妻……五三六四
楊廉妻……五三六四
邱世第妻等……五三六四
李煒妻等……五三六四
熊才妻……五三六四
蘇源妻等……五三六五
許純臣妻……五三六六
汪元翰妻等……五三六六
楊一德妻等……五三六六
文化孚妻……五三六六
楊昭妻……五三六六
段顯女等……五三六六
鄒瑞麟妻……五三六六
蘇發早妻等……五三六六
楊國賓妻……五三六六
王緒永妻等……五三六六
黃茂栗妻……五三六六
楊騰龍女……五三六六
蕭參將妻……五三六六
段元臣妻……五三六六
楊璧妻等……五三六七
龔堯年妻……五三六七
閔法祖妻等……五三六七
廖偕亨妻等……五三六七
段之謫妻……五三六七

沐天波侍女……五三六七
沐瑞貞……五三六七
王某妻……五三六七
楊娥……五三六七

卷一百十六　列傳第九十二

宦官

韓贊周……五三七〇
盧九德……五三七二
李承芳……五三七三
孫進……五三七三
高起潛……五三七三
屈尚忠等……五三七四
孫元德……五三七五
喬尚等……五三七六
張榮等……五三七六
谷應珍……五三七六
何志孔……五三七六
李國輔……五三七六
王坤……五三七八
李元培……五三七九
徐元等……五三七九
楊起明等……五三七九
張璞……五三七九
龐天壽……五三七九
志道金……五三八〇
李國泰……五三八〇
夏國祥……五三八一
江國泰……五三八一
趙進等……五三八二
張福録……五三八二

全爲國……五三八二
劉八……五三八三
李崇貴……五三八三
楊德澤……五三八三
商昇……五三八四
邊永清……五三八四
楊紹慎……五三八四
趙之璞……五三八四
董元……五三八四
雷飛鳴……五三八四
范述古……五三八四
袁禄……五三八四
門朝棟……五三八四
姚在洲……五三八五
王永壽……五三八五
惟一……五三八五
錢守俊……五三八五
蹇而泰……五三八五
犁支……五三八五
盱眙中官……五三八五

卷一百十七　列傳第九十三

姦臣
馬士英……五三八八
子錫等……五三九四
劉僑……五三九四
田生蘭……五三九五
周崇極……五三九五
周之夫……五三九五
李誠矩……五三九五
阮大鋮……五三九五

水佳胤……五四〇〇
郭如闇……五四〇〇
周昌晉等……五四〇〇
袁弘勳……五四〇〇
徐復楊……五四〇一
虞廷陛等……五四〇一
陳爾翼……五四〇一
劉光斗……五四〇二
王璲……五四〇二
黄家鼒……五四〇二
陳以瑞……五四〇二
陶崇道……五四〇二
虞大復……五四〇三
季寓庸……五四〇三
張捷……五四〇三
子伯駿……五四〇四
黄耳鼎……五四〇五
陸朗……五四〇五
袁本盈……五四〇五
楊維垣……五四〇五
劉孔昭……五四〇六
馮大任……五四〇九
李沾……五四〇九
馮可宗……五四一〇
蔡忠等……五四一〇
張孫振……五四一一
馬吉翔……五四一三
弟雄飛……五四一七
吕爾璵……五四一八
錢匡……五四一八

郭承昊……五四一八
蒲纓……五四一八
賀九儀……五四一九
狄三品等……五四二〇
張明志……五四二一
三有德……五四二一
田仰……五四二一

卷一百十八　列傳第九十四

畔臣一

蔡奕琛……五四二五
胡麒生……五四二六
唐世濟……五四二六
李喬……五四二七
鄒之麟……五四二七
朱之臣……五四二八
方拱乾……五四二八
黎玉田……五四二八
盧世漼……五四二九
趙繼鼎……五四二九
李讚明……五四二九
黃澍……五四二九
李藻……五四三一
嚴繩光……五四三一
侯定國……五四三一
張奐……五四三一
朱國弼……五四三一
柳祚昌……五四三四
李祖述……五四三四
孫維城……五四三五
湯國祚……五四三五

方一元……五四三五
焦夢熊……五四三五
郭祚永……五四三五
張承志……五四三五
齊贊元……五四三五
夏尚忠……五四三五
葉思敬……五四三五
駱循理等……五四三五
劉澤清……五四三六
張文光……五四三九
王天爵……五四四〇
盛黄……五四四〇
柏承馥……五四四〇
馬化豹……五四四〇
賈漢復等……五四四〇
范鳴珂……五四四〇
劉景綽……五四四〇
孫枝秀……五四四〇
丘俊孫……五四四〇
賈開宗……五四四〇
沈豹等……五四四〇
王相業……五四四〇
李棲鳳……五四四〇
高歧鳳……五四四一
韓尚亮……五四四二
常應俊……五四四二
任暄猷……五四四二
劉忠等……五四四二
馮用……五四四二
錢世熹……五四四二

盧九武等……五四二
劉大受等……五四二
陳洪範……五四三
馬紹愉……五四四

卷一百十九　列傳第九十五

畔臣二
黄鳴俊……五四八
子天復等……五四八
吴春枝……五四九
陳王謨……五四九
吴士耀……五四九
王國冕……五四九
曾道唯……五四九
李覺斯……五五〇
子鴻……五五〇
王應華……五五〇
顧元鏡……五五〇
關捷先……五五一
王之臣……五五一
葉廷祚……五五二
伍瑞隆等……五五二
陸元璣……五五二
何宗鼐等……五五二
鄭瑄……五五二
郭必昌等……五五三
丁胤甲……五五三
郭煒……五五三
錢震瀧……五五四
黄志美……五五四
鄭芝龍……五五四

弟芝豹等……五四五八
王之富……五四五八
張岳……五四五八
吾必奎……五四五八
沙定洲……五四五九
何吾騶……五四六一
黄士俊……五四六三
子昌禎等……五四六四
楊邦翰……五四六四
梁應材……五四六四
吴以連……五四六四
丁魁楚……五四六五
車任重等……五四六六
蘇文聘……五四六六
張佐辰……五四六六
蔣御曦……五四六七
扶綱……五四六七
孫順……五四六八
胡顯……五四六八
徐心箴……五四六八
黄復生……五四六八
吴楚才……五四六八
李恕……五四六九
吴起鳳……五四六九
唐文煇……五四六九
官純胤……五四六九
魯禹謨……五四六九
周應運……五四六九
范應旭……五四六九
趙如郊……五四六九

向維時……五四六九
蔣鳴臯……五四六九
倪巽生……五四六九
葉之馨……五四六九
楊嗣先……五四六九
史文……五四六九
孫爾韜……五四七〇
張文光……五四七〇
童天閎……五四七〇
萬翺……五四七〇
袁彭年……五四七一
戴國士……五四七三
李懋祖……五四七四
傅上瑞……五四七四
馬鳴鑾等……五四七五
毛壽登……五四七五
吴李芳……五四七五
黄性震……五四七六
傅爲霖……五四七六
施明良等……五四七七

卷一百二十　列傳第九十六

畔臣三

劉承胤……五四八〇
弟承永……五四八三
唐勝四……五四八三
唐虞會……五四八三
高光映……五四八三
劉魯生……五四八三
鄒枚……五四八三
周師冲……五四八三

鄭應昌……五四八三
陳邦傅……五四八三
子曾禹……五四八六
胡執恭……五四八六
沈原渭……五四八七
張立光等……五四八七
何允中……五四八七
茅守憲……五四八七
龍文明……五四八七
陳安國……五四八八
李潔……五四八八
李士璉……五四八八
黄應杰……五四八八
汪瑞儀……五四八九
劉炳……五四八九
張道瀛……五四八九
王興……五四八九
梅應芳……五四八九
孫崇雅……五四八九
李如碧……五四八九
王會……五四九〇
楊威……五四九〇
廖魚……五四九〇
楊武……五四九〇
吴子聖……五四九〇
章桂芳……五四九〇
高啟隆……五四九〇
王朝欽……五四九一
劉之復……五四九一
任夔道……五四九一

馬寶等……五四九一
塔新策……五四九一
劉偁……五四九一
黎啟明……五四九一
佟養甲……五四九一
張善……五四九二
劉顯名……五四九二
孫可望……五四九二
張虎……五五〇三
張勝……五五〇三
王尚禮……五五〇四
王自奇……五五〇五
關有才等……五五〇五
高恩……五五〇五
程萬里……五五〇五
康國臣……五五〇五
閻鍾純……五五〇六
方于宣……五五〇六
任僎……五五〇六
朱運久……五五〇七
宋之普……五五〇七
蘇壯……五五〇七
張士楚……五五〇八
謝三賓……五五〇八
方國安……五五一〇
馬漢……五五一五
俞玉……五五一五
方任龍……五五一五
郭士捷……五五一五